新形态教材

小组工作实务

Group Work Practice

主　编　李细香
副主编　刘　思　李喜梅

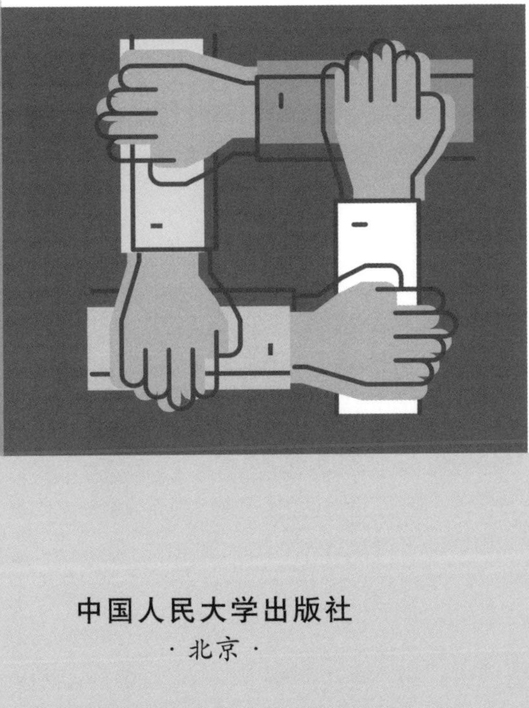

中国人民大学出版社
· 北京 ·

前言 FOREWORD

“小组工作”是社会工作类专业核心课程，本书作为该课程教材，是校企合作、双元开发的成果，集岗课融合、信息化教学、“教、学、做、评”于一体，具有内容新、实用性强的特点。本书以项目导向、任务驱动为架构，基于新形态教材理念进行编写，并配备相应的立体化教学资源。

本书对接岗位工作流程、职业发展与典型工作过程，将“小组工作实务”内容重构为5个项目：小组工作认知、小组工作价值指引、小组工作过程分析、小组工作技巧训练、小组工作领域应用。每个项目都有教学目标、价值观目标和思维导图进行整体指引，然后通过课前自学、课中实训和课后提升三大模块进行理论与实训的融合，除此之外，每个项目后都有实训项目评价，实现了岗课融合，理实一体。

本书可用作本科、高职等层次的社会工作、社区管理与服务等专业的学生用书，也可供从事社会工作、社区工作、公共事业管理等工作的相关人员使用。

本书由李细香担任主编，负责全书的组织协调、项目推进、内容确定、大纲审定、全书定稿工作，刘思、李喜梅担任副主编，协助主编进行统稿工作。本书的编委由专业教师、行业专家和督导共同组成。郭明军担任厦门市湖里区霞辉老年社会服务中心执行副主任、高级社会工作师；徐朝光为武汉大学社会学硕士；黄乐仪担任东莞市鹏星社会工作服务社区域服务总监兼东莞社工督导；李细香、刘思、李喜梅皆为东莞职业技术学院专任教师、中级社会工作师。

本书具体编写分工如下：项目一由郭明军、黄乐仪编写；项目二由李细香、徐朝光编写；项目三由李细香编写；项目四由李喜梅编写；项目五由刘思编写。感谢编委会同仁的认真编写，也感谢中国人民大学出版社盛杰、李颜等编辑的大力支持！

由于编著者的水平有限，书中的遗漏和局限在所难免，恳请广大的专家和读者批评指正。

编者

目 录 CONTENTS

项目一 小组工作认知

项目二 小组工作价值指引

项目三 小组工作过程分析

项目四　小组工作技巧训练

项目五 小组工作领域应用

项目一 小组工作认知

教学目标

知识目标

1. 掌握小组的概念
2. 理解小组工作含义
3. 知晓小组动力概念
4. 掌握小组的功能
5. 掌握小组的类型
6. 知晓小组工作的形式
7. 了解小组工作理论
8. 理解小组工作的基本模式

能力目标

1. 能够鉴别小组
2. 能够理解小组工作的含义
3. 能够理解小组的功能
4. 能够辨别小组的类型
5. 能够运用小组工作理论指导小组方案设计
6. 能够运用小组工作模式指导小组设计

素质目标

1. 能够具备团队合作精神，小组协调分工，共同完成任务
2. 能够具备资源整合能力
3. 能够具备严谨的专业逻辑，掌握专业基础知识

价值观目标

1. 树立团结互助价值观
2. 具备实事求是的价值观和求真务实的学习态度

思维导图

- 小组工作认知
  - 认识小组工作
    - 小组与小组工作
    - 小组的基本要素
    - 小组的功能
    - 小组的类型
  - 理解小组工作基本模式
    - 小组工作模式对比
    - 小组工作模式具体案例讨论
  - 掌握小组工作理论
    - 社会支持网络理论
    - 需求层次理论
    - 社会学习理论
    - 镜中我理论
    - 系统理论
    - 小组动力学理论

课前自学

任务一 认识小组工作

（一）小组与小组工作

人类生活离不开小组，我们的生活中好像有很多小组。一个共同生活的大家庭的七八个人？去往同一个方向的公交车上的一群乘客？一个班集体？电影院中共同看了两个小时电影的几十个人？小区中，为某个问题讨论了三个小时的几个社区居民？这些是小组吗？什么是小组？

以上提到的那些小组，是我们生活中常见的一些小组，与我们要讨论的专业性小组工作的小组是有所区别的（见表 1-1）。

《现代汉语词典》对小组的释义是："为工作、学习上的方便而组成的小集体。"

不同的专家学者对小组有不同的定义，典型的代表有：小组是一个有共同目标、有心理归属、有结构规范、有互动、有相互依存关系的人员组合体；小组指的是由两个或者两个以上的人组成的单位，他们会进行有目的的交往，且这种交往是有意义的。

本书理解的小组是两个或两个以上的人组成的因互动而产生影响的群体，具有围绕某个服务目标而设定的具有理论指导的参与过程。小组工作即是以小组为工作对象的一种社会工作方法。

（二）小组的基本要素

小组有一些基本的要素，如有共同的目标、有一定的契约、有社会工作者、有小组组员、有一定的小组规模、有固定的小组时间及小组空间、有发展阶段与文化气氛等。

表 1-1　生活中的小组与专业小组对比

	生活中的小组	专业小组
组成人数	≥ 2（人）	一般 10 ～ 25（人）
构成要素	组员、兴趣等	目标、契约、社工、组员、空间等
服务逻辑	围绕兴趣或某事项	围绕目标
持续时间	可长可短	一般一两个小时，单节次间隔 3 ～ 7 天

（三）小组的功能

小组的功能主要有以下几点：

（1）影响个人，使之发生转变。

当人出现生存能力方面的各种问题或心理行为有偏差时，小组过程可以恢复人的原有能力，达到社会化；小组过程可以影响个人的价值观念、态度及行为，使之发生转变，成为家庭和社会中负责任的积极角色；小组通过不同经验的分享，可以丰富和扩大个人的经验和见识，改善人际关系；小组工作可以使其成员发展面对问题与解决问题的能力，学习适应危机情境，促进个人成长。

（2）有利于社会控制。

教育性、治疗性的小组工作，可以通过小组过程使其成员学习遵从适应社会需要的行为规范，培养起社会责任心，在社会生活中担当起积极而有用的社会角色。

（3）用集体的力量解决问题。

在小组中，小组成员必须学习共同思考、团结协作、共同面对环境。这个过程既会增进小组成员与他人配合解决问题的能力，也可以用集体的力量来共同解决问题。

（4）学习知识，进行再社会化。

小组工作通过帮助其成员建立适应社会需要的新价值观、新知识、新技巧，来改变小组成员，使他们成为更适应社会生活的积极角色。

（5）获得群体经验。

对于组员而言，小组有助于个人学习群体经验。在小组互动中，组员得到支持，能有情绪改善、态度转变和行为改变等成长，从而增强应对社会变迁的能力和信心，更好地适应社会生活。无论是应对目前正在遭遇的困境还是预防未来生活风险，小组经验都能提升组员应对和防范的能力，降低社会生活风险。

（6）提升社交能力。

组员在小组中可学会与他人交流、合作，培养和提升社交能力、团队合作的意识和能力。在社会层面，这有利于培养积极的社会成员，有助于社会和谐、友善、团结、稳定地发展。

（7）构建社会支持网络。

小组的组建为组员认识有相似需求、相似社会任务目标的其他社会成员创建平台，帮助他们建立有相似目标的社会资源共享场域，大大丰富组员的社会资本，即社会支持网络。很多社会问题可认为是社会需求和资源无法形成有效匹配产生的。资源可能早已存在，只是没有得到链接和有效匹配。小组内部社会支持网络的构建，对于一些社会问题的解决有重要的资源意义。

（四）小组的类型

科瑞等人提出了小组的五种类型：治疗小组、咨询小组、自我成长小组、训练小组、结构性自助小组等。

赵芳在《小组社会工作：理论与技术》中，将小组类型分为成长性小组、治疗性小组、支持性小组、社会行动小组、互助小组。

一般小组按不同标准可分类如表 1–2 所示。

表 1-2　小组分类

分类标准	小组类型
形成	组成小组　自然小组
参与意愿	自愿小组　非自愿小组
联系	基本小组　次层小组
结构	正式小组　非正式小组
成员关系	初级小组　次级小组
成员界限	开放小组　封闭小组
性质 / 目的	教育小组　成长小组　支持小组等

根据服务对象的不同需要和小组目标，结合社会工作专业实践，可将小组分为教育小组、成长小组、支持小组和治疗小组等。

教育小组：旨在帮助小组成员学习新知识、新方法，促使成员更新观念、改变解决问题的方式，从而最终达到改变自身的目标。教育小组被广泛地应用于社区、学校、医院等场所。如老年人手机小组、交谊舞小组、糖尿病人健康教育小组。

成长小组：旨在帮助小组成员了解、认识和探索自己，从而帮助组员最大限度地启动和运用自己的内在资源，发挥潜能，解决其自身问题并促进个人正常健康的发展。如大学生新生适应小组、单亲家庭儿童成长困境小组、自信心提升成长小组。

支持小组：把具有同质性的人聚集在一起，这些成员通常都有相同的问题、经历或经验，他们通过相互支持的方式，达到解决问题和成员改变的效果。如亲子关系支持性小组、癌症晚期患者支持性小组、智障人士照顾者支持性小组等。

治疗小组：其成员通常是那些曾经有过创伤或现在有不良症状，并且这些创伤或不良症状影响其日常生活的人。治疗小组帮助其组员治疗创伤、缓解不良症状并减少其影响力，从而使小组成员复原、康复，并促进其行为等改变。治疗小组一般在心理卫生机构或矫治机构中运用，如美沙酮治疗小组、丧偶式单亲家庭治疗性小组、产后抑郁症防治治疗性小组等。

这些小组类型在社工实操过程中，要结合社工的实务经验，有选择性地开展，教育小组与成长小组相对简单易操作，支持小组，尤其治疗小组，要有一定实务经验与小组经验的累积，才能在小组设计、小组开展过程中，做到应用自如。

想一想

请思考：下列的小组按照不同的分类标准属于什么类型？具有哪些作用？

（1）云南平寨妇女识字小组。

（2）云南平寨妇女编织小组。

（3）雅安职中新生适应性小组。

（4）“勇敢站出来——姐妹”女性互助支持小组。

（5）“对暴力说不”暴力行为矫正小组。

任务二

理解小组工作基本模式

（一）小组工作模式对比

工作模式是工作目标、实施原则和方式、方法等的一种整合性框架。小组工作的模式从历史的演变看，经历了一个关注社会结构→关注人际关系→关注人的康复和治疗的过程。在小组工作实务中，不同类型的小组往往采用特定的工作模式，也可以某一模式为主、其他模式为辅开展小组工作。常用的小组工作模式主要有社会目标模式、互动模式、治疗模式、发展模式等四种，本书从理论基础、小组的目标、小组成员、社会工作者的角色、实施原则、优势、限制及应用八个方面对四种小组工作模式进行梳理对比（见表 1-3）。

表 1-3　小组工作模式对比表

	社会目标模式	互动模式	治疗模式	发展模式
理论基础	参与、提升意识与增能理论，系统功能理论，社会变迁理论中人的发展与社会发展的关系	系统论中人与环境关系的论述，场域理论中的行为环境论、生活空间论和此时此地的概念，“镜中我”，自我观念和符号互动论	精神分析理论，阿德勒理论，心理剧，行为治疗理论，完形治疗理论	发展心理学，社会关系和社会结构理论，小组动力学
小组的目标	培养小组成员的社区归属感，实现社会整合	使小组成员在社会归属和互相依存中得到满足	帮助个人通过小组达到心理、社会与文化的适应	预防社会功能减退，恢复和发展社会功能
小组成员	组员为一般群体，尤其是困难群体	组员是有平等互惠动机和能力的个人	组员通常是有较严重的情绪问题、行为障碍、人格问题、精神异常或者社会偏差行为的人	组员是愿意通过互动、学习和经验分享获得自我成长的人
社会工作者的角色	影响者	中介者、使能者	治疗者、专家	协调者、使能者

续表

	社会目标模式	互动模式	治疗模式	发展模式
实施原则	致力于提升组员的社会意识，致力于发展组员的各项能力，致力于培育领袖人物，致力于小组工作目标与社区发展目标的一致性	综合性原则，建构性原则，个别性与共同性相结合的原则	开放性的互动，平等性的互动，面对面的互动	积极参与原则，使能者原则
优势	符合社会工作原初追求社会公正和社会关怀的理想	突出了社会工作助人自助的信念	传统上治疗模式比较强调"为案主"工作；强调专家的专业性和权威的特点；强调工作者的影响力；不同的治疗理论和技术都有其各自的优势	广泛运用于不同小组，组员不会被贴上标签
限制	理论基础稍薄弱，过分注重组织的力量	对小组中个人期望和个别化的关注不够，对组员个人改变程度的评估不足，工作者的权利不足	不太注重组员的互助系统，限制了组员的潜能和能动性的发挥	在实践过程中，强调的是一种成长的信念，而成长本身是一个难以测量的概念，因此，有人批评这个模式缺乏科学性
应用	可围绕生计、教育、意识提升等目标开展小组工作；在农村推行的妇女手工艺制作小组、妇女教育小组等都是鼓励妇女团结起来，应对市场的压力；可用于提升小区居民公德意识小组、艾滋病宣传教育小组、老年人高血压预防教育小组、保健知识宣传小组、性知识教育小组等中	这一模式小组工作由于其依靠群体的力量，无论在推动儿童、青少年群体的成长方面，还是在解决中年人生活工作压力方面，或减低老年人的孤独感、适应晚年生活方面，都发挥着很大作用	可用于精神病院对青少年患者的治疗工作；可以较广泛地运用在偏差行为的纠正、医疗和精神病服务、社区特殊群体的服务以及学校社会工作服务中	常运用在帮助提高自信心、培养领导才能、解决成长过程中的问题上

想一想

作为一名社工，你能灵活应用四个模式来指导小组工作的开展吗？

______

______

______

（二）小组工作模式具体案例讨论

为了便于更好地理解小组工作这四个模式，本书收集了这四个模式相关的案例运用，以供讨论。

案例 1

“高校社会性别教育与少数民族社区社会性别意识提升”项目组的成员主要是某大学少数民族妇女与性别研究中心的师生。项目遵循“teach to teach”的培训原则，在专家对学生的培训中注意挖掘人才，发现对这一活动感兴趣，又能较深刻地理解和认识社会性别的学生，重点培养他们，提升他们的社会性别意识的同时注重培养他们的组织能力和社会实践能力，让他们根据项目需要组成行动小组，制订出各自小组的行动计划。之后，按小组的行动计划在校内进行对本科生的培训，或是到某个自己熟悉的民族社区进行有关社会性别的宣传和教育活动。

该案例属于社会目标模式，请讨论其目标、服务对象、工作者角色、优缺点及实际效果。

案例 2

某市新起点社会工作服务中心于近日举办了首期“最美朝阳”青少年自我成长小组。

学会学习是一种成长，有效地与父母沟通是一种成长，维系伙伴间的友谊同样是一种成长。青少年成长的内容有许多，青少年渴望成长，但在自我成长的道路上会有烦恼。此小组在社会工作者的专业指导下，以新的视角发现自我，以小组互动、交流的形式体验成长。

时间：2022 年暑期

地点：某市新起点社会工作服务中心

人数：12 ～ 14 岁少年儿童 10 ～ 15 人（男女不限）

报名地点：某市新起点社会工作服务中心

报名时间：即日起

联系电话：1358906××××

活动内容：小组活动、团体咨询

指导者：丰老师

该案例属于互动模式，请讨论其目标、服务对象、工作者角色、优缺点及实际效果。

案例 3

“医路生花”美沙酮治疗小组是由某市禁毒社工针对社区吸毒居民开展的社工服务小组。2023 年 4 月，为了帮助社区吸毒人员更好戒除毒瘾，禁毒社工正式开发“医路生花”美沙酮治疗小组，项目招收了 8 名组员，定期在戒毒所开展小组活动，旨在教授组员相关毒品知识，矫正吸毒行为。

该案例属于治疗模式，请讨论其目标、服务对象、工作者角色、优缺点及实际效果。

案例 4

“你好，新同学”新生适应成长小组是某高校社工为大一新生开展的小组。该小组面向全校新生招收组员，最终招募 15 名新生，通过每周一节小组活动，开展认识自我、认识同学、认识校园、认识大学学习方式等小组活动，帮助组员重新认识自我，适应新环境，尽快适应高中向大学阶段的过渡。

该案例属于发展模式，请讨论其目标、服务对象、工作者角色、优缺点及实际效果。

任务三

掌握小组工作理论

小组工作作为一种工作方法，有着坚实的理论基础。它是现代社会学、人类学、心理学和教育学等各种社会科学的综合产物。

赵芳在《小组社会工作：理论与技术》中，将小组工作的基础理论按照从个体到小组再到系统的脉络，进行了概要性的梳理，分为个体行为理论、小组动力理论、社会生态系统理论。其中，个体行为理论部分主题讨论三个重要理论：需求层次理论、自我理论和个体发展理论。小组动力理论以小组动力学理论、小组互动理论、社会认知平衡与失调理论为主。社会生态系统理论以社会系统理论、社会生态理论为主。

刘梦主编的《小组工作》（第二版）中介绍了对小组工作有重要影响和贡献的理论，主要包含：系统理论、需要理论、小组动力学理论、社会学习理论、镜中我理论和交流分析理论。在介绍小组工作四种主要模式的篇章之中，刘梦又详细介绍了各个模式的理论基础。

本教材梳理了实践过程中社会工作者会经常用到的理论，下面将主要介绍这几种理论：社会支持网络理论、需求层次理论、社会学习理论、镜中我理论、系统理论、小组动力学理论。对于每种理论，我们将从主要观点、对小组工作的启示、适用小组类型及具体案例运用这几个方面来阐述。

（一）社会支持网络理论

（1）主要观点。

社会网络指的是一组个人接触，通过这些接触个人维持其社会身份并且获得情绪支持、物质援助和服务、信息与新的社会接触。社会支持网络理论认为，社会应当重视处于困境中的个人的社会网络构建以协助其构建社会支持网络，提升其获取社会资源应对生活压力的能力。

索茨按照社会支持的性质，将它分为工具性支持和情感性支持，前者有物质、资本、时间、服务等，后者包括理解、关心、爱和信任等。

社会支持网络理论的主要核心思想是重视个人从人际关系中得到的资源，重视各种资源在系统中的流通和匹配，强调资源链接者的角色，强调社会工作者关注服务对象的个人能力、人和环境之间的关系、改革环境，强调社会支持的形式，包括正式的和非正式的社会资源。

（2）对小组工作的启示。

根据社会支持网络理论，小组自身就是一个非常强大的资源和支持体系，在小组中，小组工作者要充分发掘小组成员自身的个人资源，同时建立强有力的关系，动员和发展小组中的社会资源，发挥成员彼此之间的工具支持和表达支持。小组工作者还要利用小组的过程动员和发展相关系统中的社会资源，从而建立成员以及小组的社会支持网络。另外，小组过程可提高小组成员发掘社会资源、建构社会支持网络的能力。

（3）适用小组类型。

社会支持网络理论通常被用在支持小组中。一方面，组员不同的经验、不同的学历、不同的价值观、不同的技能、不同的能力，让组员能形成彼此之间的相互支持、经验互学的小系统。另一方面，小组设计可让组员在了解社会支持重要性的基础上，更加清晰自己可以运用的社会支持情况，并学会建立自己社会支持网络的技巧，从而在生活中积极构建或强化自己的社会支持网络。

（4）具体案例运用。

某社会工作服务机构针对正处迷茫期的女性群体开展了开展时光记——女性快乐成长小组，组员通过分享自我的价值、经验，收获他人的接纳、信任、关心，从而收获情感支持。此小组为支持小组，运用了社会支持网络理论，组员通过小组建立的安全氛围，与人交往，受人接纳，在小组中找到自己的位置，获得归属感和友谊支持，可以很好地满足情感交流的需求。同时小组服务还能够协助组员界定、理解和应对问题，帮助组员获得信息支持。这些支持网络在小组结束后依然能够促进组员之间的情感交流，相互帮助。①

知识拓展

社会支持评定量表（SSRS）

社会支持评定量表是肖水源设计的。社会支持是影响人们社会生活的重要因素。社会支持从性质上可以分为两类。一类为客观的支持，这类支持是可见的或实际的，包括物质上的直接援助、团体关系的存在和参与等。另一类是主观的支持，这类支持是个体体验到的或情感上感受到的支持，指的是个体在社会中受尊重、被支持与理解的情感体验和满意程度，与个体的主观感受密切相关。②

目前采用的社会支持评定量表多采用多轴评价法。该量表有 10 个条目，包括客观支持（3 条）、主观支持（4 条）和对社会支持的利用度（3 条）等三个维度。

量表设计合理，具有较好的信度和效度，能较好地反映个体的社会支持水平。通过该量表可以了解个体的社会支持水平，能更好地帮助人们适应社会和环境，提高个体的身心健康水平。

社会支持评定量表（SSRS）

指导语：下面的问题用于反映您在社会中所获得的支持，请按各个问题的具体要求，

① 大黄 . 社会支持网络理论在女性自我成长小组的应用 [EB/OL]. (2020-11-20)[2024-03-27]. https：//mp.weixin.qq.com/s/qsDgmrJUDPogEtRRC968Cg.

② 李英武，张雪儿，钟舒婕 . 社会支持对老年群体生存质量的影响：希望与孤独感的中介作用 [J]. 华南师范大学学报（社会科学版），2021(3). 有改动。

根据您的实际情况填写，谢谢您的合作。

1. 您有多少关系密切，可以得到支持和帮助的朋友？（ ）（只选一项）

（1）一个也没有　（2）1～2个　（3）3～5个　（4）6个或6个以上

2. 近一年来您（ ）。（只选一项）

（1）远离家人，且独居一室

（2）住处经常变动，多数时间和陌生人住在一起

（3）和同学、同事或朋友住在一起

（4）和家人住在一起

3. 您和邻居（ ）。（只选一项）

（1）相互之间从不关心，只是点头之交　（2）遇到困难可能稍微相互关心

（3）有些邻居很关心您　（4）大多数邻居很关心您

4. 您和同事（ ）。（只选一项）

（1）相互之间从不关心，只是点头之交　（2）遇到困难可能稍微相互关心

（3）有些同事很关心您　（4）大多数同事很关心您

5. 从家庭成员得到的支持和照顾（在合适的框内画“√”）。

	无	极少	一般	全力支持
A. 夫妻（恋人）				
B. 父母				
C. 儿女				
D. 兄弟姐妹				
E. 其他成员（如嫂子）				

6. 过去，在您遇到急难情况时，曾经得到的经济支持和解决实际问题的帮助的来源有（ ）。

（1）无任何来源

（2）下列来源（可选多项）

A. 配偶；B. 其他家人；C. 亲戚；D. 同事；E. 工作单位；F. 党团工会等官方或官方组织；G. 宗教、社会团体等非官方组织；H. 其他（请列出）

7. 过去，在您遇到急难情况时，曾经得到的安慰和关心的来源有（ ）。

（1）无任何来源

（2）下列来源（可选多项）

A. 配偶；B. 其他家人；C. 亲戚；D. 同事；E. 工作单位；F. 党团工会等官方或半官方组织；G. 宗教、社会团体等非官方组织；H. 其他（请列出）

8. 您遇到烦恼时的倾诉方式为（ ）。（只选一项）

（1）从不向任何人诉述

（2）只向关系极为密切的1～2个人诉述

（3）如果朋友主动询问您会说出来

（4）主动倾诉自己的烦恼，以获得支持和理解

9. 您遇到烦恼时的求助方式为（　　）。（只选一项）

（1）只靠自己，不接受别人帮助　（2）很少请求别人帮助

（3）有时请求别人帮助　（4）有困难时经常向家人、亲友、组织求援

10. 对于团体（如党组织、宗教组织、工会、学生会等）组织活动，您（　　）。（只选一项）

（1）从不参加　（2）偶尔参加　（3）经常参加　（4）主动参加并积极活动

检测方法：一般需要 15 分钟，可笔答，也可计算机答。共 10 个条目，每个条目由低到高分为 4 个等级。

量表计分方法：第 1～4，8～10 条：每条只选一项，选择 1、2、3、4 项分别计 1、2、3、4 分，第 5 条分 A、B、C、D、E 五项计入总分，每项从无到全力支持分别计 1～4 分，第 6、7 条如回答"无任何来源"计 0 分，回答"下列来源"者，有几个来源就计几分。

分析方法：总分，即 10 个条目计分之和；客观支持分，2、6、7 条评分之和；主观支持分，1、3、4、5 条评分之和；对社会支持的利用度：8、9、10 条评分之和。

判断标准：分数越高，社会支持度越高。一般认为总分小于 20，为社会支持度较低。

测量结果需在专业心理医生的帮助下进行解释。

（二）需求层次理论

需求是人类和社会发展本源性的东西，正是寻求这些不同层次需求的满足推动了个体与人类不断地向前发展。人的需求按照起源可分为自然需求和社会需求；按照指向的对象可分为物质需求和精神需求。对小组工作影响比较大的需求理论，主要包括马斯洛的需求层次理论和舒茨的人际需要理论。

（1）马斯洛的需求层次理论。

第一，主要观点。

马斯洛认为人的低级需求到高级需求是逐级上升的，较高级的需求是在较低级需求得到满足之后出现的，而当某一层次的需求获得满足后，此一需求便不再具有激励的作用。五个层次的需求从低到高如下：

生理需求是指人对食物、水分、空气、睡眠和性等的需求。安全需求主要表现为人们要求稳定、安全、受到保护、有秩序、能免除恐惧和焦虑等。归属和爱的需求是指一个人要求与他人建立感情联系和关系的需求。尊重的需求包括自尊和受到别人的尊重。自我实现的需求是指人们追求自己的能力和潜能的发挥与完善的需求（见图 1-1）。

第二，对小组工作的启示。

需求层次理论对小组工作的启示：小组工作提供了一种情境，通过小组环节设计，协助成员了解各层次需求被满足的情况，以及需求满足过程中碰到了哪些问题，如何解决这些问题。在小组中，工作者评估成员的需求，激起成员未意识到的潜意识层面的需求，澄清成员意识层面模糊的需求，促使成员的需求与能力结合、自身需求与环境协调与整合。同时，按照需求层次理论，个体具有追求自尊与自我实现的动机，有一种满足需求、发

挥自己潜力的欲望，为了目标的达成，他们会全力以赴，自动自发。小组社会工作者可以利用这一点，通过小组气氛的营造，激励成员发挥想象力和创造力，为达成小组目标努力。

图 1-1　马斯洛的需求层次

（2）舒茨的人际需要理论。

第一，主要观点。

舒茨的人际需要理论，主要是阐述人际关系的形成和取向类型，以及小组聚散过程特征的理论。每个人都有三种基本的人际需要：包容需要、支配需要、感情需要。包容需要是指与人接触、交往、隶属于小组或者团体等方面的需要。支配需要是指控制别人或者被别人控制的需要。感情需要是指爱别人或者被别人爱的需要。

第二，舒茨的人际需要理论对小组工作的启示。

帮助社工正确地把握小组的发展方向：在小组工作中，了解人类的基本需要和有关需要的理论，可以让我们用需要的观点去看待人的发展和人的问题。帮助社工明确小组的目标：小组工作的目标就是恢复和提升组员的社会功能。帮助小组工作者更好地理解组员间的互动关系：小组工作者如果掌握了人际交往的规律，就能够更好地洞察小组中的互动情况，并通过选择和采用相应的技术手段，增强小组的凝聚力和生产效率，从而更好地达到助人自助的目的。

（3）适用小组类型。

成长小组。

（4）具体案例应用。

社工小郭针对 Y 社区中的独居老年人的需求展开了调研，运用需求理论，重点分析了独居老年人的精神慰藉需求。从精神慰藉的四个方面的需求即情感支持需求、娱乐文化生活需求、社会交往需求、自我认同和实现需求来进行需求分析，开展了“温暖你我”老年人精神慰藉互助小组。此小组运用需求理论，将老年人的精神需求再次细化，开展系列的小组活动，使得老年人们的心理得以慰藉，身心得以愉悦。

知识拓展

马斯洛

亚伯拉罕·马斯洛是美国著名社会心理学家、人格理论家和比较心理学家，人本主义心理学的主要发起者和理论家，心理学第三势力的领导人。提出了融合精神分析心理学和行为主义心理学的人本主义心理学，于其中融合了其美学思想。他的主要成就包括提出了人本主义心理学、需求层次理论，代表作品有《动机和人格》《存在心理学探索》《人性能达到的境界》等。①

亚伯拉罕·马斯洛于1908年4月1日出生于纽约市布鲁克林区一个犹太家庭。1926年入康奈尔大学，三年后转至威斯康星大学攻读心理学，在著名心理学家哈洛的指导下，1934年获得博士学位。之后，留校任教。1935年在哥伦比亚大学任桑代克学习心理研究工作的助理。1937年任职于纽约布鲁克林学院。1951年被聘为布兰戴斯大学心理学教授兼系主任。1967年任美国心理学会主席。1969年离开布兰戴斯大学，成为加利福尼亚劳格林慈善基金会常驻评议员。1970年6月8日因心力衰竭逝世。1970年8月国际人本主义心理学会成立，并在荷兰首都阿姆斯特丹举行首届国际人本主义心理学会会议，1971年美国心理学会通过设置人本主义心理学专业委员会。这两件事标志着人本主义心理学思想获得美国及国际心理学界的正式承认。遗憾的是，马斯洛本人未能亲眼看到他多年为此事鞠躬尽瘁所获的成果。

著名哲学家尼采有一句警世格言——成为你自己！马斯洛在自己的生命历程中，不仅将毕生精力致力于此，更以独特的人格魅力证明了这一思想，成功地树立了一个具有开创性的形象。《纽约时报》评论说："马斯洛心理学是人类成为自己过程中的一块里程碑。"还有人这样评价他："正是由于马斯洛的存在，做人才被看成是一件有希望的好事情。在这个纷乱动荡的世界里，他看到了光明与前途，他把这一切与我们一起分享。"的确，弗洛伊德为我们提供了心理学认识病态的一半，而马斯洛则将认识健康的那一半补充完整。

（三）社会学习理论

（1）主要观点。

关于学习与模仿。学习者不是通过直接的刺激—反应模式来学习的，通过观察别人的行为即可学习和获得这个新的行为和反应方式。

关于替代强化。人们通过观察别人的某种行为受到赞赏或惩罚就可以得到强化，这种强化被称为替代强化。

关于认知的重要性。学习的成功很大程度上在于人的认知能力的发挥。在观察行为的同时，积极吸收、整理，再把信息存储在记忆里进行汇总，以备对行为进行模仿。

关于交互决定论。人及其环境互相成为彼此的决定因素，人的行为可以被解释为认知、行为和环境等诸多决定因素之间连续的、互惠的相互作用的结果。

① 乐国安．社会心理学[M]. 3版．北京：中国人民大学出版社，2017.

（2）对小组工作的启示。

小组是一个学习的场域。组员通过观察和模仿会学习和习得一些行为，有正面和负面的行为，小组工作者通过奖励和惩罚，使得组员习得良好行为。

小组组员之间分享经历、经验的材料，可以为每个组员提供学习的榜样或经验，充分发挥替代强化的作用。

（3）适用小组类型。

教育小组。教育小组的宗旨在于，通过帮助小组组员学习新知识、新方法，或补充相关知识之不足，增进小组组员适应社会生活的知识和技能。

成长小组。成长小组旨在帮助组员了解、认识和探索自己，从而最大限度启动和运用自己内外在资源，充分发挥自己的潜能。

（4）具体案例运用。

为了帮助儿童习得性知识，社工开展了“做个小小知‘性’人”儿童性教育小组。此小组将社会学习理论运用于小组环节设计中，通过 PPT 及视频教学、角色扮演、小组讨论等帮助儿童在观察学习、模仿和自我调节过程中获得经验技能，提高安全意识及自我保护能力。通过小组活动，儿童组员运用观察、强化、替代强化等学习机制，获得了相关性知识。①

知识拓展

三种学习机制②

社会学习理论认为个体的学习行为有三种机制，即联结、强化和观察学习。这三种机制为人们正确理解社会行为提供了独特的视角和方法。

联结

社会学习理论中的联结概念，源于巴甫洛夫的经典条件反射学说。根据该学说提出的联结理论，学习就是刺激—反应联结的形成。这一理论强调各种联结的作用：情境与行为的联结，一些行为与另一些行为的联结，一些知觉的联结，甚至一些情绪也是由联结而形成的。在社会心理学中，人们经常用联结的观点来解释社会态度、人际吸引、社会规范等现象。

强化

强化理论认为，人们学习表现某个行为是因为随后会有一个令人愉快的，或者可以满足某种需要的东西出现，这是一种正强化；而人们避免表现出某种行为是因为随后会有一个不愉快的结果出现，这是一种负强化。强化可以分为直接强化、替代强化与自我强化三种。直接强化就是人们受到自己行为的直接后果的影响；替代强化就是人们还会观察他人做出行为后得到了什么后果，这种后果也会影响人们是否以及怎么样做出相同的行为；自我强化就是人们在行为之后，对自己的认知与评价会影响人们进一步的行为表现。在行为

① 张雪芹，吴春梅，林宝金．做个小小知“性”人：社会学习理论在儿童性教育小组中的运用 [EB/OL].(2021-04-24)[2024-04-01].https：//mp.weixin.qq.com/s/w1u2lDLQVA3bEarCKrX53g.

② 百度百科．社会学习理论（心理学概念）[EB/OL].(2023-12-26)[2024-03-09]. https://baike.baidu.com/item/%E7%A4%BE%E4%BC%9A%E5%AD%A6%E4%B9%A0%E7%90%86%E8%AE%BA/6223674?fromModule=search-result_lemma. 有改动。

强化过程中，强化物、强化频率、强化时间等都会对人们的行为产生影响。

观察学习

观察理论认为，人们仅通过观察他人或模仿榜样，就可以学习某种社会态度和行为。在观察学习中，环境中的他人是一个重要的信息来源。观察学习可以在没有任何其他外在强化的情况下出现。

（四）镜中我理论

（1）主要观点。

人与社会的关系。社会是一个有机体，是一个通过互动而存在和发展的各种过程的复合体。社会是一个统一体，在社会这个庞大的互动组织中，它的任何一部分的变化都不可避免地会影响到这个有机体所有的其他部分。人与社会并不是对立或割裂开的。

镜中自我。在与他人的互动过程中，我们通过感知他人对我们的反应和评价，建立起我们的自我意识、自我形象和自我评价。他人犹如一面镜子，我们正是从他人这面镜子里发现了我们的自我。我们根据镜子里的这些形象是否符合我们的愿望而产生满意或不满意的心情。同样，通过他人这面镜子，我们看到自己的风度、行为、性格等是否合适，是否需要修正。我们对他人眼中自己形象的想象，对他人关于这一形象评价的想象以及某种自我感觉，构成了我们的自我认识。

首属小组。库利首次正式提出并使用了首属小组这个概念，它是指那些亲密的、面对面的交往以及有直接互动和合作的小组。这些小组主要包括家庭、邻里以及儿童游戏伙伴。首属小组是对个人的成长发展影响最深远的小组，很多积极的品质和消极的品质都是在首属小组中获得并强化的。

（2）对小组工作的启示。

小组是一个微型的社会缩影，是一个通过互动而存在和发展的有机体。

小组工作所提供的密切的互动和真实的反馈，可以帮助组员在小组中感知他人对自己的反应和评价，建立更正确的自我意识、自我形象和自我评价。

重视首属小组的作用，特别是家庭对个人成长的影响以及给个人终生的发展打上的烙印，是很多理论都涉及的观点。在小组工作中，尤其是治疗性的小组，通过探讨个人的首属小组对个人的具体影响，尤其是个人首属小组中的人际关系对个人目前的人际关系模式的影响，探讨个人的非适应性行为的来龙去脉，可以帮助成员获得更深入的自我觉察。

（3）适用小组类型。

教育小组、成长小组。

（4）具体案例运用。

为了提高职场女性的自信心，社工开展了“自信放光芒”职场女性自信心提升小组，此小组采用游戏互动、讨论分享等方式定期开展小组活动。此小组运用了镜中我理论，帮助小组成员与他人建立真实的、良性的、积极的交流与互动，获得情感与心理的支持与信任。用小组活动的健康氛围影响小组成员，改变其对自身的否定态度与消极心理，使其发现自身的美丽，也在同伴中获得肯定与支持，重塑他人之镜的成像，更加清晰与客观地把握自己，认识自己，悦纳自己，并将积极、健康、向上的心态继续在生活中进行反复练习、提升与延续。①

青少年与他人互动过程中，在意他人对自己的外貌、行为、性格、能力等的评价，并根据他人的反馈调整自我形象。困境初中生在与“重要他人”即同伴组员互动交往过程中，这些重要他人的评价和认可在很大程度上影响着其自我认同感的提升。基于此，学者针对广西壮族自治区 G 市 S 区 Y 学校的困境初中生开展了为期一个月的自我认同提升小组，该小组采用了镜中我理论。困境初中生在与“重要他人”即同伴组员互动交往、参与小组活动过程中，积极的评价和认可在很大程度上提升了他们的自我认同感。②

知识拓展

镜中我 ③

由美国社会学家查尔斯·霍顿·库利在他的 1902 年出版的《人类本性与社会秩序》一书中提出。他认为，人的行为很大程度上取决于对自我的认识，而这种认识主要是通过与他人的社会互动形成的，他人对自己的评价、态度等，是反映自我的一面“镜子”，个人通过这面“镜子”认识和把握自己。

“镜中我”的提出

首次由美国社会心理学派代表人物之一库利提出并用来说明自我观念形成过程的基本概念。在库利之前，美国实用主义心理学创始人威廉·詹姆斯曾把“自我”(self)分成“主观我”(I)和“客观我”(Me)。“主观我”是指我自己感到是自己；“客观我”是指通过别人客观地看到自己。据此，库利引申出“镜中我”的概念。他认为，自我的观念不完全是主观的，而是也要依赖客观，是社会的；真正的自我是一个社会的我，是受他人态度影响而产生的我，其形成是主客观的结合过程；一个人要形成和发展自我意识，就必须在社会互动中把自己视为一个客观对象，也就是必须“看自己像别人看自己一样”。它是一个反顾自照的想象过木程。

“镜中我”的形成

“镜中我”也叫“社会我”，只有通过传播，通过互动，通过社会交往，才能形成“镜中我”。在库利的著作中，传播是“镜中我”形成过程中“唯一”的关键要素，没有传播，人际关系处于静止状态，没有办法形成“社会我”。

库利认为“镜中我”形成有三个阶段：(1)我们所感觉到我们在他人面前的形象，这是感觉阶段，是我们设想的、他人的感觉；(2)我们领悟了别人对我们的行为的判断，这是解释或定义的阶段，即我们想象的他人的判断；(3)基于对他人反应的理解，我们评价我们的行为。

---

① 常静宇. 镜中我理论下职场女性自信心问题的小组工作干预研究 [D]. 北京：北京工业大学，2018.

② 谭海练. 小组工作在困境初中生自我认同提升中的运用研究：以 Y 学校困境初中生自我认同提升小组为例 [D]. 桂林：广西师范大学，2019.

③ 芮洋，杨启秀. 小组工作 [M]. 北京：北京大学出版社，2014. 有改动。

（五）系统理论

（1）主要观点。

社会工作与系统理论（见图 1-2）产生紧密联系始于 20 世纪 70 年代，社会工作中所应用的是一般系统理论，主张将部分与整体整合为一个统一体，用联系的观点看待问题的产生，即注重部分的变化对于整体的影响。

帕森斯认为，小组在发挥功能时，就是由几个互相依存的成员组成的一个社会系统。为了实现目标，维持平衡，小组要完成四个主要的功能性任务。整合：确保组员互相之间和谐相处；适应：保证小组保持应对环境变化的能力；模式维持：确保小组保持明确的目标以及对目标的认同和工作程序；目标实现：保证小组能够追求和完成自己的任务。

为了实现上述目标，社会工作人员需：调动组员能量；不断评估小组的进展、组员目标实现的状况、小组与周围环境的互动状态；调整自我。

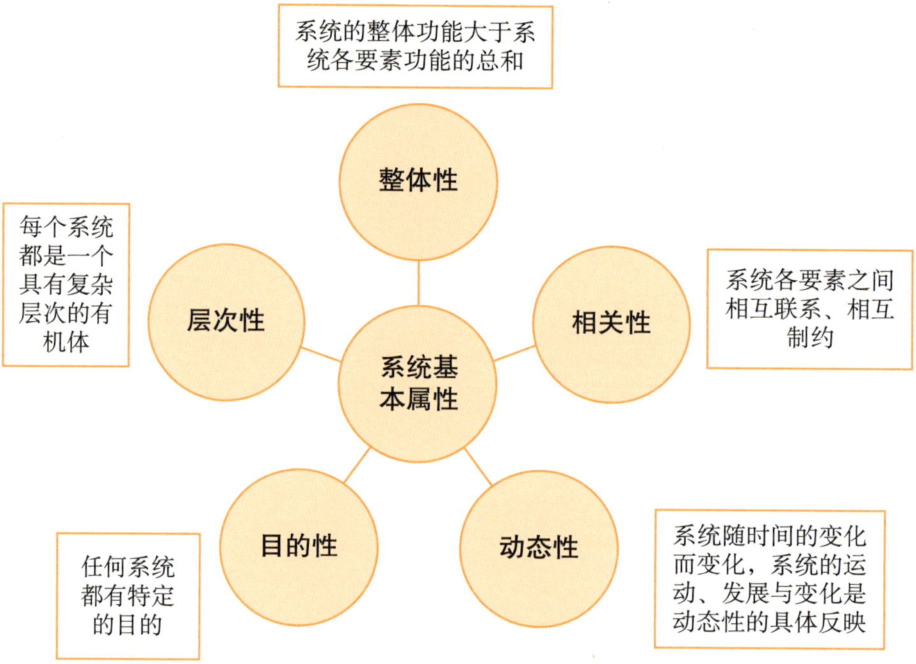

图 1-2　系统的基本属性

（2）对小组工作的启示。

小组作为整体所表现出来的特征源于小组中的组员间的互动。

小组力量会对小组成员的行为产生重要的影响。

在遇到冲突时，小组会努力争取维持自己的整体性。

小组既要与外部环境建立关系，又要关注内部的功能性。

为了达成平衡，维持生存，小组不断处在一个形成、发展和变化过程之中。

小组具有一个发展性的生命周期。

（3）适用小组类型。

成长小组。

（4）具体案例运用。

在一次社工督导中，有社工询问在开展小组工作的过程中，是否所有的活动都应该实施出来。如原本策划十次小组活动，能否只开展其中的一部分。社工督导的回答是否定的。系统理论将各有机体看作一个完整的系统，内部存在的不同组成部分被看作是其子系统，各子系统之间以一种非简单线性联系的互动形式维持系统的稳定。小组作为一个系统，组员、社工、活动都是参与因素，也都是系统的要素之一，缺失任何一个要素都无法正常运行，因此小组工作中的每一个环节都非常重要，不能随意取消。系统理论注重以整体的视角来看待系统。

知识拓展

社会系统理论[①]

“系统”一词源于希腊文，是共同和设置两个词的结合，是由既有差异又相互依赖的部分组成的一个有次序的整体，并通过错误-激发的方式来维持平衡。

20 世纪 40 年代，贝特朗菲首次提出了系统理论，随后，系统理论被正式应用到物理学与生物学领域，主要研究如何通过反馈机制的运作来调整和控制整体。到了 20 世纪 50 年代，系统取向作为一种新的研究范式开始从自然科学领域向社会科学领域渗透。人类学家贝特森是第一位采用系统理论来解释人类行为的学者。20 世纪 60 年代后期，系统理论逐渐成为社会科学的主流。1968 年，奥尔森将社会系统概括为：一种社会组织的模式，在其构成的元素之外，还具备了明显的完整统一性，透过界线与周围环境清楚地分割，在相对稳定模式之中它的子系统之间也有部分的关联。

社会系统理论促使我们将小组看成一个系统，并产生如下一些重要的观点。

（1）有机整体。根据社会系统理论，小组是由不同部分组成的一个有机体，有机体各部分紧密联系为不可消减的整体，整体会产生新的效应，新的效应远大于各个部分的简单累加。时间和空间之间的间隔性相对较少，有机体处于不停发展中。小组中有子系统，子系统对其他部分有巨大影响力，每一个子系统也是多级系统，其中包括影响的程度、资源的使用、功能的责任和系统的水平等。分析问题时可从整体的观念入手，研究子系统和组成子系统各部分因持续互动而产生的相互关系。

（2）非线性因果关系。根据社会系统理论，小组中大部分组员的行为是非线性的，是多种因素相互作用联结的结果，行为之间互为因果，每个行为可能是原因也可能是结果。行为间的互动包括系统内各部分的水平互动，也包括那些穿越界线、发生在两个分隔清楚的系统间的垂直互动。

（3）输入、输出与反馈。社会系统理论产生之前，人们通常认为整体是封闭的，他们通常将一个整体的问题分割成几个需要分别处理的封闭问题。虽然系统理论也认为整体是有界线的，但系统取向认为系统的界线是可以穿越的，系统是开放的。小组可以随时从环境输入物质和能量，并且将它作为资源适当调整持续进行的内部行为，然后再通过一定的反馈机制将小组内的物质和能量输出。反馈有正向和负向之分。如果反馈显示行为的结果和原来的计划相一致，则称为正向反馈，小组会努力增加现有的输入；如果反馈显示出结

① 赵芳. 小组社会工作：理论与技术 [M]. 上海：华东理工大学出版社，2015. 有改动。

果与原先的目标不一致，则称为负向反馈。小组通过经常性的物质和能量交换，通过小组的各种变量的输入与输出，提高小组的品质和小组的适应力。

（4）系统改变。社会系统理论非常重视“如何影响”和“如何改变”的议题。因为系统内各要素间不断地互动，系统与周围的环境又处在不停的物质和能量交换之中，所以系统也处在不停改变中。小组内组成部分间是相互作用的，改变一部分便可能导致另一部分，甚至整个小组的改变，若小组发生与其他系统的互动，那么小组的改变可能伴随着与之相关的其他系统的改变。社会系统理论强调通过创造开放、改变和成长的条件来引导小组的改变。

社会系统理论把小组看作一个开放系统，小组组成的要素之间、小组要素与外部环境之间具有相互作用和依存关系，小组不断地与外在的环境进行物质和能量的输入与输出，从而推动小组不断改变，这些理论对小组社会工作的发展产生了深远的影响。

（六）小组动力学理论

> 库尔特·勒温（Kurt Lewin，生于 1890 年 9 月 9 日，逝于 1947 年 2 月 12 日），德裔美国心理学家，拓扑心理学的创始人，实验社会心理学的先驱，格式塔心理学的后期代表人，传播学的奠基人之一。

（1）主要观点。

小组动力学理论由心理学家勒温创立。小组动力学理论认为，组员进入小组中时，实际上便进入了一个心理场当中，在心理场中存在不同力量，而小组各个成员的行为将会受到心理场的影响。小组工作组织起有共同需求的对象，组员之间共同创造互助、尊重、倾听、接纳、开放、包容、信任和民主的氛围。组员间的共同活动、互动与支持，能够有效增强小组的凝聚力和活力，从而达致小组目标和个人目标。

（2）对小组工作的启示。

帮助社会工作者了解小组工作的过程是一个充满动力的过程。

帮助社会工作者分析影响小组动力的各种因素。

帮助社会工作者认识小组凝聚力的重要及提升小组凝聚力的方法和途径。

帮助社会工作者不仅关心小组成员个人的改变，而且关心小组的改变，并通过小组的改变影响个人的改变。

（3）适用小组类型。

支持、教育、成长小组。

（4）具体案例运用。

社工在与青少年接触过程中，发现部分青少年缺少良好的人际交往技巧，伴随出现自卑、害羞、攻击倾向、不合作、不礼貌、情绪控制差等人际交往障碍。鉴于这种情况，社工运用小组动力学理论，设计并开展了人际交往小组活动。小组旨在让组员在小组的互动过程中不断提高自我认识，学会人际交往技巧，提高人际交往能力，解决其人际交往存在的问题，增强其自信心并实现正常社会化。社工在小组活动筹备阶段、初级阶段、转换阶段、工作阶段、结束阶段分别运用了组成技术、起始技术、过程技术、结束技术、追踪技术，并且将小组动力学理论贯穿始终。①

针对留守儿童亲子沟通问题，社工针对芜湖市 D 村中的留守妇女开展了亲职教育小组，设计了 6 节不同主题和目标的小组活动，活动有情景模拟、游戏、分享，形式丰富多样，能够让组员在参与过程中引发互动、相互支持，促进小组任务的完成。此小组运用了小组动力学理论，注重小组的气氛、凝聚力和组员间的互动支持。在小组中，组员们相互倾听、尊重、支持，除了完成计划中的小组活动，还会分享日常与孩子相处的经验，相互借鉴有效经验，取长补短，共同寻求改变。②

我思我想

从“团结互助：中华民族精神的瑰宝”看小组工作的内涵与功能

中华民族有上下五千多年的历史。最近一百多年，在风云际会、中西冲突的背景下，中华民族从自在的民族实体转变成了具有深层自觉认同的民族共同体，是中国多民族相互依存的命运共同体。

中华民族在存亡兴废过程中产生的最大财富就是中华民族精神，这是中国之国家、民族、文化精神交融渗透、熔于一炉、凝为一体的精华所在，所以“文化中国”的说法很好地把握了这个特点。

中华民族精神的内涵异常丰富，诸如“自强不息”“厚德载物”“守常知变”“仁义和平”“大同日新”等，这里主要谈谈“和”的理念与团结精神。

早在西周末期，史官史伯就说：“夫和实生物，同则不济。”“和”，是多样性事物之间有差别的同一性，用黑格尔的说法叫做具体的同一而不是抽象的同一。“和”是中华文化核心价值理念之一，在社会政治伦理生活领域更是中华民族的主导性精神信念，其发展贯穿了整个中国历史。

“和”的理念发育转化为多种具体形式，其中最重要的就是中国特色的团结互助精神，这是相当超越的精神，在大敌当前、民族御侮的特殊时期，凝聚为成仁取义、保家卫国、团结互助、团结奋斗的民族精神。③

团结互助是中华民族精神的瑰宝，也是小组工作的重要内涵。小组工作作为一种专业方法，实际上是将有共同问题和需求的一群人聚集在一起，通过小组活动和组员间的互助解决问题、满足需要以及获得成长。

小组工作的功能之一就是用集体的力量去解决问题，这也与“团结互助”的民族精神相互呼应。在中国开展小组工作，实际上就是在团结互助的民族精神影响下，发挥群体智慧解决小组组员的问题。

---

① 汤素素，张小华．“小组动力学”视角下学龄儿童“人际交往小组”社会工作介入 [J]. 社会工作（学术版），2011(7).

② 邓杰．农村留守儿童家庭亲子沟通能力提升的小组工作介入研究：以芜湖市 D 村为例 [D]. 兰州：西北民族大学，2021.

③ 以上摘选自：谢阳举．团结互助：中华民族精神的瑰宝 [EB/OL]. (2020-05-10)[2024-04-01]. https：//www.sohu.com/a/394188915_120206273.

自学自测

一、单选题

1. 小组工作形成专业化时期是（　　）。

A. 19 世纪 20 年代　　B. 19 世纪 40 年代

C. 20 世纪 20 年代　　D. 20 世纪 40 年代

2. 小组工作一般由（　　）的组员组成。

A. 一人或者一人以上　　B. 两人或者两人以上

C. 三人或者三人以上　　D. 四人或者四人以上

3. 以小组组员之间的界限，可以将小组分为（　　）。

A. 组成小组和自然小组　　B. 自愿小组和非自愿小组

C. 基本小组和次层小组　　D. 封闭小组和开放小组

4. 开放小组和封闭小组是按（　　）来分类的。

A. 小组目标　　B. 小组结构　　C. 组员间的联系　　D. 组员之间的界限

5. 成长小组的目标是（　　）。

A. 把具有同质性的人聚集在一起，其组员一般都有相同的问题、经历或经验，通过相互支持的方式，达到解决问题和成员改变的效果

B. 希望能缓解症状及其影响力，帮助组员通过治疗创伤，复原并康复，降低不良症状，促进人格改变

C. 帮助组员学习新知识、新方法或补充相关知识之不足，促使组员能够改变自己对问题的原本看法和解决的方式，来实现改变成员的目标

D. 挖掘潜能，提高能力和社会意识，促进社会的进步和发展

E. 帮助组员了解、认识和探索自己，帮助组员最大限度地启动和运用自己的内在资源，充分发挥自己的潜能，解决问题并促进个人正常健康的发展

6. 癌症病友小组属于下面哪种实务小组？（　　）

A. 教育小组　　B. 治疗小组　　C. 支持小组　　D. 成长小组

7. 小组动力学理论是由哪个心理学家创立的？（　　）

A. 勒温　　B. 班杜拉　　C. 波恩　　D. 马斯洛

8. 在各种常用的小组模式中最早产生的工作模式是（　　）。

A. 社会目标模式　　B. 治疗模式　　C. 互动模式　　D. 发展模式

E. 心理社会模式

9. 在（　　）中，小组的目标焦点既在个人，也在环境，更在个人、小组、环境等之间的开放和互动。

A. 社会目标模式　　B. 治疗模式　　C. 互动模式　　D. 发展模式

10. 下列各项属于互动模式的理论基础的是（　　）。

A. 发展心理学　　B. 社会学　　C. 系统论　　D. 行为修正理论

11. 有较严重情绪和行为问题的人适合参加（　　）的小组。

A. 互动模式　　B. 治疗模式　　C. 社会目标模式　　D. 发展模式

E. 危机介入模式

12. 下列关于小组治疗模式的说法，不正确的是（　　）。

A. 治疗模式工作的目标是通过治疗帮助组员个人在心理、社会和文化适应方面得到康复、发展和完善

B. 治疗模式遵循建构型原则，帮助小组成员学习新的行为，适应新的社会关系网络

C. 治疗模式遵循个别性与共同性相结合的原则

D. 在治疗模式中，组员获得的主要是根本性的治疗

13. 在小组工作实务中，不同类型的小组往往采取不同的工作模式，社会目标模式主要强调的是（　　）。

A. 培养并提升小组组员的社会责任承担、社会参与和社会行动的能力

B. 带领小组组员建构和发展社会关系

C. 促进组员之间、小组和社会系统之间的良性互动

D. 通过与其他组员的沟通、理解与互动达成共识

14. 社会目标模式的理论基础主要源于（　　）。

A. 社会学和系统论　　B. 精神医学和心理学

C. 发展心理学和社会关系理论　　D. 社会结构理论和社会关系理论

15. 社会学习理论强调，人们通过观察别人的某种行为受到赞赏或惩罚就可以得到强化，这种强化被称为（　　）。

A. 观察学习　　B. 模仿学习　　C. 替代强化　　D. 认知强化

二、多选题

1. 小组工作的类型有（　　）。

A. 教育小组　　B. 治疗小组　　C. 支持小组　　D. 成长小组

E. 任务小组

2. 小组工作中，（　　）属于组成小组。

A. 工作委员会　　B. 朋辈小组　　C. 街头玩伴群体　　D. 任务小组

E. 兴趣小组

3. 小组工作相对于个案工作，具有以下（　　）等优势。

A. 小组可以集思广益，避免个人意见　　B. 小组情境可以弥补个人社会化的不足

C. 小组提供了一个安全的学习环境　　D. 小组为用集体力量解决问题创造了便利

E. 小组可以增进活动的影响力

4. 小组工作具有（　　）的显著功能。

A. 影响个人转变　　B. 社会控制　　C. 用个体力量解决集体问题

D. 再社会化　　E. 预防

5. 小组工作的主要模式有（　　）。

A. 危机介入模式　B. 社会目标模式　C. 治疗模式　D. 互动模式

E. 发展模式

6. 根据舒茨的人际需要理论，每个人都有包容需要、（　　）和（　　）等三种基本的人际需要。

A. 支配需要　B. 感情需要　C. 生理需要　D. 尊重需要

7. 小组社会目标模式的理论基础包括（　　）。

A. 系统论　B. 增能理论　C. 社会学观点　D. 心理治疗

8. 马斯洛的需求层次理论中需求有（　　）。

A. 生理需求　B. 安全需求　C. 归属和爱的需求　D. 尊重的需求

E. 自我实现的需求

9. 舒茨的人际需要理论对小组工作的启示有（　　）。

A. 帮助小组工作者把握小组的方向

B. 帮助小组工作者明确小组的目标

C. 帮助小组工作者更好地理解组员的互动关系

D. 帮助小组工作者了解组员的基本信息

10. 小组动力学研究内容有（　　）。

A. 小组的形成　B. 小组的维持

C. 小组内部的人际关系　D. 小组与个体的关系

三、简答题

1. 简述小组工作的定义及其功能。

2. 简述小组互动模式的实施原则。

3. 简述社会学习理论对小组工作的启示。

课中实训

实训准备

实训目标

本次实训以认知小组工作为主要内容，通过完成鉴别小组、掌握小组工作定义与功能、知晓小组工作类型与形式、区分小组工作基本模式以及应用小组工作常用理论等系列任务，学生能够熟练掌握小组工作的基础知识，对小组工作基本情况有一定认知。

实训项目

为实训开展的便利性，本次实训项目以行业小组实务活动为主，不局限于特定项目。

实训步骤

（1）完成知识拓展、他山之石案例学习，结合课前自学，整合小组工作认知相关知识。

（2）本次实训拆解为五大部分，包含 11 项实训任务，请依次完成实训任务。

（3）实训过程中可采用线上线下混合学习的方式，学生以小组为单位协同合作，通过头脑风暴集思广益，共同完成实训任务。

（4）请将每项任务的实训成果整理为相关表格或以思维导图形式呈现。

实训资料

当前，已有诸多社会工作机构或组织在一线实务中开展主题多样的小组活动，小组工作作为社会工作的重要方法之一已经在实务中积累丰富的经验。本次实训要了解小组工作，要求关注以下机构官网或者微信公众号。

1. 社会工作机构官网

东莞市普惠社会工作服务中心

东莞市鹏星社会工作服务社

深圳市龙岗区龙祥社会工作服务中心

中国社会工作协会

2. 微信公众号

社工客

邂逅社工

社工观察

中美社工合作社

行走的社工

实训一　鉴别小组

任务 1　掌握小组特征

任务描述：

（1）将全班分为 4～6 组。

（2）各组讨论：小组基本特征有哪些？填写到表 1-4（有几个填几个，后面可加行）。

（3）真假小组判断题，讨论各小组案例，在属于专业概念的小组案例后面的括号内打钩，完成表 1-5。

表 1-4　小组基本特征

序号	小组基本特征
1	
2	
3	

表 1-5　鉴别小组

序号	案例	属于小组的打钩
1	一群人坐在一起观看了一场三小时的电影。	
2	一群人在假期期间共同在某某广场活动，参与广场内的各类节目互动。	
3	一个工程组在疫情期间，分工合作，连续奋斗了十天，完成了任务。	

知识拓展

小组工作中的小组有何特征？

在社会工作实务中，结合不同的情景，人们对小组工作及小组的概念形成了不同的理解。下面整合不同的概念表述，将用于鉴别小组工作中的小组特征总结如下。

1. 小组是由组员和工作者组成的关系体系

在这个复杂的体系中，有工作者和组员的互动，更多的是组员彼此之间的互动。在小组开展中，因应不同的小组发展阶段，工作者和组员之间的关系会发生变化，以更好地激发组员自身获得成长，避免组员对工作者形成依赖关系。

2. 在互动过程中，彼此分享、分担、支持、教育、治疗等小组动力，能带来组员态度和行为的改变

在这个过程中，小组互动的关键点，是小组产生改变的“发动机”。区别于一群人只是简单的聚集，小组成员在聚集过程中有彼此互动交流，彼此成就对方的成长，这是关键

性的区分特征。

3. 小组工作既是过程，也是组员改变的方法和手段

与社会工作中的个案、社区工作方法不同，小组工作是通过有目的的小组经验引导分享，激发小组内部潜能和资源，改善组员的态度、行为和应对社会环境的能力。

4. 小组有明确的目标

这是最常用于区分小组的特征之一。小组目标定位是否清晰也是鉴别小组开展质量的重要成效考量标准，这明显区别于漫无目的的团体聚集。不同的小组，目标是很不相同的。如：社会目标小组是培养组员的社会意识、社会责任和社会良知，提升组员的社会功能；互动小组强调改善组员与社会的关系；治疗小组协助适应不良的组员恢复预期的社会功能。

任务 2　认识小组核心：小组动力

任务描述：

（1）按之前分组，各组讨论：一个家长情绪减压小组中，在小组形成初期、小组形成期、小组成熟期和小组结束期四个不同时期，常见的小组动力形态有哪些？填写表 1-6。

（2）每组选择一名组员代表参与家长情绪减压小组的不同时期。各小组其他组员观察和描述小组各时期中静态和动态的因素怎样影响小组动力的发展。把对应的小组时期和动力因素分析填入表 1-7。

表 1-6　常见的小组动力形态

小组形成初期	小组形成期	小组成熟期	小组结束期

表 1-7　小组时期和动力因素分析

	小组形成初期	小组形成期	小组成熟期	小组结束期
静态因素				
动态因素				

知识拓展

小组工作中的小组动力

小组工作是社会工作的三大基本方法之一。小组工作者协助引导小组成员在小组活动中互动，促使组员彼此建立关系，并以个人能力与需求为基础，使之获得成长的经验，旨在达成个人、小组、社区发展等目标。

在鉴别小组的议题上，关键是能鉴别出是否出现了小组动力。一群人聚集在一起未必是小组，但是一群人有目的地聚集在一起，形成彼此互动的关系，出现了小组动力，则属于小组。

1. 小组动力的含义

小组动力体现在小组中或小组间的各种行为现象上，如小组的形成、发展、运作，组员的互动、吸引、排斥、反应或改变等，包括在小组任何时间内发生的被觉察到或未被觉察到的所有心理的和行为的内容。小组动力是小组运作和支持小组持续下去的原因。小组的运作方向由各种力量决定。小组的动力由这些力量的互动作用及其在小组中产生的影响效果组成，是综合力量产生的现象，非个人的发明或创造。

综上，小组动力是小组在实现目标的过程中，参与小组生命发展的各种复杂力量及其交互作用和交互方式，这个过程包括小组的形成、启动、发展、成熟、落幕、结束、跟进等。

2. 小组动力因素分析

对小组动力因素的认识有利于对小组动力的觉察和分析。影响小组动力的因素包括静态和动态两方面内容：静态方面包括机构、小组特性、领导者的个人特点、小组成员等部分；动态方面包括小组的领导方式与形态、小组气氛和凝聚力、成员的参与、沟通模式、冲突和冲突的解决模式、小组的成文和不成文的规范、小组的决策过程、问题解决方式等。

实训二　掌握小组工作定义与功能

任务 1　掌握小组工作定义

任务描述：

（1）按之前的分组，各组讨论：小组定义中最核心的要素有哪些？列举现实小组实例，说明这些要素的形态。填写表 1-8。

（2）小组讨论：为什么小组工作会成为一种专业方法？填写表 1-9。

表 1-8 小组要素

序号	小组要素
1	
2	
3	

表 1-9 为什么小组工作会成为一种专业方法？

序号	原因
1	
2	
3	

知识拓展

小组工作的定义与早期历史发展

一、小组工作的定义

梳理不同学者对小组的定义，可知小组一般具有下列共性：有两个或两个以上的人；组内成员有整体的关系，并持续了一段时间；组员有共同的目标和利益；组员在小组中相互影响；小组内有控制成员相互影响的明确规范或规则；组内成员有不同的地位和角色，并在小组中不断演变；组员对小组存在归属感；小组有发展阶段，且存在阶段性发展区别；小组存在特定的文化与气氛。

结合小组的共性特点，关于小组工作的定义，综合不同学者的观点，可知：小组工作在社会工作实践中既可当作过程也可当作手段。小组工作强调小组工作者按照既定的目标进行小组设计和指导小组开展。在小组工作过程中，通过小组成员之间的彼此支持，改善他们的态度、行为、人际关系和提升他们应对实际生存环境所需要的各种能力。小组成员解决问题的能力和潜力透过成员间的分享、相互分担和相互支持而发挥出来。

二、小组工作的早期历史发展

（一）小组工作产生的历史背景

1. 工业革命的社会问题

除了财富的增加、制度的变迁之外，工业革命也带来了前所未有的社会问题，如贫富分化、新移民的文化适应、公共卫生、犯罪等。

2. 人本主义与宗教的推动

成立了许多机构和社会团体，运用团体的方式来帮助他人。

（二）小组工作的起源

小组工作起源于欧美地区，与欧美地区的一些重要机构及其服务密切相关，较早期的小组工作机构主要有以下几种。

1. 基督教青年会

1841 年，乔治·威廉斯到伦敦的一家布店服务。当时的英国，农村青年大量涌向都市，许多人染上了酗酒的恶习，生活放纵堕落。乔治·威廉斯在这种环境中，与几位同伴一起研读《圣经》、祷告，并试图改善周围人的道德生活。1844 年，包括乔治·威廉斯在内的十二位基督徒青年，在伦敦正式成立基督教青年会（Young Men's Christian Association，简称 YMCA）。

2. 美国的基督教青年会

成立于 1851 年，目的为改善年轻人心灵状况。后来发展为改善所有年轻人心理、社会及生理的状况，使其具有良好的道德特质。

1877 年，英国基督教女青年会正式创立。

1906 年，美国基督教女青年会正式创立。

这些组织在快速且无情的工业化过程中，运用面对面的团体，提供给人们恢复美好生活的机会。

3. 儿童服务组织

英国童子军：1907 年创立，宗旨是通过露营、健身、狩猎等活动，让青年人建立健康的人格。美国也于 1910 年成立童子军，1912 年成立女童子军。

美国儿童康乐运动：

1860 年美国男孩俱乐部成立，1868 年美国波士顿建立了第一个儿童假期乐园。

1876 年芝加哥利用公园组织各种游戏和体育运动。

1885 年美国儿童乐园运动正式发起，教会团体、私立学校、移民中心、社区中心等纷纷响应。

4. 睦邻服务组织和移民中心

早期较知名的有伦敦的汤恩比馆（Toynbee Hall）、芝加哥的霍尔馆（Hull House）、犹太人社区中心等。各地的移民中心除提供就业辅导、低额贷款等经济辅助之外，还成立各种俱乐部、游乐场、幼儿园、成人教育班、舞蹈队等，以提高移民的教育水平，提供一般娱乐。

（三）小组工作方法的发展

1. 获得社会认同

20 世纪三四十年代，小组工作继续运用在青年会、睦邻会、犹太人社区中心及童子军等。对小组工作有兴趣的人，如科伊尔、威尔逊等人成立了小组工作专业组织。1936 年，美国小组工作研究协会（National Association for the Study of Group Work）成立。

2. 关于小组工作的争论与澄清

争论之一：小组工作者是教育工作者还是社会工作者？

争论之二：小组工作与社会工作、个案工作的关系是什么？

在 1946 年美国社会工作会议上达成重要的共识，即小组工作是一种方法，是在社会工作较大范围内的一种方法。

3. 小组工作实务理论的发展

美国小组工作研究协会 1939 年出版了《教育、休闲与社会工作中的小组》（*The*

Group in Education, Recreation, Social Work）。1946 年，美国小组工作者协会（American Association of Group Workers）拟出专业标准，将活动扩大到新的领域中。1947 年以后，小组工作开始在精神疾病、医疗、儿童福利、矫治和其他特殊机构中运用。

任务 2　掌握小组功能

任务描述：

（1）按之前的分组，各组抽取不同的小组案例讨论：以下小组的具体功能是什么？填写表 1-10。

（2）对根据以上案例讨论出的小组功能进行分类，将对应的小组功能类型连起来。完成表 1-11 的连线任务。

表 1-10　小组的具体功能

小组	功能
青少年自信心提升小组	
认知症轻症长者剪纸小组	
单亲母亲倾诉小组	
少儿篮球兴趣小组	
妇女健美操减压小组	
长者读报小组	
急救知识志愿者成长小组	
戒烟小组	

表 1-11　小组功能连连看

青少年自信心提升小组	获得群体经验
认知症轻症长者剪纸小组	
单亲母亲倾诉小组	提升社交能力
少儿篮球兴趣小组	
妇女健美操减压小组	构建社会支持网络
长者读报小组	
急救知识志愿者成长小组	学习知识
戒烟小组	

实训三　知晓小组的类型与小组工作形式

任务 1　知晓小组类型

任务描述：

（1）分组抢答小组的归属类型，答对数量多的小组为赢。主持人把回答结果登进表 1-12。

（2）按指定的小组类型，构思一个小组设计方案，包括小组名称、小组目标、小组对象、小组内容等基本内容。小组设计方案填入表 1-13。

表 1-12　抢答小组类型

小组名称	类型	答对组别
戒毒小组		
兴趣小组		
户外运动小组		
认知症患者家属小组		
居家安全检查小组		
联谊小组		
长者服务小组		
旅游爱好交流小组		
老乡交流小组		
数学学习小组		

表 1-13　小组类型举例

小组类型	小组设计方案
封闭小组	
治疗小组	
成长小组	
支持小组	
基本小组	

知识拓展

小组的类型

小组的类型有不同的划分标准。香港理工大学何洁云等根据下列分类标准，描述了小组的类型。

1. 按小组的形成方式划分

组成小组：小组是通过外部的影响和干预而组建起来的，这种小组一般有较强的目的性和结构性。例如任务小组、兴趣成长小组等。

自然小组：小组的成员自然而然地聚在一起，形成了小组。组内成员对彼此的认识、认同度较高，小组凝聚力强。例如闺蜜旅游小组、网游爱好小组等。

2. 按组员的参与意愿划分

自愿小组：参与小组的组员是自发、自愿参与小组的，对小组参与有较高的积极性。比如育儿经验交流小组、志愿者成长小组。

非自愿小组：参与小组并非是小组成员自愿的行为。组员参与小组的动机和积极性不强，具有强制参与的特质。例如戒毒中心内的戒毒小组、公安部门的戒赌教育小组。

3. 按组员间的联系状态划分

基本小组：基本小组的组员具有较高的互动频率和紧密联系。基本小组都是小型的，小到组员可以用面对面的方式与任何一个人互相交流。它也是组员间有约定承诺的小组，小组组员相互表达情感，不论是积极的或是消极的，都可以清楚地表达出来。最典型的就是家庭小组。

次层小组：组员之间相互联系较少而且关系不甚密切。例如任务小组。

4. 按小组的结构划分

正式小组：具有正式的小组结构、明确的小组组员角色和地位。通常，正式小组以特定的目标任务来指导组员的行为。任务小组、行动小组、教育小组等都是正式小组。

非正式小组：不具有正式的小组结构。通常，小组没有明确的目标，组员自然地聚合在一起，通过互动达到交往和满足个人需求的目的。例如联谊小组、游戏小组等。

5. 按组员的界限划分

封闭小组：封闭小组是从小组开始到结束都由相同的成员参与，在小组期间不会增加或者减少组员。一般来说，有严谨的小组任务目标的小组都需要有封闭的环境，组员间存在持续深刻的互动关系。例如单亲母亲支持小组、戒毒互助小组。

开放小组：在小组过程中允许成员加入或离开。有一般社会目标，小组对小组成员的参与具有较高的开放包容性。例如兴趣成长小组。

6. 按小组的性质和目的划分（社会工作实务中最常用于区分小组的标准）

社交小组：小组目标是提升组员的社交能力，改善组员的社交关系。例如青少年联谊小组。

教育小组：用小组的方式，帮助组员学习与自身社会生活相关的知识、技能，对明确的社会角色作指引和行为的规范指导，提升组员的社会生存能力和自信心。例如妇女再就业技能学习小组、青少年自信心提升小组、长者手机技能学习小组等。

服务或志愿者小组：用小组开展志愿者服务，培育社会责任感和意识。例如启星志愿服务队、社区小义工服务队。

兴趣小组：用小组的形式发展和培育组员的各种兴趣和能力，陶冶情操。例如青少年成长中心、社区综合服务中心开展的各类兴趣班。

任务小组：小组的建立和发展以任务为取向。例如防疫宣传小组、防疫应急核酸检测小组、环境质量检测小组。

成长小组：区别于单向教育，成长小组更强调通过组员之间的互动，激发组员潜能，促使组员在小组过程中获得成长。例如儿童情绪控制学习小组、长者积极心态学习小组。

治疗小组：治疗小组针对需要特定帮助的有“问题”的组员，围绕恢复社会功能开展活动。小组旨在通过小组互动，改变“不良”行为和态度。例如戒毒小组、社会矫正人员社会融入学习小组等。

社会化小组：帮助组员学习社会适应技巧和行为方式，提升社会生存能力。例如青少年纪律学习小组、长者网络学习小组。

支持小组：小组建立以组员的资源为支撑，通过小组聚集，彼此分享，促成组员的态度、行为等转变。

社会行动小组：利用小组资源，整合社会力量，达致社会改变，维护集体或社会利益。例如以减少一次性餐具使用为主题的社区倡导小组，通过小组宣传达致保护环境的目的。

任务 2　知晓小组工作的形式

任务描述：

按照之前分组，各小组进行讨论：小组工作的开展形式有哪些？将讨论结果填写进表 1-14。

表 1-14　常见的小组工作形式

序号	小组工作的形式
1	
2	
3	
4	
5	
6	
…	

知识拓展

小组工作的形式

小组工作是社会工作三大核心方法中最具活力的专业方法，它的活力性首先就体现在它具有多姿多彩的工作形式上。小组工作的形式有很多种，在这里给大家介绍6种常见的工作形式。

1. 游戏

对于玩游戏很多人有不错的体验。游戏可以带动组员的参与、互动和分享，因此很多小组工作者在带领小组过程中会穿插各种各样的游戏来达到小组目的。小组游戏的类型多种多样，包括室内、室外的，尤其是室外游戏，参与者可以很投入，互动性、愉悦性都很强。可以说游戏这种形式是小组工作最常见的工作形式。

2. 讨论

小组工作经常组织组员围绕某个话题进行讨论，讨论的形式既有利于促进组员互动，也体现了小组工作民主的价值观。

3. 情景剧

小组工作也可以通过情景剧来开展，特别是需要组员体验某种角色或某种情境时，情景剧或角色扮演方式可以很好地达到目标。

4. 辩论赛

辩论赛也是小组工作的常用工作形式。辩论赛可以帮助组员对某些观点进行头脑风暴，促进组员接纳更多不同观点和价值观。

5. 知识竞赛

知识竞赛是常见的工作形式。当小组需要组员巩固某些知识点时，或需要引起组员对某些方面知识的关注时，特别适合用知识竞赛的方式，对于青少年组员更是如此，他们喜欢这种竞赛的方式。

6. 户外拓展

小组工作还可以通过组织户外的拓展训练来开展。户外拓展将小组向外延伸，有利于小组凝聚力形成。

以上介绍的是几种常见的小组工作形式，当然还有其他的工作的形式。总而言之，小组工作的形式多姿多彩，只要有利于组员互动、达成小组目标，都可以采用。

实训四　区分小组工作基本模式

任务1　认知小组工作基本模式

任务描述：

按之前的分组，各组讨论：小组工作几种模式的核心特点。请用2～3个词语概括，并填写表 1-15。

表 1-15　小组工作模式的核心特点

小组工作模式	核心特点
社会目标模式	
互动模式	
治疗模式	
发展模式	

任务 2　区分小组工作基本模式

任务描述：

某村面临一个地方发展的难题：由于该地区经济发展欠佳，当地就业机会较少。大部分青年常年在外地打工，村中儿童长期无人看管，形成了一小群无所事事的"特殊儿童"，经常在村里破坏公共设施。甚至有一次，这群"特殊儿童"弄倒了电路设备，造成了安全事故。

请各组以一个小组模式设计一个小组介入方案，通过小组服务逐步解决该村的这个问题，填写表 1-16。小组方案包括但不局限于小组名称、运用的理论、小组目标、小组内容、小组对象等。

表 1-16　应用小组工作基本模式

组别	小组工作模式	小组方案名称
1		
2		
3		
4		

实训五　应用小组工作常用理论

任务 1　认知小组工作常用理论

任务描述：

（1）你还记得哪些理论？运用理论的困难有哪些？各组讨论目前为止所掌握的小

组工作相关理论，将该理论的代表人物及主要观点记录在 A4 纸上，至少要 4 个，填写表 1-17。

（2）分小组展示小组工作常用的理论，以 PPT、情境模拟、视频等不同方式展示对小组工作理论的认识。展示的内容包括但不局限于理论内涵、理论运用于小组的理念切入、理论运用的注意事项等。

表 1-17　小组工作理论

序号	小组工作相关理论	代表人物	主要观点
1			
2			
3			
4			
…			

任务 2　应用小组工作理论

任务描述：

（1）根据课前自学内容和实务应用需要，思考适用的理论，填写表 1-18。

（2）分小组讨论，以指定的理论和小组名称设计小组活动主题，填写表 1-19。

表 1-18　根据实务情况选用适用理论

序号	实务情况	适用小组工作理论
1	互动类、自我探索类、亲子互动类小组	
2	手工类、技艺类或学习新知识类小组	
3	互动型、任务型小组	
4	适用于多种类型小组	
5	强调小组过程完整性	

表 1-19　根据理论和小组名称确定小组活动主题

序号	理论	小组名称	小组活动主题
1	马斯洛需求层次理论	长者小组	
2	舒茨人际需要理论	青少年小组	
3	小组动力学理论	妇女小组	
4	社会学习理论	儿童小组	
5	镜中我理论	残疾人家属小组	

知识拓展

小组工作的常用理论

下面介绍几个社会工作实务中常接触到的理论，包括需求层次理论、小组动力学理论、社会学习理论和镜中我理论（与课前自学部分稍有不同）。

（1）需求层次理论：对小组工作比较有影响的需求层次理论有马斯洛需求层次理论和舒茨人际需要理论。该理论从不同角度和层次对人的需求作了分析。马斯洛认为人的需求从低级到高级分为生理需求、安全需求、归属和爱的需求、尊重的需求、自我实现的需求。舒茨认为人有三种基本的人际需要：包容需要、支配需要、感情需要。需求层次理论主要在小组主题的定位、发展方向和科学看待组员互动关系上有重要理论指导意义。

（2）小组动力学理论：强调小组是一个动力整体，应该把小组形成、维持、发展等各部分放在整体中进行研究。了解小组内可能出现的各种影响力量和变量，才能更好地带领和把控小组的发展，促成小组目标的达成。动力学理论关注民主的组内参与氛围，带动组员间的互动参与，关注自我觉察与接纳，为小组带来积极的动力，使组员获得成长。以组内共同活动为中介有助于提升小组凝聚力。小组凝聚力越高，组员在参与中越能感受到心情愉快，精神振奋，从而积极投入小组，维护小组，接纳并与他人分享。

（3）社会学习理论：社会学习理论建立在行为主义理论基础上，强调人类行为的习得性，即教育和环境的重要性。小组经验的观察和模仿有助于组员形成新的行为方式。在小组中看到的各种行为及行为带来的后果，为组员带来前车之鉴或者学习榜样，充分发挥替代强化的作用。组员在小组中的积极能动性，对于组内的学习影响明显。

（4）镜中我理论：认为在与他人的互动过程中，我们通过感知他人对我们的反应和评价，建立起我们的自我意识、自我形象和自我评价。小组是一个微型社会缩影。小组内组员的行为和变化都会影响到小组每一个人以及小组的发展。小组内引导形成的正向反馈有助于组员获得更为正确积极的自我意识和自我评价。

该如何选择与应用理论？

工作初期：

（1）基本了解各个理论的主要观点和适用情形。

（2）尽量在个案报告、小组策划、活动计划中去套用这些理论。

（3）每个理论都有很多方面的观点，抓住你需要的观点并结合你的活动或小组进行说明。

工作后期：

（1）仔细了解每个理论的核心观点。

（2）戴上“理论的有色眼镜”去分析你的工作。

（3）内化理论去规划你的个案、小组或活动。

任务 3　小组工作理论的案例分析

任务描述：

请结合以下案例，从小组工作理论的视角，分析该如何解决。

各组将小组讨论意见填写进表 1-20，并进行分享。

儿童小组的成员被要求画一张很大的图画来装饰活动场地的一面墙。所有的成员除一人外都接受了有关的任务。基于你对以上讨论的理解，描述你会如何计划你的介入以鼓励那位成员参与活动。

表 1-20　不同理论视角下的介入方案

组别	选用的理论视角	介入方案
1	社会学习理论	
2	系统理论	
3	需求理论	
4	镜中我理论	
…		

实训项目评价

请填写以下表格（表 1-21 ～表 1-24）。

表 1-21　学生自评表 1

序号	技能点自评	佐证	达标	未达标
1	掌握小组特征	能够掌握小组特征，辨识出专业小组形态		
2	认识小组核心：小组动力	能够理解小组动力核心概念，并运用小组动力有效运作小组		
3	理解小组工作含义	能完整掌握小组工作含义，组建专业意义的小组		
4	掌握小组功能	了解不同的小组功能划分，并在小组中有效发挥功能		
5	知晓小组类型	了解小组类型的划分标准，并了解不同小组类型的内涵与使用		
6	知晓小组工作形式	了解小组工作形式		
7	区分小组工作基本模式	了解小组工作基本模式的内涵与运用方法		
8	应用小组工作常用理论	了解小组工作常用理论及运用技巧		

表 1-22　学生自评表 2

序号	素质点自评	佐证	达标	未达标
1	创新意识	在小组设计与运作中能紧贴社会发展，吸引服务对象参与和投入		
2	严谨的专业逻辑	在小组工作开展中坚持运用专业原理、理论与技术指导进行		
3	资源查找、整合能力	在小组开展中需要有多元开放的资源整合视角，使小组工作更具吸引力和成效		
4	专业道德、伦理	在小组深入互动中坚持以专业伦理原则处理服务关系与其他事项		
5	实事求是的追求	能理解小组工作发展的曲折性，因应服务坚持不懈、适时调整		
6	自我学习能力	在小组工作服务中坚持学习专业知识、社会知识等在小组中可能会接触到的一切知识和技能		

表 1-23　教师评价表 1

序号	技能点评价	佐证	达标	未达标
1	掌握小组特征	能够掌握小组特征，辨识出专业小组形态		
2	认识小组核心：小组动力	能够理解小组动力核心概念，并运用小组动力有效运作小组		
3	理解小组工作含义	能完整掌握小组工作含义，组建专业意义的小组		
4	掌握小组功能	了解不同的小组功能划分，并在小组中有效发挥功能		
5	知晓小组类型	了解小组类型的划分标准，并了解不同小组类型的内涵与使用		
6	知晓小组工作形式	了解小组工作形式		
7	区分小组工作基本模式	了解小组工作基本模式的内涵与运用方法		
8	应用小组工作常用理论	了解小组工作常用理论及运用技巧		

表 1-24　教师评价表 2

序号	素质点评价	佐证	达标	未达标
1	创新意识	在小组设计与运作中能紧贴社会发展，吸引服务对象参与和投入		
2	严谨的专业逻辑	在小组工作开展中坚持运用专业原理、理论与技术指导进行		

续表

序号	素质点评价	佐证	达标	未达标
3	资源查找、整合能力	在小组开展中需要有多元开放的资源整合视角，使小组工作更具吸引力和成效		
4	专业道德、伦理	在小组深入互动中坚持以专业伦理原则处理服务关系与其他事项		
5	实事求是的追求	能理解小组工作发展的曲折性，因应服务坚持不懈、适时调整		
6	自我学习能力	在小组工作服务中坚持学习专业知识、社会知识等在小组中可能会接触到的一切知识和技能		

课后提升

案例："松一松"家长减压互助小组解析

（一）小组基本信息

小组名称："松一松"家长减压互助小组

小组解析：小组名字的设计突出参与群体，核心主题词即为基本内容，以简洁、生动为设计原则，让参与者获得深刻的第一好感，不会让参与者报名小组陷入尴尬、标签化的困境。

小组工作在社会工作实践中既可当作过程也可当作手段。小组工作强调小组工作者按照既定的目标进行小组设计和指导小组开展。在小组工作过程中，用小组成员之间的彼此支持，改善他们的态度、行为、人际关系，提升他们应对实际生存环境所需要的各种能力。

小组地点：社区综合服务中心家庭室

小组解析：小组开展地点以参与者到达方便，能放松、专心地进行小组交流的环境为宜。切合小组的目标，小组开展地点可以整合资源，到不同的地点开展。

小组参与人数：8 名

小组解析：小组成员解决问题的能力和潜力通过成员间的分享、相互分担和相互支持而发挥出来。小组工作核心在于动员小组成员的力量去促使彼此获得成长，从而满足其自我需求。小组成员不能过少，否则不能形成小组；也不能过多，否则不利于小组过程中的交流互动，因为小组成员越多，个人在小组中的隐匿性越强。小组实务当中，小组的成员人数在 6～20 名为宜。

小组节数：6 节

小组解析：在实务中，小组节数一般都在 5 节以上，视小组的主题来定，大主题的小组节数多一些，小主题的小组节数一般较少。总而言之，小组的节数多少最终取决于需要多长时间和内容来达到小组目标。"松一松"家长减压互助小组是小主题小组，6 节较为合适。

参与对象：社区有小学学龄期孩子的家长

小组解析：参与对象选择条件明确，并有共同的小组服务需求。案例的服务社区内，处于小学学龄期的孩子家长普遍处于中青年期，工作生活较为忙碌，同时由于每天要面临亲自辅导学业等孩子教育任务，压力较大，有共同的减压需求。

开展时间：2020 年 7 月 15 日—7 月 20 日　晚上 20:00—21:30

小组解析：小组开展时间选择以参与者方便，利于小组成长内容消化为原则安排。“松一松”家长减压互助小组选择在暑假 7—8 月开展，是由于这段时间正值孩子放假，家长不需要每天辅导作业、配合各种学校事务，参与小组的意愿和可能性较高。小组每节宜分散进行，1～2 小时为宜，有利于参与者学习、消化和实践小组中所学的知识，有足够的空间反思和巩固在小组中获得的成长。

小组类型：组成小组、自愿小组、正式小组、支持小组、封闭小组

小组解析：

按小组的形成方式划分，“松一松”家长减压互助小组属于组成小组，通过社工的影响和干预而组建起来，具有较强的目的性。

按组员的参与意愿划分，该小组属于自愿小组，参与小组的组员是自发、自愿参与小组的，对小组参与有较高的积极性。

按小组的结构划分，本小组属于正式小组，具有正式的小组结构、明确的小组组员角色和地位。正式小组以特定的目标任务来指导组员的行为，期望通过小组让组员得到放松。

按小组的性质和目的划分，本小组属于支持小组。小组建立以组员的资源为支撑，通过小组聚集，彼此分享，促成组员在对待压力上态度、应对行为等的积极转变。

按组员的界限划分，本小组属于封闭小组。封闭小组是从小组开始到结束都由相同的成员参与，在小组期间不会增加或者减少组员。一般来说，有严谨的小组任务目标的小组需要有封闭环境，组员间存在持续深刻的互动关系。相对封闭的小组环境和稳定的组员，有助于小组成员之间建立了解、信任和支持的关系。

收费情况：免费

小组解析：一般情况下，免费的小组参与，有利于激励服务对象参与。“松一松”家长减压互助小组处于初始阶段，需要更多的激励，以鼓励有压力的家长积极参与和表达自己。在小组深入发展后，在组员能接受的范围内，适当的资源整合和收费有利于小组更多元化和专业化发展。

（二）小组背景与理念

小组背景：

通过前期调研了解到，社区有学龄期孩子的家长普遍存在教育焦虑、情绪烦躁、家庭教育观念不一致等压力过度情况。这也直接影响到了孩子家庭教育水平和社区家庭的和谐稳定。但是同时也有一些家长状况较好。同为家长，更能理解彼此所处情境感受，相互支持。

> 小组解析：小组设计不仅包括理论指导，也应该包含小组发起的社区需求背景，需求是小组开展的意义所在。

小组理念：

社会支持网络理论认为，一个人拥有的社会支持网络越大，就能越好地应对各种来自环境的挑战。运用社会支持网络理论帮助服务对象解决生活中的问题，着重点在于帮助服务对象学习如何建立社会支持网络和利用社会支持网络。构建家长小组，可为有减压需要的家长们组建社会支持网络，使之在小组中得到舒缓压力的启发。

> 小组解析：面临压力的家长有减压的需求，同时家长群体内部也存在积极的资源。小组的平台旨在搭建组员相互支持的网络，激发组员内部积极资源，助人自助，发掘潜能，满足需求，使组员在小组互助支持中达到压力缓解的效果。社会支持网络理论关于解决问题的方式假定，以及关于构建网络和利用网络的知识、技术均切合该家长小组的设计理念。因此相关的理论思路和技术可用于小组的实际运作。

小组目标：

总目标：

通过构建家长小组，为有减压需要的家长们组建社会支持网络，使之在小组中得到舒缓压力的启发。

具体目标：

（1）80% 或以上参与服务的家长在小组中能增进与其他家长的互动交流。

（2）80% 或以上参与服务的家长能在小组互动中得到舒缓压力的启发。

> 小组解析：小组目标的确定至关重要。它在某种程度上决定了小组活动的内容和设计方向。小组目标也在某种程度上体现了小组的功能。该小组工作的功能有：
>
> 第一，具体目标对应获得群体经验的功能。对于组员而言，小组有助于个人学习群体经验。在小组互动中，组员得到支持，能有情绪改善、态度转变和行为改变等成长，从而增强应对作为家长的压力的能力和信心，更好地适应社会生活。无论是应对目前正在遭遇的困境还是预防未来生活风险，小组经验都能提升组员应对和防范的能力，降低社会生活风险。

第二，总目标对应构建社会支持网络功能。小组的组建为组员认识有相似需求、相似社会任务目标的其他社会成员创建互动交流平台，帮助他们建立有相似目标的社会资源共享场域，大大丰富组员的社会资本，即社会支持网络。很多社会问题可认为是社会需求和资源无法形成有效匹配产生的。资源可能早已存在，只是没有得到链接和有效匹配。小组内部社会支持网络的构建，对于一些社会问题的解决有重要的资源意义。

（三）宣传及招募方法 / 策略

（1）服务宣传单宣传：设计和制作服务宣传单，并在社区综合服务中心公告栏和社区每栋楼的电梯显眼处进行粘贴宣传。

（2）社区综合服务中心微信公众号宣传：设计和发布服务的宣传招募公众号文章，并将文 章在社区的业主群、各小组群以及朋友圈中进行推送，对服务内容进行宣传。

（3）口头宣传：利用微信私聊目标群体等方式对服务进行口头宣传，让更多的居民了解到服务的存在。

（四）小组程序安排（表 1–25、表 1–26）

表 1–25　小组前期准备

工作时间段	工作内容	工作人员	备注
2020 年 7 月 1 日	撰写计划书	社工	
2020 年 7 月 2 日—10 日	宣传招募小组成员及选择组员	社工	
2020 年 7 月 10 日—14 日	小组开展所需物资、场地等筹备	社工	
2020 年 7 月 14 日	与协助小组开展的志愿者、工作人员做分工、沟通	社工	

表 1–26　小组流程

具体日期 / 活动时间	小组节号 / 目标	内容 / 活动
2020 年 7 月 15 日 20:00—21:30	第一节：让小组组员彼此间进行初步的认识；介绍小组的内容与开展的目的，建立小组契约。	1. 社工自我介绍。 2. 介绍小组的基本情况以及具体安排。 3. 热身游戏（活跃小组氛围，同时促进小组成员间的相互认识和熟悉，建立关系）。 （1）让组员进行自我介绍。 （2）名字接龙游戏：将组员随机分成两组，每组的成员相互认识、记住彼此的名字后，进行名字接龙的游戏（第一个人说“我是……”，第二个人说“我是……后面的……”，以此类推），从而促进大家迅速记住小组内成员的名字。

续表

<table>
<tr><th>具体日期 / 活动时间</th><th>小组节号 / 目标</th><th>内容 / 活动</th></tr>
<tr><td></td><td></td><td>（3）暗杀特务游戏：两组组员互相主动认识和记住另一组组员的名字；然后两组组员为自己设置一个号码，例如每组有 5 人，则每人设置 1～5 之间的号码，但不可以让另一组的人知道。两组组员分别横排站立，不需要按号码顺序排，并面向另一组组员。游戏开始后，社工说“暗杀特务”，大家一起问“暗杀谁”，社工说“暗杀特务 × 号”，双方不是编号 × 的组员便要立即蹲下，两名编号 × 的组员要快速指着对方，并喊出对方的名字，喊得最快最准的一组获胜。
4. 与小组组员共同制定小组契约：给每位组员派发一张纸，请他们在纸上写上至少一条小组契约，向其他组员进行分享，并粘贴在契约纸上，签上自己的名字，然后大家一起大声朗读契约上的内容。
5. 回顾本节小组的内容，预告下节小组的时间，提醒注意事项。</td></tr>
<tr><td colspan="3">小组解析：
1. 小组是由组员和社工组成的关系体系。在这个复杂的体系中，有社工和组员的互动，更多的是组员彼此之间的互动。在小组开展中，因应不同的小组发展阶段，社工和组员之间的关系会发生变化，以更好地激发组员自身的成长，避免组员对社工的依赖关系形成。第一阶段，在小组形成之初，社工既要建立组员之间的互动关系，也需要通过小组契约等方式协助小组奠定自主运作的基础，避免小组成员对社工的过度依赖。
2. 小组工作在互动过程中，通过彼此分享、分担、支持、教育、治疗等小组动力，带来组员态度和行为的改变。在这个过程中，小组互动是关键点，是小组产生改变的“发动机”。区别于一群人只是简单的聚集，小组成员在聚集过程中有彼此互动交流，彼此成就对方的成长。小组初期的小组成员相互认识和对小组的融入，为后续加深信任和深入交流做了铺垫。
3. 小组工作既是过程，也是组员改变的方法和手段。与社会工作中的个案、社区工作方法不同，小组工作是通过有目的的小组经验引导分享，激发小组内部潜能和资源，改善组员的态度、行为和应对社会环境的能力。小组工作有明确的目标，这区别于漫无目的的团体聚集。小组契约的制定也有助于小组沿既定的目标发展。</td></tr>
<tr><td>2020 年
7 月 16 日
20:00—21:30</td><td>第二节：
1. 在社工引导下，组员能与其他家长互动交流。
2. 组员能了解到其他家长日常的压力程度。</td><td>1. 社工点名。
2. 社工带领组员回顾上一节小组的内容，一起朗读小组契约，巩固契约的内容，引起组员的重视。
3. 热身游戏：松鼠房子。通过游戏促进组员间进一步熟悉，增进不同组员间的接触和交流。组员围成圈 1、2、3 报数，其中 1 和 3 负责搭房子的角色，2 负责松鼠的角色，并蹲在中间。当社工说“猎人来了”口令时，松鼠离开原有房子，重新找新房子；当社工说“失火了”口令时，代表房子塌了，需要重新找新伙伴搭新房子；当社工说“地震了”口令时，松鼠和房子都需要重新组合。
4. 通过随机报数的方式，随机将组员组队搭配，让组员分工交流，作为家长，日常可能会遇到的压力源有哪些。
5. 互动游戏：压力叠叠高。让每个组将交流总结出的日常压力源标签贴到积木上，每组轮流叠积木，积木倒了为输。</td></tr>
</table>

续表

<table>
<tr><th>具体日期 / 活动时间</th><th>小组节号 / 目标</th><th>内容 / 活动</th></tr>
<tr><td></td><td></td><td>6. 社工观察组员在游戏交流过程中的表现及其沟通合作的方式，并及时处理和跟进突发情况。
7. 社工带领组员一起回顾本节小组活动。
8. 社工根据组员本节沟通合作方式进行总结，并提醒组员下一节的时间。</td></tr>
<tr><td colspan="3">小组解析：
1. 小组工作是采用小组的方式，借助小组的各种力量，促进个人发展、个人与社会关系的调适及其他有益于社会的目的一种社会工作方法。小组是利用小组所产生的动力来达成这一工作目标的。小组过程中那些复杂和互动式的形式的动力变化是小组工作发生作用的基础。而小组成员是小组工作最基本的动力因素。在小组初期，需要重视小组成员之间的相互认识、熟悉，互动行为的促成。
2. 小组动力是在任何时间内发生在小组中的包括觉察到的或未觉察到的所有心理的和行为的内容。小组可以提供一个互动的情境，使成员可以尝试和练习新的沟通方式，增加他们的自我觉察，改变他们的生活态度，使其最终开始新的生活。在小组初期，小组设计宜以游戏、外化表述等形式逐渐引导参与者对压力源等现状进行自我觉察，开始尝试在小组中开放自我。</td></tr>
<tr><td>2020 年
7 月 17 日
20:00—21:30</td><td>第三节：
1. 在社工引导下，组员能主动与其他家长互动交流。
2. 组员能了解到其他家长日常应对压力的常见场景。</td><td>1. 社工带领组员回顾契约和上一节小组活动。
2. 热身游戏：反对派。
游戏规则：社工主持说出指令动作，组员需要做出相反动作。例如说举起左手，组员需要举起右手。
3. 互动游戏：分成四个组。每组随机抽取预设的生活场景，涉及家长可能会遇到的不同压力场景。根据组员的理解分角色演绎遇到场景时的状态和应对。
4. 社工带领组员一起回顾本节小组活动，引导组员说出印象最深刻的场景。
5. 社工根据组员本节沟通合作方式进行总结，并提醒组员下一节的时间。</td></tr>
<tr><td colspan="3">小组解析：
1. 小组开展前适当的热身环节，能唤起小组成员对小组参与的关注。有趣的形式能为小组开展营造轻松愉悦的氛围，更有利于小组成员积极参与到小组互动中。
2. 第三节刚进入小组的中期，如果小组前期小组成员的信任感构建有成效，则对于小组成员在各种压力场景中的讨论和情感投射有直接影响。如果小组成员间较为信任，则对于更深入的小组分享互动有正向的影响。</td></tr>
<tr><td>2020 年
7 月 18 日
20:00—21:30</td><td>第四节：
1. 在社工引导下，组员能主动与其他家长互动交流。
2. 组员能了解到其他家长日常应对压力的常见方法。</td><td>1. 社工点名。
2. 社工跟组员一同回顾契约和上一节小组过程。
3. 热身游戏：阿呆和阿瓜的故事。借助游戏向组员表达组员间要形成良性沟通方式的重要性，鼓励多与其他人互动交流、互相合作。
游戏规则：组员以 1、2 报数，报 1 的人扮演阿呆的角色，报 2 的人扮演阿瓜的角色。阿呆、阿瓜依次站立围成一个圈，每人向左右伸出手，左手握拳竖起拇指，右手握成一个空心的拳头，套在右方组员的拇指上。社工讲一个故事，当社工说出“阿呆”的名字时，扮演阿呆角色的组员右手要握住右方阿瓜的拇指，同时阿瓜也要把</td></tr>
</table>

续表

<table>
<tr><th>具体日期 / 活动时间</th><th>小组节号 / 目标</th><th>内容 / 活动</th></tr>
<tr><td></td><td></td><td>手指抽离，不让阿呆抓住；当社工说出“阿瓜”的名字时，则相反，扮演阿瓜角色的组员右手要握住右方阿呆的拇指，同时阿呆也要把手指抽离，不让阿瓜抓住。
4. 社工引导组员自行寻找小组的其他组员组队（规则：可以找任何组员组队，但不能是坐在自己身边的两位组员）；组队完成后让每组分享自己会找对方做合作伙伴的原因，并引导其按队坐好。若出现不能自行组队的组员，则社工进行干预。
5. 互动游戏：压力治疗师。
游戏规则：每组讨论出一个常见的家长压力场景，另外一组家长扮演压力中的家长。游戏组需要按组内讨论出的压力缓解方案，给其提出缓解压力的建议。
6. 社工带领组员一起回顾本节小组活动中学习到的减压方法。
7. 社工根据组员本节沟通合作方式进行总结，并提醒组员下一节的时间。</td></tr>
<tr><td colspan="3">小组解析：
1. 本小组主要运用了发展模式组织服务开展。发展模式，顾名思义，是强调以人的发展为核心，关注个人具有的成长可能性和潜能，通过小组组员之间的关系、小组内部机制解决组员间的矛盾，帮助组员获得成长。组员之间的充分互动是整个小组每个阶段的重要议题。小组从前期的不熟悉、局部互动到整个小组范围的互动发展，社工应为组员之间的相互促进发展做更大范围的引导。
2. 在发展模式中，小组成立后，社工必须与组员就小组的目标、功能和结构达成一致意见。因此，在每节小组中，小组开展前对小组契约、小组上一节的成长回顾以及对本节小组的目标和内容进行交流是必需的。
3. 在小组中期，进一步就对压力的深入认识和缓解方法，引导小组成员作深入交流互动。这有可能引发小组冲突。需要为正式的话题注入轻松欢乐的元素，例如运用游戏表达观点。社工可以通过鼓励、促进、认可、启发、同意、表扬、挑战等方法协助小组成员建立小组责任感，使其对自己的目标、组员、机构和社区负起相应的责任，更理性参与到小组互动过程中。在小组冲突影响小组目标实现时，社工需要提醒小组进行反思。当这些互动形式促进小组目标实现时，社工也需要向小组组员指出，及时让组员意识到组员互动行为的作用。社工没必要直接介入小组组员的互动中。</td></tr>
<tr><td>2020 年
7 月 19 日
20:00—21:30</td><td>第五节：
1. 组员能更了解其他组员的个人情况。
2. 组员能在自己相关的压力议题上获得有针对性的方法启示。</td><td>1. 社工与组员一同回顾契约和上一节小组内容。
2. 热身游戏：大风吹。
游戏规则：社工说：“大风吹。”组员问：“吹哪里？”社工说吹到哪里，组员就要用手按住哪个部位。
3. 互动游戏：物以类聚。
游戏规则：活动空间分为 AB 区，代表不同的状态。社工说：“一个星期超过三天 12 点后入睡的站 A 区，少于三天的站 B 区。”组员按照自己不同的状态分类站。分类完后就分类的标准和现实的生活状况作交流。
4. 先由各组员把自认为感受到的最大压力的内容用三个主题词标识出来，写到大白纸上，并写上自我探索认为可以缓解压力的最有效方法，挂在活动现场周围。所有参与者自由浏览，把自己想到的办法贴到白纸上。最后参加者各自拿回自己的纸，查看大家给的解决建</td></tr>
</table>

续表

<table>
<tr><th>具体日期 / 活动时间</th><th>小组节号 / 目标</th><th>内容 / 活动</th></tr>
<tr><td></td><td></td><td>议。组员分享感受，如感谢分享，反思相关建议对解决困境的益处。其他组员肯定分享的组员的成长进步。
5. 社工带领组员一起回顾本节小组活动。
6. 社工根据组员本节沟通合作方式进行总结，并提醒组员下一节的时间。</td></tr>
<tr><td colspan="3">小组解析：
1. 社会支持网络理论认为，一个人拥有的社会支持网络越大，就能越好地应对各种来自环境的挑战。运用社会支持网络理论帮助服务对象解决生活中的问题，着重点在于帮助服务对象学习如何建立社会支持网络和利用社会支持网络。也有学者把社会支持界定为四种：情绪支持——如共鸣、情爱、信赖；手段支持——如援助；情报支持——提供应对情报；评价支持——提供关于自我评价的情报。构建家长小组，可为有减压需要的家长们组建社会支持网络。设计情绪支持、情报支持、手段支持和评价支持内容的小组互动环节，让处于小组成熟期相互信任的组员思考适合自身减压方法的同时能积极为其他组员的困境建言献策，从而使得组员在小组中得到舒缓压力的启发。
2. 在成熟的小组发展中期，组员之间的互动有更好的自主空间。正向的组员互动能促进组员更好地反思和成长。在小组环节设计中，组员互动的自主性需要有更多的关注。</td></tr>
<tr><td>2020 年
7 月 20 日
20:00—21:30</td><td>第六节：
1. 回顾整个小组的学习过程，肯定组员的表现，让组员互相分享自己的学习感受和收获。
2. 处理组员的离别情绪。
3. 促进参加者搭建互动网络平台。</td><td>1. 社工对整个小组以及小组组员的表现进行总结与肯定。
2. 热身游戏：团体瑜伽。
在社工的指引下，随着背景音乐，跟左右的组员相互配合进行瑜伽动作。
3. 按组员不同表现颁奖，并请其发表获奖感言。
4. 互动游戏：片言只语。
游戏规则：选择感觉最合适的词语，来表达在小组过程中自己的收获和变化。
5. 互动游戏：感谢有你。
播放感恩主题音乐，互赠友谊卡，并协助现场组员建立后续交流的网络群。
6. 社工向每位组员派发参加者意见表，现场收集组员对小组的意见。</td></tr>
<tr><td colspan="3">小组解析：
1. 在小组后期，小组的动力表现为：小组大部分组员的需要在某种程度上得到满足，目标已经基本实现，组员彼此间建立了互相接纳和愉快的合作关系，甚至成为伙伴和朋友。然而此时组员也可能会有明显的负面消极情绪。
2. 在小组结束期，组员均获得了不同程度的成长。小组结束之际需要对小组中获得的成长作总结和巩固，鼓励小组成员将小组中获得的成长运用到实际生活中。
3. 在小组后期，小组的影响力和小组规范的约束力逐渐减弱，组员间的联系也比较松散，互动频率和强度相对降低。同时，小组成员开始将部分精力转向对外界的联系，为适应实际生活做准备，也有人由于害怕小组结束带给自己伤感，采取“自卫”行为，及早离组或减少对小组投入的感情，从而降低小组分离对自身的伤害。因此，哪怕是小组后期，也需要设计增强组员之间感情的互动环节。社工也可以为组员搭建线上线下的小组后续互动平台，让组员在小组中认识能给予支持的组员后能维持该社会支持网络。</td></tr>
</table>

（五）预计困难及解决方法（表 1–27）

表 1–27 预计困难及解决方法

预计困难	解决方法	备注
招募组员的情况不理想。	加大宣传的力度，多次发送微信公众号的推文，并将其转发到目标参与对象的微信群中，扩大小组的知晓度。	
组员在小组内的互动积极性低。	通过小组互动环节设计，促使参与者互动。	
组员在互动中发生冲突。	通过小组契约、小组和睦文化营造等形式科学看待和处理冲突状况。	

（六）目标与评估方法（表 1–28）

表 1–28 目标及评估方法

评估项 / 具体目标	评估方法	备注
80% 或以上参与服务的家长在小组中能增进与其他家长的互动交流。	通过让参加者填写参加者意见表、社工观察参加者每一节小组活动中的表现，评估是否有 80% 或以上参与服务的家长在小组中能增进与其他家长的互动交流。	参加者意见表、小组观察记录表。
80% 或以上参与服务的家长能在小组互动中得到舒缓压力的启发。	通过让参加者填写参加者意见表以及社工观察参加者每一节小组活动中与他人的互动表现及最后组员对于舒缓压力获得成长感悟的自我表达，评估是否有 80% 或以上参与服务的家长能在小组互动中得到舒缓压力的启发。	参加者意见表、小组观察记录表。

小组解析：

参加者意见表的问卷法属于常用结果评估方法。评估的有效性与参加者意见表问题设计的有效性直接相关。问题的设计建议围绕小组目标从不同的维度进行分析并设定方向。例如了解家长对小组中所传达的减压知识的掌握程度，问题应该包括不同的减压方式。

小组观察记录表属于过程评估方法，核心内容是小组动力过程的所有心理和行为内容。静态因素包括小组名称、组织结构、小组目标、小组性质、小组领导者的个人特点、小组成员等。动态因素包括小组领导方式与形态、小组气氛和凝聚力、成员的参与、沟通模式、冲突和冲突的解决模式、小组的成文和不成文的规范、小组的决策过程、问题的解决方式等。

项目二 小组工作价值指引

教学目标

知识目标

1. 了解社会工作价值观中的主要观点
2. 了解社会工作的价值体系的主要内容
3. 掌握小组工作价值实践原则的内容
4. 了解小组价值冲突的主要内容
5. 了解社会工作伦理守则内容
6. 掌握小组工作伦理守则内容
7. 掌握我国小组工作开展要遵循的伦理原则
8. 了解伦理决定和伦理难题
9. 掌握小组工作者的专业标准

能力目标

1. 能够根据小组工作价值观制定小组工作方案
2. 能够按照处理价值冲突五步骤分析小组冲突案例
3. 能够带领小组处理伦理难题，做出伦理决定

素质目标

1. 具备互助互惠精神，协助小组建立良好的互动关系，使得组员获得成长和改变
2. 具备赋权意识，通过小组活动改善小组成员的无力感，提升和发展小组成员的权利意识和能力

价值观目标

1. 树立社会主义核心价值观，运用社会主义核心价值观指导小组工作价值观
2. 区分东西方社会价值观

思维导图

- 小组工作价值指引
  - 理解小组工作价值观
    - 价值观与社会工作价值观
      - 什么是价值观
      - 社会工作价值观
      - 社会工作的价值体系
    - 小组工作价值实践原则
      - 接纳原则
      - 互助互惠原则
      - 个别化原则
      - 尊重组员的权利与能力原则
      - 保密原则
      - 民主参与和决策原则
      - 赋权原则
    - 小组价值冲突与选择
  - 了解小组工作专业伦理
    - 伦理与社会工作伦理守则
      - 什么是伦理
      - 社会工作伦理守则
    - 小组工作伦理守则
      - 什么是小组工作伦理守则
      - 小组工作伦理守则的内容
    - 在我国开展小组工作要遵循的伦理原则
  - 掌握小组工作者的专业标准
    - 小组工作者的知识素养
    - 小组工作者的个人素养

课前自学

任务一
理解小组工作价值观

（一）价值观与社会工作价值观

1. 什么是价值观

> **价值观**是一套信念体系，是对事物的欲求和偏好，是由个体或群体所持有的一套行为偏好的准则，包括对目的、手段、生活状况等产生的强烈情感。

价值观是一套信念体系，是对事物的欲求和偏好，是由个体或群体所持有的一套行为偏好的准则，包括对目的、手段、生活状况等产生的强烈情感。价值观也是人们判断事物是非、善恶、美丑、意义大小的标准。根据这个信念体系和标准，我们会确定自己所期望的世界是怎样的，人类行为模式是怎样的，并据此来决定自己的行为举止。

想一想

价值观是社会工作的灵魂。

社会工作者是“充满价值的人”。

——高登斯坦

你如何理解以上两句话？

____

____

2. 社会工作价值观

社会工作价值观是社会工作者通过理论学习、专业实践等社会化途径而认同、接纳并在社会工作的具体实践中运用的一套信念体系。它是社会工作者行为的依据，指导着社会工作者如何进行助人。

> **小组工作价值观**在社会工作基本价值观的基础上形成，是社会工作基本价值观在小组工作中的具体贯彻和体现。

社会工作价值观是社会工作的灵魂，决定着社会工作的理论建构和运用，决定着社会工作方法的选择和具体的技术操作，决定着社会工作者对服务对象的态度和专业关系的性质。

3. 社会工作的价值体系

社会工作价值体系由社会的价值观、机构的价值观、社会工作专业的价值观以及个人价值观组成；个人价值观由服务对象个人的价值观和社会工作者个人的价值观组成。

（1）社会价值观。

社会价值观是价值体系的组成部分，是整个社会所崇尚的基本价值。它是由占统治地位的文化价值观念决定的，是社会工作价值的基本层次。社会价值观的特点是可变的，是随着社会的进步和时代的变迁而不断变化的。不同的文化脉络有不同的社会价值观；不同的群体有不同的关于社会价值的观点。比如表 2-1 列出了两种价值观关注的内容，从中可看出社会主义核心价值观的先进性、科学性、人民性、实践性、真实性。

表 2-1　两种社会价值观

西方社会价值观	社会主义核心价值观
人的尊严和价值 民主、平等、参与和追求自由与幸福的权利 重视对自己的责任 个人与社会相互依赖，均有责任与义务	富强、民主、文明、和谐 自由、平等、公正、法治 爱国、敬业、诚信、友善

（2）机构价值观。

机构价值观是价值体系的组成部分，影响社会工作者的价值观以及工作方法，影响机构的使命、策略、参与、民主、尊重、激励和凝聚力等方面。所有机构都有自己的传统和价值观，同一机构的价值观也会随着机构的发展而发展。

知识拓展

社会工作机构的价值语录

东莞市鹏星社会工作服务社

我们坚信每一个人都是独特、平等、有价值、有尊严、有潜能的

我们尊重和信任员工，崇尚开放、参与、支持和共享的团队精神

我们倡导民主、文明、和谐、公正、友善的社会氛围

东莞市普惠社会工作服务中心

愿景：构建“服务、科研、教学”三位一体的、卓越的综合性社会组织，提供高质量的专业服务

使命：普及社工理念，惠及社会大众，致力于建设人人共享发展成果的社会

价值观：尊重，接纳，激发每个人的独特性和潜能

深圳市龙岗区龙祥社会工作服务中心

龙祥价值观：兼爱　和谐　助人自助

龙祥愿景：希望每个人拥有平等发展的机会，人与人之间互助友爱，社会祥和共融

龙祥理念：赋能于人　严谨务实　团结协作　勇于担当

龙祥使命：
提供优质服务　培育专业人才　塑造品牌机构　引领行业发展　增进民生福祉

（3）社会工作专业的价值观。

社会工作者的态度和取向受社会工作专业价值观的影响。中西方社会工作专业价值观主要观点大致见表 2-2：

表 2-2　中西方社会工作专业价值观主要观点

西方社会工作专业价值观主要观点	中国社会工作专业价值观主要观点
✧ 人人平等。 ✧ 尊重人的价值和尊严，接纳个体的价值、尊严和特点。 ✧ 以人为本和个人自我决定。 ✧ 维护人权和社会公正。 ✧ 赋权。 ✧ 发展。	✧ 以人为本，回应需要。社工应本着以人民为中心、为服务对象着想和谦和的态度，真诚对待服务对象的问题和需要。 ✧ 注重和谐、促进发展。社会工作是促进社会和谐和发展的重要手段。和谐包括：家庭关系和谐、人际关系和谐、群体关系和谐、干群关系和谐、社区和谐。 ✧ 平等待人，注重参与。社工大多作为政府的代表被委托推行服务，要尽可能站在居民的立场上，倾听服务对象的真实想法和意见，给其平等、民主参与和决策的机会与空间。 ✧ 权利与责任并举（助人自助）。社会工作既是一种服务过程，也是一种道德实践，在保证其权利的基础上，帮助服务对象树立责任意识，强化其自我改变和自我发展的能力。 ✧ 个人发展和潜能提升与社会发展相结合。社会工作既注重个人的需要和服务，也关注社会层面的改革与政策变革。

练一练

小芳是一位学校社会工作者，她正在同一位重点中学高三女学生小玲一道工作。小玲在学校的表现属于中上。两个月前，小玲在车站遇到了一个在发廊做“初级工”的男孩，并深深地爱上了他。其后，小玲辍学并经常半夜回家。小玲的老师和家长非常关心，加强了管束，却使她更为反叛。

高考前两个月，小玲决定不参加高考，想马上开始工作，并打算从家中搬出与男朋友同住。小玲的男朋友告诉她，他非常喜欢小玲，对小玲的计划没太多意见。他觉得现在相处的方式很快乐，没有改变的迫切需要，但如果女孩坚持的话，他不介意同她住在一起。

请问你是否想帮助小玲？你会去帮助她提升对发展未来路径的认识还是帮助她做决定？这个案例中涉及哪些社会工作价值观？

知识拓展

社会工作价值观的本土化

我国社会工作价值观的形成和发展不仅借鉴了国际上社会工作发展的经验，更考虑到本土社会工作实践的经验以及文化特色，尤其是具体的国情、社情和民情。从本质上看，社会工作价值观是在本土文化下实践的。当前，我国的社会工作职业化和专业化是在党和政府的直接领导与推动下开展的，是推动社会主义社会建设和贯彻落实习近平新时代中国特色社会主义思想的重要组成部分，它具有很强的自上而下的色彩。同时，我国处在社会转型过程中，社会工作的价值观也应反映时代的要求和民众需要。因此，在建立和发展我国社会工作的价值观时应注意以下七个方面。

一是以人民为中心，回应社会需要。

社会工作是一种帮助人解决困难、协调人与环境之间关系的服务活动，它与人的问题和需要息息相关。因此，社会工作者应该本着以人民为中心、为广大人民群众和服务对象着想的谦和态度，真诚地对待服务对象的问题和需要，及时地回应他们，并通过专业服务来满足服务对象的需要。以人民为中心不仅应体现在社会工作的具体服务实践中，还应体现在社会福利政策的制定和实施实践中。

二是接纳和尊重。

在社会工作实践过程中，社会工作者首先就要通过初步的接触与沟通等专业活动与服务对象建立相互的信任关系，从而开展进一步的专业服务。对社会工作者来说，无论在哪一个阶段的服务过程中，都应该首先从内心真诚地对待所有服务对象，对服务对象采取接纳和尊重的态度。在实践中，接纳意味着社会工作者不因服务对象的年龄、性别、种族、生理及心理状况、宗教信仰、政治倾向等对他们歧视或拒绝提供专业服务。对社会工作者而言，对服务对象的接纳是一种一贯和统一的原则或立场。同时，对社会工作者来说，尊重不仅意味着在服务过程中对服务对象保持必要礼节，更重要的是对服务对象的需要和问题进行倾听、回应，以及在服务过程中真正将服务对象本身视为改变的一种力量。针对不同的服务对象和不同的问题及需要，社会工作者要善于倾听、理解和回应，同时与服务对象一起寻找恰当的解决问题的策略与方法，从而维护服务对象的合法权益，提升其社会功能。

三是个别化和非评判。

由于社会工作实践提供的是与人有关的专业服务活动，社会工作者应充分尊重每个服务对象的个性与人格，充分理解服务对象之间存在的差异。对社会工作者来说，即使是提供同一类的专业服务，也要注意将服务对象看作不同的个体，并充分考虑到个人特质（年龄、性别、种族、生理及心理状况、文化背景、职业、社会地位、宗教信仰、政治倾向等）对服务需求和服务模式的潜在影响，不对之轻易做评判。

四是注重和谐有序，促进社会共融与发展。

注重和谐有序和共同发展是党和政府当前及未来很长一段时期内坚持的政策方针，也是指导社会经济建设的重要原则。社会工作是社会福利事业的重要内容，是促进和谐社会建设的重要手段。在社会工作过程中，专业社会工作者要将和谐与发展作为自己的重要价值观。和谐的内容包括多个层面，涉及家庭关系和谐、社会人际关系和谐、群体关系和谐、干群关系和谐以及社区和谐等。发展则要求不断探索与总结新的理论、经验和方法，不断提升社会行政与社会服务的水平，通过人性的、有效的社会行政与管理，落实社会政策，实现有效的、适当的社会服务，从而解决各种社会问题，满足不同人群的社会需要。

五是平等待人，注重民主参与。

社会工作的实践建立在专业的工作关系基础上，它要求社会工作者与服务对象相互理解与合作，形成有效的工作关系，共同面对问题，共同寻找问题的解决途径和方法。在这一过程中，社会工作者要充分尊重服务对象的意愿和想法，主动询问服务对象对问题的看法，尽量减少主观判断和意见。在服务对象的需要满足和问题解决策略上，社会工作者要与服务对象建立良好的沟通，尊重服务对象个人的意见和决定，以避免因个人的主观独断和偏见对服务对象造成伤害。在社会福利服务政策和服务推行过程中，社会工作者作为政府的代表，被委派推行服务，要尽可能站在居民的立场上，多倾听服务对象的真实想法和意见，尽可能提升政策实施和服务的效果。

六是权利与责任并重。

社会工作是一种服务过程，也是一种道德实践。社会工作者要将助人、满足困难人群需要和解决实际问题等放在第一位，在服务过程中践行专业承诺。社会工作的目标就是通过专业服务和干预，帮助服务对象提升改善自我的能力，开发自我生存和发展的潜能。在保证其权利的基础上，社会工作者要帮助服务对象树立责任意识，逐步强化其自我改变和自我发展的能动性，减少服务对象对制度和外部支持体系的依赖，真正达到助人自助的目的。

七是个人的发展机遇、潜能提升与国家的社会发展进程相结合。

社会工作要帮助社会中有困难和有需要的人，通过提供必要的资源或服务来提升他们的自信心和能力，从而使其实现自立自强。但社会工作的目标不止于帮助有困难或有需要的个体和群体解决现实生活和发展中的困难，开发其潜能，改善他们的社会功能，促进他们融入社会，更重要的是，社会工作还要致力于通过制度建设和政策改革推动社会进步、促进社会发展、实现平等和公正。社会工作的实践是既注重个人的需要与服务，也关注社会层面的改革与政策变革。因此，社会工作者要在帮助个人和实现社会发展两个层面上进行努力。

（4）个人的价值观。

个人的价值观包括服务对象与社会工作者的价值观。每个人都是独特的，每个人都有其独特的价值取向。个人价值观的形成与许多的因素有关，如民族、文化、种族、宗教、家庭以及社会化等，在实践中必须对这些因素给予关注，并且注意到这些因素对不同人的不同影响。对小组成员来说，不了解自己的价值观是十分普遍的，小组工作者应该坚持帮助他们获得清楚的对自我价值取向的认识。

想一想

社会工作价值体系中，如何理解社会价值观、机构价值观、专业价值观、个人价值观四者之间的关系？

（二）小组工作价值实践原则

小组工作价值观是在社会工作价值观的基础上发展而来的。小组工作的价值实践原则体现了价值观，是小组工作实务的行动指南。其主要内容有以下几点。

1. 接纳原则

接纳原则是指组员与组员之间、小组工作者与组员之间的相互接纳，这种接纳是无条件的，包括接纳他人的优点和不足。组员与组员之间、小组工作者与组员之间只有相互接纳，且不以种族、性别、宗教和文化等的不同而存有歧视和偏见，才能建立互助的支持网络，实现融合，并利用彼此的资源，解决问题，达成目标，实现共同发展与成长。

2. 互助互惠原则

这个原则有两个方面的内容：其一，组员之间的关系是互助互惠的。小组工作的实务核心之一就是互助互惠。小组工作者必须明确地认识到，这种互助互惠式的助人关系是个人改变的主要来源，因此小组工作者的主要作用就是帮助组员建立团结合作的关系，共同实现目标。其二，小组工作者与组员之间的关系也是互助互惠的关系。在小组过程中，小组工作者运用自己的专业知识，协助建立良好的互动关系，使得组员获得成长和改变。同时，组员们丰富的生活经历，对小组工作者而言，也是一个学习的来源，小组的经历对社工本身而言也是一个成长的经历。

3. 个别化原则

个别化的含义有两个层面：一是组内成员的独特性；二是小组的独特性。组员的独特性要求小组工作者在小组工作的过程中及时地了解和清楚地认识每个小组成员不同于他人的独特的差异性，其中包括不同的问题、不同的需求、不同的性格特征和兴趣、不同的文化和家庭传承以及不同的个人价值取向等等，以便在普遍性的小组介入过程中，同步实施针对小组成员独特性的特殊的介入，如个案辅导的同步运用。小组的独特性要求小组工作者明确每个小组有不同的特质、目标、任务和目标对象等等，所以要具体问题具体分析，处境化地对待每一个小组，不可不经分析地随意运用曾经用过的介入方法和技巧等。

4. 尊重组员的权利与能力原则

小组工作过程中，要特别强调和重视组员的能力，相信组员有改变的潜能和能力，这是小组工作的基本信念之一。同时，要尊重组员有选择参与的权利和自由。

5. 保密原则

保密原则要求小组工作者对组员的个人资料进行严格的保密，资料形式包括录音、录像、书面及电子文本资料等。如果要公开使用，需征得当事人的同意。保密原则同时要求，对组内发生的情况，特别是涉及组员个人分享的故事等，如果当事人要求对组外保密，则组员要承诺做到对组外保密。这是对他人人格和尊严以及发生在他人身上的事实的尊重。同时小组工作中要注意保密的相对性，注意生命权与隐私权之间的关系。

6. 民主参与和决策原则

小组工作者通过小组活动给组员以民主参与和决策的机会与空间，培养和提升组员民主参与和决策的意愿和能力（特殊组员的特殊小组例外）。小组不仅可以发掘组员的潜能，促进组员成长，还可以通过民主参与和决策培养组员的民主精神。同时，对组员来讲，小组中解决冲突的过程，也是一种重要的民主学习体验。

7. 赋权原则

赋权原则是指小组要致力于组员资源的获取、权能的提高以及小组的成长与社会的变革。小组工作者要通过小组活动改善小组成员的无力感，提升和发展小组成员的权能，进而能够使小组成员根据自己的想法和意念采取行动，提高掌控自己生活及命运的程度。同时，在增强小组成员权能的过程中，小组工作者的权能也同步增强，小组也同步发展成长，这是一个各方建构权能的过程。

想一想

一个小组工作者被机构安排去带领一个戒毒小组。这个工作者很不情愿，原因是他讨厌吸毒者。你如何看待这个工作者的表现？其背后的价值基础是什么？

____

____

（三）小组价值冲突与选择

价值体系中相关价值会发生冲突是一种普遍的现象。小组价值冲突集中体现在小组成员间的价值冲突、小组工作者个人的价值与专业价值的冲突、小组工作者和小组成员的价值冲突上。如果冲突来自小组成员本身，小组工作者应该帮助他们去解决冲突以达到介入的目的；如果冲突来自小组工作者自身，小组工作者则要通过理性分析，运用专业的能力去解决冲突和做出选择。但是，当冲突发生在小组工作者与小组成员之间时，小组工作者必须小心不把自己的价值观强加给小组成员，并且在清楚自己价值取向的基础上，解决彼此之间的价值冲突。

一般来讲，处理价值冲突的步骤如下：

第一步：思考分析问题所涉及的各层面的价值观；

第二步：澄清小组工作者自己的价值取向；

第三步：自我省察对组员问题的看法和期望；

第四步：考虑组员之间问题是否违背社会道德与伦理；

第五步：分析组员与相关的第三者的价值观和期望，选择解决方式，判断是否违反机构政策与规定和专业伦理。

总之，小组工作过程中，要以社会工作的价值观以及小组工作价值实践原则为灵魂，指导小组工作的实践。要清楚和掌握社会工作的价值体系，在面对价值冲突时能够做出理性的价值判断和选择。同时作为一个小组工作者要不断地内化社会工作的价值观，做到知行合一。

练一练

社会工作者小郭正在带领一个大学生团队沟通与合作小组，在小组中设置了一个小组讨论环节，让组员针对以下情况进行讨论。

有一个村庄住着15位村民，有老人、小孩、妇女、青壮年、病人等，但是每天只有一锅粥可以分配，该如何进行分配？

针对以上情况，组员进行了激烈的讨论。有的组员认为应该实施按劳分配，按照多劳多得的方式进行分粥；有的组员认为应该先保障困难群体的生存，再进行分粥。一时间，小组成员分成了两派，从讨论演变成了争吵，甚至是冲突。

如果你是社工小郭，请按照处理小组价值冲突的六步来分析这个案例。

____

____

任务二

了解小组工作专业伦理

（一）伦理与社会工作伦理守则

1. 什么是伦理

伦理是指处理人与人之间的关系及其相互约束的道理和准则，它同特定的社会规范和价值观联系在一起。一般的伦理主要是对普通人行为的约束，比如“尊老爱幼”“不破坏公共财产”等。就社会工作而言，伦理是指一种专业范围内的价值观和道德约束。这些伦理包括：保密性、服务对象的自我决定、对机构的忠诚等。

> **伦理**，就社会工作而言，是指一种专业范围内的价值观和道德约束。

2. 社会工作伦理守则

社会工作的伦理守则是对专业社会工作者在实践中的一般规定，它清晰地告诉社会工作者“应该做什么”以及“不应该做什么”。小组工作伦理守则是在社会工作一般伦理守则的基础上产生的。我们可以先了解一下社会工作伦理守则基本信念与西方社会工作伦理守则要点（见表2–3）。

表2–3　社会工作伦理守则基本信念与西方社会工作伦理守则要点

社会工作伦理守则基本信念	西方社会工作伦理守则要点
✧ 保持中立，不歧视，无偏见。 ✧ 保密，尊重个人隐私权。	✧ 品德：要维持高水准的个人品德操守。 ✧ 服务：社工要以专业性为首要的服务目标和服务职责。 ✧ 正直：社工的行为要符合职业道德和公正的最高原则。

续表

社会工作伦理守则基本信念	西方社会工作伦理守则要点
✧ 尊重个人尊严、个人价值及服务对象自决。 ✧ 尽职，保证服务品质。 ✧ 和睦相处，协调相关专业。	✧ 学术与研究：要依照学术研究的伦理、惯例与协定进行研究工作。 ✧ 服务对象的利益：服务对象利益至上，对服务对象负责。 ✧ 服务对象的权利：要培养服务对象自我决定的能力，维护服务对象的权利，不应有任何有损于服务对象公民权或其他合法权益的行为。 ✧ 保密与隐私：社工要尊重服务对象的隐私资料并加以保密。 ✧ 费用：费用要合理公平。 ✧ 尊重、公平与礼貌：社工要尊重同僚，礼貌地对待同僚，共谋专业的发展。 ✧ 照顾同事的服务对象：必要时要协助同事照顾其服务对象。 ✧ 对机构的承诺：社工人员要信守机构的守则，致力于执行服务机构的政策与提升服务品质，以及提高服务效率与功效。 ✧ 维持专业的信度：社工应遵守并进而提高专业价值、道德、智识与使命。遵守专业伦理，增进专业知识，维护专业诚信。 ✧ 社区服务：要将社区服务推广普及于社会大众。 ✧ 知识的发展：社工在专业实务上应负起认定、发展与充分运用知识的责任。 ✧ 促进全民的福利：社工要致力于歧视的消除，确保人人可平等获得所需要的资源、服务和机会，尤其是要关注困难群体；尊重各种文化；在大众遭遇危机时应提供适切的专业服务；倡导在政策及立法上的改变，改进社会状况及促进社会正义；鼓励公众参与社会政策与制度的制定。

（二）小组工作伦理守则

> **小组工作伦理守则**是对小组工作伦理各具体条目的陈述，小组工作伦理是操作层面上对小组工作者的实际指导和判断依据。

1. 什么是小组工作伦理守则

小组工作伦理是小组工作者依据其哲学信念和价值取向发展而成的一套伦理实施原则，是小组工作者用来表明专业特征并指导其行为的道德标准或原则。小组工作者依照它来引导和规范助人活动。它与小组工作价值观的区别在于，小组工作价值观是理论层面上对人和社会关系的规定，小组工作伦理则是操作层面上对小组工作者的实际指导和判断依据。对小组工作伦理各具体条目的陈述，就是小组工作伦理守则。

2. 小组工作伦理守则的内容

西方学者特斯兰德和利瓦斯于 1995 年提出了小组工作的伦理守则，其内容可参考表 2-4：

表 2-4　小组工作伦理守则

序号	小组工作伦理守则
1	小组组员拥有明确的知情权。在小组工作开始阶段，社工有责任告诉每个小组组员小组的目标、参与小组可能的危险、时间安排、每节的长度、参与是否是自愿的、整个小组的活动安排等。
2	明确保密的原则和措施。
3	从事小组工作的社工，必须经过一定的培训和专业教育，具备一定的经验才可以带领一个小组。

续表

序号	小组工作伦理守则
4	在特定的情况下，社工在带领小组工作过程中，遇到问题时可咨询和接受督导。
5	经过筛选决定小组组员，形成小组后，要确保小组组员的需求能够在小组中得到满足。
6	社工有责任协助小组组员达到目标。
7	小组组员在小组中必须得到保护，不会受到身体伤害、被威胁、被迫接受别人的价值观、被胁迫、遭到其他形式的压力和来自小组组员的压力。
8	社工应平等、公正地对待每个小组组员。
9	社工不能利用小组组员来达到个人目的。
10	社工有责任对小组组员及时进行评估和跟进，以保证他们的需要得到满足。

（三）在我国开展小组工作要遵循的伦理原则

在我国开展小组工作要遵循的伦理原则可参考表 2-5。

表 2-5 我国开展小组工作的伦理原则

序号	原则	具体内容
1	程序性的原则	小组工作者要具备专业知识背景和个人能力。初学者应该在导师的督导下进行实习。在小组过程中，小组工作者必须做到善始善终，从组前的访谈、小组的设计和规划、小组的开展、组后的跟进，到小组过程和结果的评估，都要严格认真，一丝不苟。小组工作者要用专业价值观来指导自己的工作，要在实务过程中，不断地学习反思，获得自我成长。
2	知情的原则	组员有权了解小组的目标、内容、程序、方法等具体内容。
3	保密的原则	小组工作者要对组员的个人资料进行严格保密，需要录音、录像时，必须得到组员的书面同意，所有资料只能用于教学和科研。同时，要向组员解释清楚生命权和隐私权之间的关系。
4	尊重组员的原则	组员有权决定是否参加某些小组活动，有权决定是否中途退组。
5	理论联系实务的原则	在小组工作中，小组工作者不仅仅是一个工作者，更是一个研究者和知识的创造者。他们一方面要对小组工作的研究成果有所了解，并将其运用到自己的工作当中去，另一方面也参与了知识创造过程。例如，小组评估可以有效地帮助小组工作者总结经验和教训，进一步改进自己的工作方法，建立和发展自己的工作风格，同时，也可以与同行进行交流和互相学习。

想一想

在某中学开办的一个中学生自我认知和自我成长小组中，组员都是本校的高中生。当小组进行到第三次时，小组成员李玲提出要退出小组，任凭社工和其他成员如何劝说，李玲还是坚持要退组，理由是她认为这个小组不适合自己，对自己没什么帮助。李玲退出小组后，其他组员也出现了情绪波动，在接下来的一次活动中，该小组无法按照计划开展活动。社工应该怎么做？

知识拓展

实务中的小组工作伦理守则

小组工作伦理守则必须结合小组工作的实际情况来运用。为了确保从业人员能将小组工作价值观和伦理落实到行为上，有必要使小组工作者掌握小组工作的实务原则。结合东西方有关小组工作伦理守则的实践，我们认为其在实务中主要包括以下内容。

1. 认识差异性和独特性

小组工作者应清楚了解每个小组组员的独特个性，以及不同的需要和问题，并依此针对小组内各组员的不同需要采用适合个人的介入方法，制定有针对性的工作计划及目标。小组工作者认可小组的多样性，各小组具有不同的小组组员、需要和互动模式等，并针对不同小组制定不同的小组工作计划和目标。

2. 接纳独特个体的优点和缺点

小组工作者要真诚对待每一个人，在小组工作过程中保持自己价值观的中立，不对小组组员的品行表示赞同与否，而应完整地接纳每位小组组员，包括其优点和缺点。

3. 建立目的性的助人关系

小组工作者应建立小组工作者与小组组员之间目的性的专业援助关系，以利于促进小组发生转变，并进而达到小组工作目标。

4. 促进小组组员间的合作

小组工作者应鼓励、促使小组组员之间建立良好的合作关系，并强调实现这种良好关系的积极意义，以促使小组组员发生转变。

5. 对小组过程和目标作必要的修正

小组工作者应熟悉小组活动的工作过程，有效识别小组发展阶段，根据小组工作的实际开展情况，对小组过程和目标适当予以修正，创建具有促进小组组员转变的支持性环境。

6. 鼓励小组组员的参与，提升小组组员的能力

小组工作者真诚接纳小组组员的差异性，鼓励小组组员根据自己目前的能力积极参与小组活动，并且运用可调动的个人、小组、社区、社会的资源，提供可提升小组组员能力的援助。

7. 小组组员参与问题的解决

小组工作者不应居高临下，高高在上，而应将自己置于增强小组组员解决问题的能力的位置上，促使小组组员参与解决问题的过程。

8. 协助小组组员在解决冲突中获得成长

小组工作者应该协助小组组员以积极的心态去面对他们所遭遇的冲突，鼓励他们学习运用不同的技巧或方法去化解冲突。

9. 为组员提供学习和获得成就感的机会

小组工作者要为小组组员提供各种学习机会，使其通过不同的小组活动来发现自己的潜能，发展自己解决问题的能力，培养妥善处理人际关系的技巧，体验在小组活动中的收获和成就感，增强自信心。

10. 真诚、热情、严于律己

小组工作者要热爱小组工作，具有高度的社会责任感和敬业精神，尊重人、关心人、帮助人，清正廉洁，严于律己，不以公谋私。

任务三 掌握小组工作者的专业标准

符合专业的标准是小组工作伦理要求之一。小组工作者的专业标准可以分为知识素养和个人素养两个部分。

1. 小组工作者的知识素养

知识素养包括理论知识和实务背景（见表 2-6）。

表 2-6 小组工作者知识素养

小组工作者的知识素养	
理论知识	实务背景
✧ 社会科学和人文科学的背景训练：社会科学基本的学科训练，如社会学、心理学、伦理学、逻辑学等基本训练。 ✧ 理论背景：心理学咨询理论、人格理论、学习理论、社会学的系统理论、资源理论、小组动力学等。 ✧ 辅导技巧：个案工作方法、小组工作方法。 ✧ 研究方法：包括社会科学研究方法、小组评估方法等。 ✧ 小组动力和小组辅导理论。 ✧ 生活方式研究。	✧ 研究与评估技巧。如作为研究方法的小组过程评估、小组结果评估及作为工作方法的小组前计划评估、小组需求评估、小组过程的监测评估、小组效果评估等各种评估技巧、方法及设计，这些小组工作者应了然于心。 ✧ 个体需要评估技巧。 ✧ 个案工作方法、小组工作方法等辅导技巧。 ✧ 实务操作经验不少于 200 小时。

2. 小组工作者的个人素养

个人素养包括个人品质和心理素养两个部分（见表 2-7）。

表 2-7 小组工作者个人素养

小组工作者的个人素养	
个人品质	心理素养
✧ 忠于职守，维持专业的诚信，具有高度的责任感和敬业精神。 ✧ 奉献精神，全心全意为人民服务。 ✧ 追求卓越，不断进取。 ✧ 清正廉洁，不以权谋私、以公肥私。 ✧ 对待服务对象，平易近人，热情谦和，善于沟通。 ✧ 对待同行，互相尊重，平等竞争，取长补短，共同提高，业务上诚意合作，互相探讨。	✧ 富有弹性。 ✧ 具备良好的认同感。 ✧ 保持饱满的情绪。 ✧ 具备坚强的意志。 ✧ 富有创造力及想象力。 ✧ 具备敏锐的知觉力，反应快，有才能，以对个人及小组的复杂情况做分析评价。

想一想

对标以上素养要求，分析自己的情况，你的差距在哪里？

自学自测

一、单选题

1.（　　）是社会工作的灵魂。

A. 专业方法　　B. 社会工作者

C. 服务对象　　D. 价值观

2. 服务对象的“自决权”意味着（　　）。

A. 服务对象有一定的自决权

B. 社会工作者不对服务对象的行为进行任何干涉

C. 服务对象在事关自己利益的决策中起到主导作用

D. 所有服务对象都必须自我决策

3.（　　）清晰地告诉社会工作者“应该做什么”以及“不应该做什么”。

A. 价值观　　B. 理论　　C. 服务对象　　D. 伦理守则

4. 一个合格的小组工作者实务经验不得少于（　　）小时。

A.30　　B.50　　C.100　　D.200

二、多选题

1. 小组工作价值实践原则包括以下几个方面（　　）。

A. 尊重小组成员的权利和能力　　B. 民主参与和决策

C. 赋权　　D. 个别化

E. 互助互惠

2. 在小组工作过程中，下列属于应该遵循的伦理守则的是（　　）。

A. 组员拥有明确的知情权

B. 明确保密的原则和措施

C. 从事小组工作的社工，必须经过一定的培训和专业教育，具备一定的经验才可以带领一个小组

D. 在特定的情况下，社工在带领小组过程中，遇到问题时可咨询和接受督导

E. 经过筛选决定组员，形成小组后，要确保组员的需求能够在小组中得到满足

3. 我国开展小组工作要遵循的伦理原则有（　　）。

A. 程序性的原则　　B. 知情的原则

C. 保密的原则　　D. 尊重组员的原则

E. 理论联系实务的原则

4. 作为一名小组工作者应该具备的心理素养有（　　）。

A. 富有弹性　　B. 具备良好的认同感

C. 保持饱满的情绪　　D. 具备坚强的意志

E. 富有创造力及想象力　　F. 具备敏锐的知觉力

三、简答题

1. 简述小组工作价值实践原则。
2. 简述小组工作伦理守则。

课中实训

实训准备

实训目标

本次实训以小组工作价值观与伦理为主要内容，培养学生作为小组工作者必须具备的素养，包括小组工作价值观、小组工作伦理守则、小组工作者知识素养以及个人素养等，让学生更深刻感受小组工作价值观，知晓实务工作者哪些行为可以做，哪些行为不可以做。

实训项目

为实训开展的便利性，本次实训项目以分析和讨论小组工作案例为主，尽量让学生在案例中反思小组工作价值观和伦理。

实训步骤

（1）完成知识拓展、案例学习，结合课前自学，整合小组工作价值观和伦理相关知识。

（2）本次实训包含 7 项实训任务，请依次完成实训任务。

（3）实训过程中可采用线上线下结合学习的方式，学生以小组为单位协同合作，通过头脑风暴集思广益，共同完成实训任务。

（4）将每项任务的实训成果整理为相关表格或以思维导图形式呈现。

实训一　鉴别小组工作价值选择

任务 1　认识价值观的重要性

任务描述：

（1）按每组 6 人对学生进行分组。

（2）以小组为单位对以下案例进行讨论。

（3）将讨论结果填写到表中，并派代表进行分享。

（4）教师总结分享不同选择背后的价值观。

沉船遇险逃生记

假如你正与一位挚爱的亲人参加海上旅行，当船到达公海后遇上大风浪，船长表示必须弃船，船上共有18名不同身份的乘客（见表2-8），但只有8人可以上救生艇，你会如何作选择（填表2-9）？

表2-8 船上乘客

18名乘客		
船长	老婆婆	医生
智障小孩	你挚爱的亲人	你自己
孕妇	英俊的年轻人	厨师
患病的工程师	富商	水手
救生员	工程师	牧师
护士	智障小孩的妈妈	中央政府高级官员

表2-9 各小组选择及原因

组别	选择的乘客	原因
1		
2		
3		
…		

知识拓展

价值观的重要性

价值观是指个人对客观事物（包括人、物、事）及对自己的行为结果的意义、作用、效果和重要性的总体评价，是对什么是好的、是应该的总的看法，是推动并指引一个人作出决定和采取行动的原则、标准，使人的行为带有稳定的倾向性。

通俗点说，价值观就是内心对于价值之间的重要程度进行排序。我们每个人的时间、资源都很有限，判断什么东西重要，什么东西更重要就是价值观的体现。每个人所做出的取舍不同，从而形成自己独特的价值观。

面对各种各样的诱惑与欲望，只有清晰知道自己的价值观，才能做出真正符合自己内心的抉择。

价值观对人们自身行为的定向和调节起着非常重要的作用，影响人的自我认识，也影响人的理想、信念、生活目标和追求方向的性质。

任务 2　回顾社会工作价值观

任务描述：

（1）按每组 6 人对学生进行分组。

（2）以小组为单位回顾社会工作价值观（每组至少回顾 3 点）。

（3）将讨论结果填写到表 2-10 中，并派代表进行分享，重点阐述你最喜欢的价值观。

（4）教师总结分享。

表 2-10　回顾社会工作价值观要点

序号	社会工作价值观	最喜欢的价值观分享
1		
2		
3		
…		

知识拓展

社会工作价值观

一、社会工作价值观的意义

社会工作价值观是在社会工作专业或职业范围内形成和发展起来的一整套对人、对事和对专业等的总体判断与核心理念，它对树立专业使命、规范专业行为和保护服务对象的利益发挥着很重要的作用。社会工作价值观的意义表现在如下几方面：

1. 确定专业使命和核心关怀

社会工作价值观确定了专业的使命和核心关怀所在，从而确立了社会工作专业本身的专业特质，使得它同其他社会科学表现出明显的区别。

2. 对专业人员的职责和行动规范提供了指引

社会工作价值观对专业人员的职责和行为规范提供了指引，从而确保专业行动在最大限度上保护服务对象的利益，减少对服务对象造成的各种潜在的或实际的伤害。

3. 确保发挥应有的专业作用

社会工作价值观对专业共同体的社会责任和道德义务进行了明确规定，从而确保社会工作专业作为维护社会正义和公平的重要力量而发挥其应有的作用。

二、社会工作价值观的内容

社会工作源于西方，其价值观受到西方社会文化和专业实践的一定影响。但同时经过长时间的本土实践，我国也形成了自己的社会工作价值观。西方社会工作价值观和我国社会工作价值观的主要内容可参考表 2-11。

表 2-11　社会工作价值观

西方社会工作价值观	我国社会工作价值观
服务大众	以人民为中心，回应社会需要

续表

西方社会工作价值观	我国社会工作价值观
践行社会公正	接纳和尊重
强调服务对象个人的尊严和价值	个别化和非评判
注重服务中人与人之间的关系的重要性	注重和谐有序，促进社会共融与发展
待人真诚和守信	平等待人，注重民主参与
注意能力培养和再学习	权利与责任并重
	个人的发展机遇、潜能提升与国家的社会发展进程相结合

任务 3　鉴别小组工作价值观

任务描述：

（1）按每组 6 人对学生进行分组。

（2）以小组为单位讨论：在带领小组过程中，社工应该注重哪些价值观（每组至少回顾 3 点）？

（3）将讨论结果填写到表 2-12 中，派代表进行分享，并重点阐述你最喜欢的价值观。

（4）教师总结分享。

表 2-12　回顾小组工作价值观要点

序号	小组工作价值观	最喜欢的价值观分享
1		
2		
3		
…		

任务 4　处理小组价值冲突

在一个离异女性成长小组中，社工围绕着“你如何看待通过再婚的方式解决当前的困境？”展开了小组讨论，组员参与度非常高，很多组员发表了自己的观点，大部分组员不太赞成通过再婚的方式。当组员小雪表达自己考虑通过再婚来解决找工作难的困境的想法时，其他组员对她进行了指责，甚至有些组员主动疏远了小雪，小雪很难受，她不理解为什么会有其他组员指责自己。

任务描述：

（1）按每组 6 人对学生进行分组。

（2）根据小组价值冲突处理的五步骤，以小组为单位进行案例分析。

（3）将讨论结果填写到表 2-13 中，并派代表进行分享。

（4）教师总结分享。

表 2-13 运用处理小组价值冲突步骤分析案例

处理小组价值冲突的五步骤	
第一步：思考分析问题所涉及的各层面的价值观	
第二步：澄清小组工作者自己的价值取向	
第三步：自我省察对组员问题的看法和期望	
第四步：考虑组员之间问题是否违背社会道德与伦理	
第五步：分析组员与相关的第三者的价值观和期望，选择解决方式，判断是否违反机构政策与规定和专业伦理。	

实训二 恪守小组工作伦理守则

任务 1 认识小组工作的伦理守则

任务描述：

（1）按每组 6 人对学生进行分组。

（2）以小组为单位对以下案例进行讨论：在策划和开展失业小组时，应恪守哪些小组工作伦理守则？

（3）将讨论结果填写到表格 2-14 中。

（4）教师总结分享。

失业小组

某社区服务中心是社区公益性就业服务组织，主要是安置“4050”失业人员，从事社区保洁服务工作。其资金来源，一部分是国家有关政策提供，另一部分是通过为社区企事业单位提供后勤社区化服务而取得。受全球性金融风暴的影响，社区一些企业经营面临困难，影响了社区服务中心的正常经营活动。社区服务中心承接的某小区的保安工作和某机床厂厂区的卫生保洁工作，由于小区物业管理中心和机床厂生产经营不景气，保安、保洁服务协议终止了，致使社区服务中心有 30 余名员工面临失业。这些失业人员向社区服务中心反映心中的不快和求职的愿望，询问有无解决的办法。社区服务中心决定召集 30 名失业员工成立一个小组解决问题。假如你负责这项工作，请制定小组工作目标和工作方案。

表 2-14 小组工作伦理守则

序号	小组工作伦理守则
1	
2	
3	
…	

任务 2 处理小组工作伦理难题

小玲 18 岁，正在参加社工小徐带领的一个女性自我成长小组，通过社工精心设计的小组活动，小玲与组员逐渐熟悉，也愿意主动分享。在一次小组分享中，小玲分享了一个让社工和组员都非常吃惊的经历。原来小玲一直遭受叔叔的性骚扰，这种情况持续了很多年，而她因为遭到叔叔的恐吓不敢告诉其他人。小玲一直生活在恐惧中，内心无法释怀，她曾决定把这件事情烂在肚子里，虽然在小组中遇到了这么多善良的组员，让她愿意分享，但也希望社工和其他组员能够对她的分享保密……

任务描述：

（1）按每组 6 人对学生进行分组。

（2）以小组为单位对以上案例进行讨论：案例中涉及了哪些伦理难题？如果你是社工，你该如何进行处理？

（3）将讨论结果填写到表 2-15 中。

（4）教师总结分享。

表 2-15 小组工作伦理难题

序号	涉及的伦理难题	处理方案
1		
2		
3		
…		

知识拓展

小组工作中的伦理难题

小组工作实践过程中的伦理难题涉及个人信息处理、专业关系、价值冲突、实践原则之间的矛盾等，具体包括以下几方面。

1. 小组组员自决

在一些特定情形下，小组工作者要面对特殊的组员，由于生理、心理和其他原因，他们可能没有能力做决定，难以对自身的处境做出清晰的判断，需要小组工作者来帮助他们做决定，这里存在着伦理困境。尽管如此。小组工作者还是要尽可能避免为小组组员做伦理决定。如果实在不能避免此种情形，那么小组工作者需要与伦理专家和同事等商议，集体做出一个适当的伦理决定，以避免出现负面后果的风险。

2. 保密

小组工作者有责任和义务有效保护小组组员的隐私，使其不受伤害，这是小组工作伦理的基本原则之一。然而在实践中，这一原则有时并不容易把握。在不同环境中以及不同情境下，小组工作者面对不同对象、处理不同问题，可能会涉及不同的人际关系和权利关系，小组工作者在处理个人信息以及如何透露信息等环节上有时候会遇到难以决断的局面，需要审慎思考和判断，从而避免出现伦理失误甚至错误。

3. 知情同意

在小组工作实务过程中，小组工作者对小组组员一个重要的伦理责任就是知情同意，它也是助人过程的一个核心原则。在助人过程中，知情同意要求小组工作者充分告知小组组员影响其权益的各种情形，尤其是存在潜在伤害的情形；在实施干预计划的每一个阶段充分征得小组组员的同意。在小组工作资料收集、信息评估等早期过程，由于涉及小组组员的基本权益，小组工作者尤其要注重知情同意的伦理原则。

4. 多元文化

我们生活在一个多元文化的社会里，民族、语言、政治观念、宗教信仰、生活方式等的多样性要求小组工作者必须充分认识到当代社会里文化的不同表征与内容。多元文化下的伦理原则要求小组工作者在小组工作的每个环节与阶段，充分尊重和理解小组组员在价值观、生活方式、意识形态、宗教信仰等方面所持的立场与选择，充分尊重少数民族的语言、宗教等，在服务过程中尽可能做到理解和包容。

5. 专业能力

小组工作者的专业能力对帮助小组组员解决问题和保障小组组员的基本权益至关重要。对小组工作来说，专业能力就是指小组过程中评估、干预和总结评价各个阶段都有的理解问题、人际沟通、组织协调、解决问题、写作等方面的基本技能和相关知识。同时，随着社会变迁、知识更新和技术进步进程加快，小组工作者的专业能力也要不断精进，需要通过培训、继续教育和自我教育等来维系和强化自身的专业能力，以确保小组组员的权益和专业目标的实现，维持社会服务的质量，促进社会正义的实现。

知识拓展

小组工作实践中的伦理决定

在小组工作实践中，伦理原则存在一定的先后顺序或优先性。在具体的助人实践过程中，小组工作者必须了解在不同情境下的伦理难题对小组组员的影响，正确评估这些影响可能导致的结果。无论在何种情形下，小组工作的伦理难题及其行动抉择都必须按照价值观和伦理优先性排序，妥善处理好责任与义务的关系。在小组工作中，小组工作者要遵循下列伦理原则的排序，作出恰当的伦理决定。

1. 保护生命原则

在小组实践中，保护生命原则高于其他所有伦理原则。小组工作者不仅有义务保护组员的生命，也有义务保护其他相关者的生命。如小组组员所陈述的个人隐私资料中涉及第三方利益相关者的生命安全（比如组员在小组中透露自己曾想或计划谋害第三方），工作者就有义务将相关信息知会第三方利益相关者，以提前做好相应的预防和准备，确保其生命财产的安全。

2. 差别平等原则

小组工作者要在小组中以平等的方式对待组员，同时又要注重组员的差异，充分把握好平等待人和个别化服务的理念。

3. 自决原则

工作者在小组中应充分保障组员的自由和自主性，从而促进专业关系的发展，提升组员的能动性和参与能力，保障组员的合法权益。在具体实践领域，自决原则，某种意义上也可说“自由自主原则”，主要体现为工作者充分调动组员在服务参与中的积极性和能动性，充分尊重组员的意见，鼓励组员表达不同意见，注重倾听组员的意见和声音，尊重组员在服务过程中的选择和决定。

4. 最小伤害原则

工作者在做伦理决定和提供服务中，要尽力保护组员的利益不受到侵害，要最大可能地预防或减少伦理决定和服务对组员的身体、心理和精神上的可能伤害，尽可能实现利益最大化。比如，在儿童领域，儿童照顾服务机构在硬件设施（如房屋、桌椅、游戏设备等）的设计、建造及使用过程中，要充分考虑儿童的特点与脆弱性，预防可能存在的危险。在具体的服务过程中，工作者要呵护并关爱儿童，落实儿童保护的细则，通过采取各种保护性的措施预防任何可能针对儿童身体、心理或精神上的伤害。

5. 生命质量原则

工作者要本着通过专业服务不断提升组员生命质量的精神，在直接服务和间接服务两个层面，通过社会服务和政策干预，满足组员的需要，不断提升组员的福祉，促进组员生活水平和社会融入程度的提高。在小组实践中，专业工作者要尽量通过小组工作来改善组员的身体及心理状况，通过心理辅导等服务满足组员的需要，改善组员的生活质量，从而提高组员的身体及心理健康指数，进而全方位地提高组员的生命质量。

6. 隐私保密原则

小组工作者一旦与组员签订了服务协议，就要在小组的各个环节，始终遵守保护组员个人隐私和其他有关信息的承诺，绝不能轻易泄露组员的私人信息以及同服务相关的隐私信息，以保护组员的个人权益。这一伦理原则要求小组工作者正确处理组员在专业过程中透露和提供的个人信息，包括安全存放和按专业程序使用信息资料，在不违反保护生命原则前提下，不向任何其他人士和公众透露或泄露组员的个人信息与隐私资料，以确保组员的利益不受侵犯。

7. 真诚原则

工作者在服务过程中要坦诚对待组员，适当地做到向组员展现自我，以建立相互信任的工作关系。在小组实践中，“真诚原则”体现为工作者要与组员适当交心，在交流过程中做到可以向组员适当坦露心迹，分享自己的生命故事甚至痛苦经验，通过真诚的沟通建立相互信任的关系。真诚的工作者能够用去除伪装、坦诚和真实的自我来面对组员，进而实现以生命影响生命的目标。

任务 3 恪守小组工作伦理守则

任务描述：

（1）按每组 6 人对学生进行分组。

（2）以小组为单位一起宣读工作守则，讨论并尝试制定一份小组工作带领守则（至少 3 句）。

（3）将讨论结果填写到表 2-16 中。

（4）各组进行分享。

制定带领守则时，可参考以下范例：

愿我全体社工人员互相勉励、共同遵守本守则：
本我所知、尽我所能、竭诚服务人群。
忠恕宽厚、无私无我、善待服务对象。
勤劳节俭、质朴坚毅、工作实事求是。
激发动力、号召参与、处处推展服务。
尊重人权、严守秘密、谨慎处理资料。
庄敬独立、谨言慎行、保持职业尊严。
协调关系、兼容并蓄、尊重有关专业。
敬爱同仁、互助合作、共促社工发展。
切磋技能、钻研新知、时时反思自我。
贫贱不移、威武不屈、终生信守不渝。

表 2-16 小组工作带领守则

序号	小组工作带领守则
1	
2	
3	
…	

我思我想

社会主义核心价值观下的小组工作

党的十八大提出，倡导富强、民主、文明、和谐，倡导自由、平等、公正、法治，倡导爱国、敬业、诚信、友善，积极培育和践行社会主义核心价值观。富强、民主、文明、和谐是国家层面的价值目标，自由、平等、公正、法治是社会层面的价值取向，爱国、敬业、诚信、友善是公民个人层面的价值准则，这 24 个字是社会主义核心价值观的基本内容。

我国小组工作的价值观应该符合社会主义核心价值观，这样才能反映时代的要求和人民的需要。本书提出的小组工作价值实践原则彰显了社会主义核心价值观。

民主参与和决策原则将社会主义核心价值观“民主”要求内化其中。我们追求的民主是人民民主，其实质和核心是人民当家作主，它是社会主义的生命，也是创造人民美好幸福生活的政治保障。小组工作中，小组工作者通过小组活动给组员以民主参与和决策的机会与空间，培养和提升组员民主参与和决策的意愿和能力，不仅可以发掘组员的潜能，还可以培养组员的民主参与精神。

互助互惠和接纳原则与“友善”的价值观密切相关。友善强调公民之间应互相尊重、互相关心、互相帮助，和睦友好，努力形成社会主义的新型人际关系，这其实是小组互助互惠和接纳原则的内在要求，小组工作只有在友善的氛围下进行才能达到小组目标。

个别化原则以及尊重组员的权利和能力原则更多的是体现自由、平等价值观。自由是指人的意志自由、存在和发展的自由，是人类社会的美好向往，也是马克思主义追求的社会价值目标。小组组员的意志和自由充分体现在个别化原则之中。平等指的是公民在法律面前的一律平等，其价值取向是不断实现实质平等，它要求尊重和保障人权，人人依法享有平等参与、平等发展的权利，这就要求我们小组工作实践中切实尊重小组组员的权利。

赋权的原则内化了公正、法治的价值观。公正即社会公平和正义，它以人的解放、人的自由平等权利的获得为前提，是国家、社会应然的根本价值理念。法治是治国理政的基本方式，依法治国是社会主义民主政治的基本要求。它通过法制建设来维护和保障公民的根本利益，是实现自由平等、公平正义的制度保证。

保密原则要求小组参与者尊重他人人格以及发生在他人身上的事实，体现了对人的隐私权的保障，这符合社会主义核心价值观所倡导的公民基本道德规范，是小组组员必须恪守的基本道德准则，与公民道德行为选择的基本价值标准一致。

实训项目评价

请填写以下表格（表 2-17 ～表 2-20）。

表 2-17 学生自评表 1

序号	技能点自评	佐证	达标	未达标
1	认知社会工作价值观	能够掌握社会工作价值观的主要观点		
2	了解社会工作价值体系	能够理解社会工作价值体系		
3	掌握小组工作价值实践原则	能够根据社会工作价值观，掌握小组工作价值实践原则		
4	处理小组价值冲突	能够按照小组价值观冲突处理步骤处理小组价值冲突		

续表

序号	技能点自评	佐证	达标	未达标
5	认识小组工作伦理守则	能够认知小组工作伦理守则的内容		
6	理解我国小组工作遵循的原则	能够理解我国小组工作遵循的原则		
7	分析小组伦理难题	能够结合案例分析小组伦理难题		
8	处理小组工作伦理难题	能够根据原则处理小组伦理难题		
9	恪守小组工作伦理守则	能够熟知和恪守小组伦理守则		

表 2-18　学生自评表 2

序号	素质点自评	佐证	达标	未达标
1	协作精神	能够与小组成员协商，共同完成实训任务		
2	反思能力	能够结合社会主义核心价值观，反思小组工作价值观		
3	分析能力	能够根据不同小组案例分析小组价值冲突与伦理难题		
4	自我学习能力	能够运用各类资源，自我学习小组工作价值观相关知识与技能		

表 2-19　教师评价表 1

序号	技能点评价	佐证	达标	未达标
1	认知社会工作价值观	能够掌握社会工作价值观的主要观点		
2	了解社会工作价值体系	能够理解社会工作价值体系		
3	掌握小组工作价值实践原则	能够根据社会工作价值观，掌握小组工作价值实践原则		
4	处理小组价值冲突	能够按照小组价值观冲突处理步骤处理小组价值冲突		
5	认识小组工作伦理守则	能够认知小组工作伦理守则的内容		
6	理解我国小组工作遵循的原则	能够理解我国小组工作遵循的原则		
7	分析小组伦理难题	能够结合案例分析小组伦理难题		
8	处理小组工作伦理难题	能够根据原则处理小组伦理难题		
9	恪守小组工作伦理守则	能够熟知和恪守小组伦理守则		

表 2-20　教师评价表 2

序号	素质点评价	佐证	达标	未达标
1	协作精神	能够与小组成员协商，共同完成实训任务		
2	反思能力	能够结合社会主义核心价值观，反思小组工作价值观		
3	分析能力	能够根据不同小组案例分析小组价值冲突与伦理难题		
4	自我学习能力	能够运用各类资源，自我学习小组工作价值观相关知识与技能		

课后提升

案例："我是大玩家"长者康乐小组中的价值体现

在A社区担任老年人社工的小刘了解到社区中B敬老院中许多老年人对于康乐类的游戏很感兴趣。然而长期以来，由于条件的限制，目前B敬老院的养老模式以服务导向型的仓储模式为主，重点是延长老人的寿命，为老人提供安全的居住环境、合适的饮食、良好的健康和医疗服务，但缺乏日常娱乐设施，除了电视机和健身器材之外，再无其他康乐设施，多数老人表示很无聊，希望社工以团体的方式开展一些活动来丰富他们的生活。

基于这一需求，小刘特策划了"我是大玩家"长者（即老年人）康乐小组，希望通过一些康乐游戏的带领和分享，丰富长者单调的生活，促进他们的健康，同时能在游戏的过程中增加长者之间的互动和交流，满足其心理需求。小组结束后将部分康乐游戏长期保留，并培养骨干定期组织开展，提高他们的生活质量，达到助人自助的目的。

长者康乐活动是指针对老年人的心理、生理特点，在社会工作者的协助、辅导下，通过语言交流、肢体活动、老年志愿服务等活动形式开展的各类活动，以满足老年人心理和生理的需要，促进其健康，提高他们的生活质量。

小刘以康乐为主题，策划了五节小组活动，见表2-21：

表2-21　活动主题

节号	主题
第一节	认识我们的小组
第二节	比比谁聪明（益智类）
第三节	画出好生活（动手类）
第四节	生命在于运动（运动类）
第五节	玩家集中营（综合类）

在整个老年人康乐小组中，执行社工不仅需要将小组工作的专业方法运用于小组中，更重要的是面对老年人，社会工作的价值观、小组工作价值的实践原则都要体现于其中。以下为其中五种原则的价值体现。

（一）接纳原则的价值体现

在小组初期需求调研走访中，社工接受、相信、尊重老年人，特别是高龄或患有慢性疾病老者的价值观和行为，把他们看作正常人、有潜力的人，站在他们的角度去探讨问题并找到问题的解决方法。只有真正做到这一点，才能打开老年人的心门，让其真正接纳社工的服务。

社工小刘正是以真诚、接纳的价值观，真正获得了敬老院中老年人的信任，获知了他们真正的需求。

（二）民主参与和决策原则的价值体现

在小组活动的设计中，社工小刘将自己的小组活动方案拿出来跟敬老院的老年人一起讨论。起初，敬老院的老年人不好意思否定小刘的方案，但是在小刘的鼓励下，他们说出了自己的一些看法。

比如，周爷爷就说："你这个方案里面的活动都太简单了……能不能设计一些有挑战性的游戏？"

叶奶奶说："里面的很多活动都适合男的玩，有没有适合老婆子玩的？"

对老年人的意见和建议，小刘都做了积极的回应并做了相应修改。整个小组设计的过程中体现了民主参与和决策的原则。

（三）个别化原则的价值体现

无论是小组活动方案的设计阶段，还是小组活动的带领阶段，都要将个别化原则烙刻在社工的心中。每个老年人组员的身体情况、性格特征各不相同，最关键的是每个老年人组员对于自己的生活都有各自的看法。有的可能想通过小组拉近与其他老年人的关系，有的是想学习不同的游戏日后作为日常锻炼的项目，而有的则是纯属打发无聊时间。面对不同的需求，社工需要以组员的实际情况为依据，以社会工作伦理与价值为准绳，为组员提供个别化的服务。

（四）互助互惠的原则的价值体现

在小组活动的带领中，社工有意识地设计了一些需要组员间相互合作的游戏，鼓励组员相互合作、相互帮助，培养他们互助互惠的价值观。

例如，小刘设计了一个叠罗汉的小组游戏，老年人两人为一组，用麻将叠罗汉，相互帮助，看哪个组叠得更高，许多老年人不仅参与度很高，而且在游戏过程中加强了与其他老人的合作与交流。

（五）保密原则的价值体现

小组工作要注重保密。身体不便或者长期患有慢性病的老年人对许多事情非常敏感，比如拍照，特别是残疾老年人，有一种"病耻感"，社工要积极沟通并说明照片的用途及保护方法，同时也帮其加强心理建设，消除这些老年人的顾虑。此外，在小组分享环节，一些组员会分享较为隐私的事情，社工也要提醒其他组员一定要保密。

社工小刘在开展长者康乐小组过程中，首先就征求了组员的同意，可以拍摄小组过程照片，并在小组结束后赠送给每一位组员一张照片，组员都非常开心。

此外，小组中赵爷爷分享了早年离婚的经历，小刘也恰当地提醒其他组员为其保密。

小组工作伦理与价值是对以往社会工作实践经验的总结和提炼，是现在社会工作实践必须遵循的准则，是社工在小组工作实践的各个阶段都应当体现的。社工也应因地制宜，结合服务对象及其家庭和社区的实际情况，不断创新，实现小组工作伦理与价值的本土化。

项目三 小组工作过程分析

教学目标

知识目标

1. 了解小组工作过程的含义和划分
2. 掌握小组需求评估的层面
3. 掌握科学的小组目标的要素
4. 掌握小组招募的方法
5. 掌握小组计划书框架和撰写要点
6. 掌握小组开始阶段组员的特征与任务
7. 掌握制定小组契约的要点
8. 掌握带领第一次小组聚会的方法
9. 掌握小组转折阶段的特征与任务
10. 掌握处理小组冲突的方法
11. 掌握小组成熟阶段的特征与任务
12. 掌握小组结束阶段的特征与任务

能力目标

1. 能够根据不同群体进行小组需求分析
2. 能够根据小组需求制定合适的小组目标
3. 能够制作小组招募海报
4. 能够撰写小组微信招募推文
5. 能够撰写完整小组计划书
6. 能够带领小组游戏
7. 能够带领第一次小组聚会
8. 能够处理小组冲突
9. 能够带领最后一节小组活动
10. 能够进行小组评估

素质目标

1. 能够具备团队合作精神，协调小组分工，共同完成任务
2. 能够具备开拓创新思维，推陈出新，策划优质小组活动
3. 能够具备资源整合能力，借助各类资源进行小组活动策划与带领

价值观目标

1. 具备以人为本服务理念，全心全意为服务对象服务
2. 践行社会主义核心价值观，小组带领中内化民主、平等、友善等价值观

思维导图

- 小组工作过程分析
  - 小组工作过程认知
    - 什么是小组工作过程
    - 小组工作过程划分
  - 小组筹备阶段分析
    - 需求评估与目标确定
      - 需求评估
      - 确定小组目标
    - 评估和招募小组成员
      - 招募小组成员的方法
      - 筛选和评估小组成员
    - 根据组成小组的原则确定小组的类型、规模和时间
    - 小组筹备工作
      - 获得机构或社区的支持
      - 场地安排
      - 座位安排
      - 其他设施的安排
    - 撰写小组计划书
  - 小组开始阶段分析
    - 小组开始阶段组员的特征
      - 趋避困境的矛盾心理
      - 试探与兜圈行为
      - 沉默而被动
      - 对工作者的依赖
    - 小组开始阶段的主要任务
      - 让组员相互认识，寻找相似性
      - 澄清小组工作目标
      - 介绍小组运作情况
      - 订立小组契约
    - 工作者的角色和责任
      - 领导者
      - 鼓励者
      - 组织者
    - 小组开始阶段的常用游戏
      - 大风吹
      - 抛绣球
      - 打傻瓜
      - 我的自画像
  - 小组转折阶段分析
    - 小组冲突及其类型
      - 理性及秩序的冲突
      - 心理及情感式的冲突
      - 权力及控制式的冲突
    - 小组转折阶段的特征
      - 组员的认同感和权力意识增强
      - 角色竞争等方面中存在冲突
      - 小组中出现次小组
    - 小组转折阶段的主要任务
      - 协调和处理冲突
      - 适当控制小组进程
    - 工作者的角色和责任
    - 小组转折阶段的常用游戏
      - 价值大拍卖
  - 小组成熟阶段分析
    - 小组成熟阶段的特征
      - 组员达到理想的沟通状态
      - 小组凝聚力大大增强
      - 小组权力结构趋于稳定
      - 小组有足够的能量达成目标
    - 小组成熟阶段的主要任务
      - 维持小组的良好互动
      - 对小组进行引导
      - 为小组提供支持
    - 工作者的角色和责任
      - 信息、资源提供者和连接者
      - 小组及组员的能力促进者
      - 小组的引导者和支持者
    - 小组成熟阶段的常用游戏
      - 谁是我
      - 解手链
  - 小组结束阶段分析
    - 小组结束阶段的特征
      - 情绪浓重
      - 小组结构弱化
    - 小组结束阶段的主要任务
      - 经验回顾，巩固小组经验
      - 处理离别情绪
      - 做好小组评估
      - 告别与祝福
    - 工作者的角色和责任
      - 引导者
      - 领导者

课前自学

任务一
小组工作过程认知

（一）什么是小组工作过程

小组工作过程是一个连续的、动态的、变化的发展过程。一个完整的小组，从酝酿、筹备、开展到结束有着自己的生命周期。在这个发展的过程中，小组要经历由开始至结束的不同的发展阶段，在这些不同的发展阶段中，小组的目标、动力特征以及活动方式等都有所不同。小组工作过程是一个“生命影响生命的过程”。

小组工作过程是一个连续的、动态的、变化的发展过程。一个完整的小组，从酝酿、筹备、开展到结束有着自己的生命周期。

（二）小组工作过程划分

关于小组发展的理论有很多，根据对小组发展阶段的不同划分可将这些理论分为四阶段说、五阶段说、六阶段说、七阶段说等几种（见表 3–1）。

表 3–1　小组工作过程阶段理论

小组工作过程阶段理论代表			
塞伦与狄克曼的四阶段说	卡兰德等人的五阶段说	崔克尔的六阶段说	沙瑞与葛林斯基的七阶段说
第一阶段，小组聚集时期	第一阶段，熟悉与亲近	开始阶段	小组初期
第二阶段，挫折与冲突时期	第二阶段，权力与控制	初期阶段	小组形成期
第三阶段，维持时期	第三阶段，凝聚	早期阶段	小组中间期（1）
第四阶段，成熟时期	第四阶段，差异	中期阶段	小组矫正期
	第五阶段，分离	后期阶段	小组中间期（2）
		结束阶段	小组成熟期
			小组结束期

本书综合以上理论观点对小组工作的过程进行分析，从便于教学的角度，将小组工作过程划分为小组的筹备阶段、开始阶段、转折阶段、成熟阶段及结束阶段等五个阶段。

想一想

所有的小组都会经历以上阶段吗？你的看法是怎样的？

任务二

小组筹备阶段分析

一般而言，小组的筹备阶段属于制订计划的阶段，还不是小组组员参与过程的开始。在这个阶段，社工需要做的工作主要包括需求评估、目标确定、小组成员的选定、小组工作计划的制订等。

（一）需求评估与目标确定

想一想

成立一个小组的想法是怎样被提出来的？为什么要开小组？

1. 需求评估

需求评估是小组工作的首要步骤。洛莱认为：需求评估表现为一种诊断，有两方面的内涵：旨在描述事实，其中，我们了解我们所知且根据其含义得出结论；是一个过程，是一系列彼此衔接的行动，每一步都从与他者相关处获取信息，并带来一个连续过程，形成对每个新事物含义的深化领悟。需求评估就是对小组潜在组员的情况进行了解，确定其需求满足情况及其成因，形成暂时性评估结论的过程。

> **小组需求评估**是对小组潜在组员的情况进行了解，确定其需求满足情况及其成因，形成暂时性评估结论的过程。

小组的需求评估可以从如下几个层面来解释和理解：服务对象的发展需求、机构的发展需求、社区的发展需求、国家和政府的发展需求、社会工作者自身的发展需求。

（1）服务对象的发展需求。

服务对象感觉到问题的存在及其对自身发展的影响，寻求社会工作者的帮助和支持。面对这样的服务对象，工作者要针对其实际情况进行专业的诊断与评估，制订详细的介入计划，帮助其解决问题。评估服务对象的需求要求社会工作者以服务对象为本，换位思考，与服务对象同行，要有公平和公正的理念，要具备评估的知识和能力等。

（2）机构的发展需求。

每个社会工作机构都有其职能、责任需要履行，有任务需要完成，都要面对生存与发展的问题，所以机构要开小组，服务社会。因此社会工作者要针对机构发展需求，评估其介入的资源、能力，介入的问题种类，介入的层面和对象等，然后制订开小组的计划，并进行积极的主动的社会工作介入。机构职能履行与发展需求评估要注意机构的性质、能力与工作范围等。

（3）社区的发展需求。

为了社区居民生活质量的提高以及社区的稳定与发展等，社会工作机构和工作者需要与相关部门联合对社区发展过程中的需求进行评估，确定发展的优先次序和介入目标，以小组工作的形式开展工作。这是社区层面的需求评估。如社区文化和教育需求评估等。

（4）国家和政府的发展需求。

针对国家和政府的政策执行过程，如社区服务和社区建设的过程、扶贫的过程、社区司法矫正的过程等，评估小组工作的介入点。

（5）社会工作者自身的发展需求。

社会工作者根据自身的职责、使命和发展需要，发现需求对象，发现社区、机构和社会发展等层面的需求，进行自身能力和需求评估，从而制订各个层面介入的目标和计划。

根据各个层面的需求评估，社会工作者可确定开设小组的类别、目标以及明确服务的目标对象和潜在的资源。

想一想

社会工作者还可以根据哪些方面进行需求评估？

____

____

____

____

我思我想

“没有调查，没有发言权”——动态需求评估的重要性

“没有调查，没有发言权”，这是中共党史上的著名论断之一，它由毛泽东在1930年在《反对本本主义》一文中提出。

“没有调查，没有发言权”强调做任何事情都应脚踏实地，做好实证调查，了解最真实情况，从而基于实际情况做出决策，反对形式主义、主观主义。在小组工作服务中，这句至理名言指出了小组需求评估，特别是动态需求评估的重要性。

需求评估不仅仅是判断社会工作成效的标准之一，还是社会工作者与服务对象双重满意度的一个衡量指标。在小组工作中，社工用到的多数是过程评估和结果评估两种方法，虽然也有需求评估，但却难以贯穿于整个小组工作中，这使得小组工作的成效和满意度大大削弱。服务对象的需求是动态变化的。以往社工在开展服务过程中多基于感受性、普遍性需求，从方案设计中确定服务对象的需求，但忽略了小组过程中服务对象的动态需求，容易导致小组成员的参与度逐渐下降，给小组工作的开展带来巨大的阻碍。

大部分社会工作者开展小组工作时总是想当然地判断服务对象的需求是什么，他们需要什么样的服务，却往往忽略了要问问服务对象其真正所需要的。社工在小组活动中一直扮演着主导者、领导者等专业权威的角色，控制着整个小组的进程，服务对象被动地参与，这是很多小组工作的现状。如何真正践行“没有调查，没有发言权”？如何真正把握服务对象的动态化需求？应以动态需求评估为出发点，不断根据服务对象需求而调整社工服务。

小组工作服务中，需求评估是对小组成员情况进行了解，确定其需求满足情况及其成因，形成暂时性评估结论的过程。结合小组实务和小组设计过程，动态需求评估是嵌入整个小组方案设计过程中的持续性需求评估，结合多种需求评估方法，在服务中动态评估服务对象的需求，并把握其流动性及渐变性。其具体应用，如图 3-1 所示。

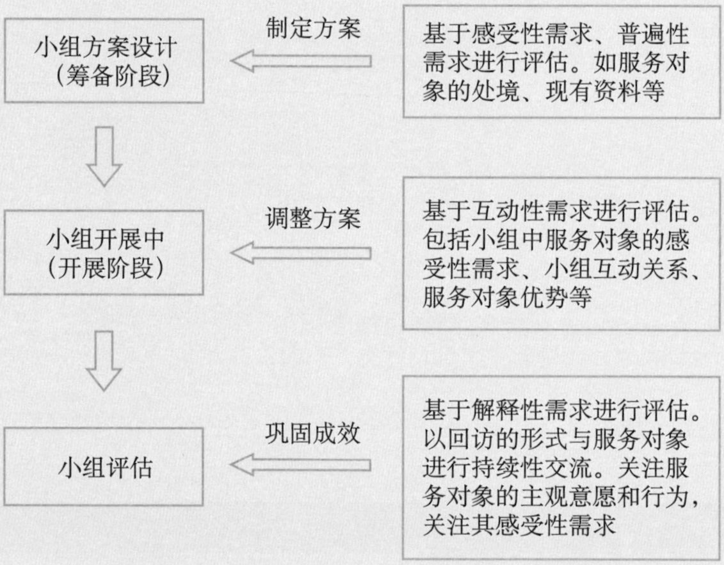

图 3-1　动态需求评估在小组工作中的应用

2. 确定小组目标

确定小组目标是小组筹备阶段的重要工作内容之一，也是一个小组成功的先决条件。因为社会工作者可以根据已经建立的小组目标，去选择最佳的小组成员组合、获得必要的资源、准备适当的程序、吸引有意加入小组的人、创造良好的环境，从而使小组获得发展并取得成功。

（1）影响小组目标确定的因素。

在确定小组目标时，需要考虑机构的目标和定位、社会工作者的目标和小组成员的目标以及国家和社会（社区）的发展目标等（表 3-2）。如果这些分目标是一致的，那么小组目标的确定就不成问题，这是一种理想的状态。实际上，这些分目标之间有时是有冲突的，因此，需要通过各种方式达成共识。

表 3-2 影响小组目标确定的因素

因素	内容
机构的目标和定位	机构自身的性质、目标取向和定位对机构下属的小组目标有着强烈的影响，因为机构为小组的生存和发展提供必需的资源，这些资源包括人、财、物、关系、政策和机会等等。
社会工作者的目标	每个社会工作者都有其自己的价值取向。他的价值取向由其个人价值、由所受专业训练而获得的专业价值和社会价值等构成，会影响他建立小组的目标。另外，工作者的观察和经验也会影响小组目标的确定。
小组成员的目标	小组成员在选择加入小组时，对小组满足自己的需要有一定的期望值，这些需要构成了小组成员加入小组的个人目标基础。一般来讲，小组成员的需要包括感觉需要、表达需要、安全需要、爱的需要、发展需要、自我实现需要等。
国家和社会（社区）的发展目标	国家和社会（社区）对政治、经济、文化教育的发展，在不同时期、不同的阶段有不同的规划、目标和任务。

想一想

以上影响小组目标确定的因素中，你认为哪一个因素是需要社工最主要考虑的？

（2）确定小组目标的原则。

在确定小组的目标时，可根据科学的小组目标的要素，遵循以下几个原则（见图 3-2）：

一是目标清楚，可以量化和评估。

二是要有明确的时间要求，以便小组组员清楚在什么时间完成什么目标。

三是目标要符合小组组员的实际能力。

四是具体目标之间独立且有相容性，不能相互冲突。

五是目标的表述尽量使用正面的肯定性语言，以便小组组员明确知道他们需要做的事情，而非强调不该做什么事情。

图 3-2 科学的小组目标

（二）评估和招募小组成员

1. 招募小组成员的方法

（1）直接与潜在的小组成员接触。

直接与潜在的服务对象（即小组成员）接触是招募小组成员的最有效方法，它使社会工作者能够详细地向潜在的小组成员解释小组的目标和活动内容，同时社会工作者还可以借机对小组的吸引力和潜在小组成员的需要、期望做初步的评估。

（2）使用招贴画、横幅、小册子等宣传品。

宣传品不但能够引起人们的注意，而且还能够向更多的人传递信息（见图 3-3、图 3-4）。这种方法的局限性主要是交流是单向的，而且信息的内容受到发放规模的限制。

图 3-3　“我是大食家”东莞传统美食文化认知小组组员招募手工画

图 3-4　“在校园里看世界”大学生世界文化认知小组招募海报

（3）使用大众传媒。

广播、电视、报纸等传统媒体具有强大影响力，在自媒体盛行的当下，还可以通过微信推送、短视频推广等方式招募组员。这一招募方法与使用宣传品具有相似的优势与局限，它发出的信息的影响可能更难以控制。

（4）与相关的服务机构联系。

通过与自己服务的机构或其他机构联系，社会工作者可以获得转介过来的小组成员。转介的好处在于能够确定合适的案主，只要相关机构能够准确了解小组的目标和对潜在小组成员的要求，转介来的一般就是合适的小组成员。这种方法的局限性主要是比较耗费时间，因为寻找合适的案主并经过机构的转介过程，往往需要较长时间才能完成。

（5）给潜在的小组成员寄送资料。

这种招募方法可以有效地把资料集中在潜在的小组成员身上，因而不会浪费过多的资源。

2. 筛选和评估小组成员

小组成员的筛选是一个双向的过程，是一个小组选择成员的过程，也是一个潜在的目标对象选择小组的过程。社会工作者可以通过个别会见或资料考察的形式对已报名的或潜在组员进行必要的筛选和评估。筛选和评估组员的参考指标见表 3–3。

表 3–3　筛选和评估组员的参考指标

序号	筛选和评估指标
1	有相似的问题，或者有相似的兴趣和愿望
2	文化水平及对某些问题的认识
3	年龄和性别
4	家庭状况
5	职业状况
6	对参加小组的要求

想一想

招募组员时，组员的性别如何确定？招募多少组员最合适？小组应该开几节？每节小组活动应该持续多长时间？

____

____

（三）根据组成小组的原则确定小组的类型、规模和时间

在招募组员的工作完成以后，社会工作者必须对小组成员进行相应的组合，明确小组的类型、规模和时间。

（1）组成小组的原则。

小组的组成一般遵循以下两个基本的原则：

第一，小组成员有相似的个人目标、某些相似的个人特征。

如果小组成员有相似的个人特征，例如年龄、教育背景、文化背景等，他们就更易于建立关系、彼此认同和更有效沟通。有相似的个人目标也能促进小组成员间的彼此互动，而且因此能避免冲突并有助于实现小组的目标。

第二，小组成员有不同的技能和特长。

如果小组成员在适应技能、生活经验和个人特长等方面具有一定的差异性，那么这

样的组合一般是比较理想的小组组合。成员的差异性能促进小组的发展并增加小组成员共享、支持和学习的机会，而且差异性意味着在决策时有更多的选择可供参考。同时，差异性还能为小组提供适当的资源，并在小组遇到复杂任务时，为有效能及有效率的分工提供基础条件。

（2）小组的类型。

小组的类型不同将影响小组的组成。例如：

开放性或封闭性小组。根据小组对新组员的接纳程度不同，即组员之间的界限，可以将一个小组区分为开放性小组和封闭性小组。开放性小组是指当旧的组员离开时，小组可吸收新的组员，由此保持小组规模持久不变。开放性小组的延续时间一般很长，并且没有明确的结束时间。封闭性小组是指小组在组成以后就不再接受新的组员，并且通常事先确定小组的活动次数和结束的时间。根据小组的不同工作目标，社会工作者可以决定小组的性质是开放的还是封闭的。

例如，一个义工小组，小组的性质可以是开放性的，因为一方面小组成员的退出率可能比较高，而另一方面，新的小组成员加入往往能够给小组带来新的活力、新的血液和新的资源。再如，一个决断力培养小组，小组最好是封闭性的，因为吸收新组员很可能影响原有组员的进步。

自愿性和非自愿性小组。根据组员加入小组时的参与意愿，可以将小组划分为自愿性小组和非自愿性小组。如果小组成员是自愿加入小组的，那么他们参与小组活动的动机会很高，认同小组目标的可能性很大；相反，如果小组成员是被迫加入小组的，他们参与小组活动的动机就会很低，而对小组目标抵抗的可能性却很大。

想一想

哪些情况下会有非自愿性小组的存在？

____

____

（3）小组的规模。

小组的规模大小往往影响到小组活动的实际效果，应该根据小组的目标和小组成员的特征来确定小组的适当规模（见表 3-4）。一般来说，规模大的小组具有这样一些优势：小组成员有更多不同的观点、技能和资源，在进行决策和处理复杂的任务时，能有更多的选择和更合理的分工，并且小组成员在互相学习、支持、反馈和建立友谊等方面有更多的机会。同时，规模大的小组也有其不足：小组越大，社会工作者给予每个小组成员的关注越少；而且在规模大的小组中，一般很难达成整个小组的亲密、面对面的互动；规模大的小组还容易造成次小组的形成和组员的沉默与退缩；另外小组规模较大意味着社会工作者应付和处理的难度也较大。一般而言，一个小组的规模多数为 3 ～ 50 人，5 人小组适合讨论，8 人小组最适合完成任务，超过 25 人小组亲密度降低。

表 3-4　小组规模的组成原则

序号	小组规模的组成原则
1	方便沟通原则。小组规模合适，围圈而坐时组员能与对面组员进行沟通。
2	确保体验度充足原则。小组规模不宜过大，过大导致组员人均参与活动时间不足，影响组员体验感。
3	确保工作成效原则。小组规模不宜过小，过小便会导致组员互动不足，影响工作成效。
4	与工作能力相匹配原则。小组规模越大，对社工的控场能力要求越高，社工应根据自己的能力确定合适的小组规模。

（4）小组时间。

小组的时间要素包括：小组周期、小组频率、每节小组持续时间、聚会时间等。

第一，小组周期。

通常来说，小组的周期是指整个小组过程持续的时长。对于小组周期的持续时长，并没有明确规定，可根据小组目标、小组性质、组员情况以及小组要解决问题的难易程度来决定。

如专业性较强的小组，像社区矫正小组，小组中可能会涉及组员认知或行为方面的改变，这需要一段持续的过程，这样的小组一般建议≥6 次，可根据小组的性质及组员的需求，开展 10 次左右。

第二，小组频率。

小组频率是指一周或一个月内小组开展的次数。一方面，如果小组开展较频繁，可能会影响到组员的正常生活。另一方面，如果小组之间间隔太长又会影响连贯性。这两种情况都可能导致组员的出席率低。所以小组的频率也要视组员的情况而定，对于一般小组而言，建议每周一两次为宜。比如长者小组，如果每十天开展一次，那么组员可能会忘记自己还在参与小组，或是已经忘记上次小组内容。

第三，每节小组持续时间。

小组每节持续时间的长短以小组每部分内容设置的时间和每个组员可分配到的时间来计算。一般在一小时至两小时之间，时间太短小组组员的互动不充分，太长可能会出现组员注意力不集中情况。例如，就小学生小组而言，建议 40 ～ 50 分钟为宜，因为儿童好动，还没有较好的自我控制能力，注意力较难长时间集中，所以小组持续的时间不宜过长，但如果是成人小组，则时间可以长一些。

第四，聚会时间。

聚会时间要视小组组员的空闲时间而定。一般情况下，儿童和母亲的小组选择周末为宜，父亲小组选择晚上为佳，老年人小组选择白天效果最好。

（四）小组筹备工作

1. 获得机构或社区的支持

机构是为小组的生存提供资源的。这些资源包括：资金的提供、小组成员或案主的转介、物质资源和人力的支持等。在这种情况下，社会工作者需要在小组建立以前向机构寻求支持。有时资金并不来自机构本身，而是全部或部分来自外面的赞助机构。在这种情况下，在接受赞助之前，社会工作者需要仔细考虑并弄清赞助机构对小组会有多大影响。除了从赞助机构获得支持之外，社会工作者还要从社区中寻求支持。在招募时接收小组成员和在结束时把小组成员转介出去，社区的支持是必要的。其他来自社区的支持，如设施、设备或额外资金，也是小组顺利运行的基础。

2. 场地安排

小组地点的选取及布置要符合组员的特点及需求，通常社区的社工在开展小组时会将小组地点安排在社区服务中心的活动室。首先，楼层就低不就高。如组员为长者或残疾人，在条件允许的情况下，尽量安排在 1 楼的活动室，方便出入。其次，辖区内就近原则。最后，小组地点尽量固定。固定的小组地点有助于增强组员对小组的认同感。

场地内空间的安排应该让小组成员容易产生认同感。房间内可以布置一些图画或小组的象征物，以表明机构接纳小组组员的加入，也可以设置一些令人愉悦的照片或者旗帜等，有时放一些抽象的艺术品可激起组员的心理投射。

房间的大小应能充分满足小组的活动使用。拥挤的房间会增进小组成员间的亲近，但是当由于拥挤而产生身体接触时，纪律等问题就会出现。太大的房间会使小组成员难以专注于活动，反而使得分散注意力的可能性增加了。另外，如果周围环境过于嘈杂，小组成员也会难以集中注意力，甚至可能听不到其他小组成员在谈什么，因此，安静的环境也是重要的。

3. 座位安排

图 3-5　小组的座位安排

小组座位的安排习惯上是围成一个圈圈。然而，有时候为了使互动的频率提高，可以采用面对面的座位安排。座位间的距离可弹性调整，通常组员会自动调整座位。座位之间的距离以感觉舒适为宜，这有助于工作者去了解小组中的人际关系。原则上只要先将椅子排个圆圈或请组员站成一圈就行（示例见图 3-5）。

4. 其他设施的安排

房间内的其他设施要事先准备好，如纸笔、黑板、游戏器材、运动器材、表演的道具等，以有助于活动的展开。在小组治疗的情境中最好有舒适的椅子或地毯，以便进行良好的沟通。有些小组成员不喜欢坐在椅子上，而偏好席地而坐。如果是这样，工作者应先准备好席子、地毯等或清理地板，且应通知小组成员（尤其是女性）穿着舒适方便的衣裤前来参与。

（五）撰写小组计划书

一份专业的小组计划是开展小组工作的必要条件。因此，在小组筹备阶段，社会工作者要根据工作目标及人、财、物等方面的条件，精心制订可以实施的工作计划。通常小组工作的方案或计划就是一份详细的小组计划书。在制定方案时，需要考虑许多要素。图 3-6 体现了计划书的基本框架，可资借鉴。

小组计划书的基本框架

1.背景	开展本小组所基于的需求、社会背景
2.理论	开展本小组的理论支持有哪些
3.目标	本小组的总目标及具体目标有哪些
4.小组的特征	组员的组成、小组性质与类型等
5.每节小组活动的计划与安排	每节小组活动的主题、内容安排
6.招募计划	招募人数与方法
7.预计的困难和应对计划	预估小组开展会有哪些困难及解决方法
8.预算	小组所需的资金支持
9.评估方法	写明如何评估小组的成功与失败

图 3-6 小组计划书基本框架

想一想

小组计划书中的哪一部分是重点？

____

____

任务三

小组开始阶段分析

开始阶段又称小组早期，起始于小组成员的第一次见面。对工作者和组员来说，第一次小组聚会可能既令人兴奋，又充满挑战。

（一）小组开始阶段组员的特征

1. 趋避困境的矛盾心理

组员既对小组充满好奇和期待，也希望与其他组员或社会工作者有良好的互动，但又有疑惑和焦虑，如怀疑小组的能力和价值，担心社会工作者和其他组员对待自己的态度等。这种矛盾使得不少组员陷入对小组活动既投入又逃避的情感困境之中。

2. 试探与兜圈行为

开始阶段大多数成员的行为十分拘谨，说话做事显得小心谨慎、客气、礼貌。他们会以自己以往的经验去揣测其他组员或社会工作者，也会以此划定自己的好恶范围。通常，他们会试探性地询问其他组员的姓名、居所、工作之类的问题，但不会询问更深入的家庭、收入、爱好等问题。

3. 沉默而被动

由于刚进小组，不懂小组规范，怕说错话、做错事，不少组员会表现为沉默、观望、等待，大都希望在别人说或做之后再被动跟进。由此，整个小组显得沉默、进程缓慢，缺乏自发性和流畅性。

4. 对工作者的依赖

初入小组，小组组员不知道自己该做什么，同时又难以获得其他组员的支持，易产生对工作者较强的遵从倾向。他们往往依赖工作者，视其为权威、以其为中心，从而忽视了自己在小组中的角色和能力。

想一想

回想你自己作为大学的新生，第一次走进新班级的时候，你的心态如何？

____

____

（二）小组开始阶段的主要任务

1. 让组员相互认识，寻找相似性

在开始阶段，工作者必须帮助组员相互认识。为此，工作者一方面可以利用一些破冰游戏来促进组员相互认识；另一方面，工作者可以要求组员相互间分享开心和感兴趣的事情，来鼓励组员展现他们彼此的相似性。寻找相似性最普遍的就是共同讨论“谈谈你为什么来参加这个小组”诸如此类的话题。但是，需要特别注意的是，在寻找组员间的相似性时，工作者必须遵循个别化原则，注意个别需要，绝不能因为协助组员寻找相似性而遗漏了对单独个人的照顾，从而使其对小组失去兴趣。

2. 澄清小组工作目标

虽然在决定参加小组之前，小组组员对小组目标已有初步认识，但还比较模糊，比较抽象。另外不同小组组员对小组的认知和期待，也不尽相同。因此小组一开始，工作者就应该运用准确清晰的语言表达小组的目标。如：“我们这个小组主要是通过一些活动及组员的相互交流和分享自己养儿育女的方法、经验，促进亲子良好的沟通和交流，增强我们教养孩子的能力。”让组员表达自己参与小组的目的并整合小组的目标。

3. 介绍小组运作情况

在一开始，工作者要总体上给组员交代小组聚会的时间、地点、经费等情况，交代小组成员的权利和义务。如：

组员权利：自我暴露，可以说出自己的各种感受，可以对工作者提意见，可以相互互动、倾听、支持、对质。

组员义务：准时出席，接受工作者的工作分配。

4. 订立小组契约

小组契约，也称小组规范，是小组早期工作者和小组组员一起建立的适合管理和协调组员行为的准则。小组契约有书面和口头两种形式，其中书面的形式，是以文字叙述、明文规定、详细陈述成员参与小组的各项基本规则。这些规则是经过双方讨论之后决定的，小组工作者与组员双方都需要遵守，不得任意更改。一般情况下要求组员在契约上签字以求重视。小组的契约或规范有三类：一是秩序性规范，用来界定组员之间的互动准则；二是角色规范，界定和明确组员所期望的角色和行为；三是文化规范，澄清和说明小组的信念和基本价值，强调开放、平等、保密、非评判和团结合作等原则。

> **小组契约**是小组早期工作者和小组组员一起建立的适合管理和协调组员行为的准则。

小组契约（范例 1）

这是我们的小组，它的成败完全取决于我们的努力。我们走到一起就是为了尊重自我。我们需要在小组中分享真诚；我们需要在小组中得到信任。通过表达我们的情感、希望和梦想，我们可以增进彼此间的相互了解，我们可以得到友谊和自我认知。我们要尊重组员的隐私，只在组内谈论小组讨论的内容。我们在小组中的所见所闻，都将保留在小组中，绝不外传。

我们小组有两条规则：一是不允许成立小团体；二是组员之间需要和善友好。

小组契约（范例 2）

1. 不允许成立小团体
2. 组员之间相互帮助，真诚友善，相互尊重，相互鼓励支持
3. 尊重组员的隐私，只在组内谈论小组的内容，绝不外传
4. 增强时间观念，按时到达，积极认真参与活动
5. 组员衣着得体，不穿拖鞋

通过小组活动，让我们一起共塑自我，展望属于我们的新篇章吧！

想一想

以上两则小组契约范例中，包含了几种类型？

____

____

（三）工作者的角色和责任

小组工作的开始阶段，社会工作者需要扮演以下三方面的工作角色：

1. 领导者

社会工作者处于小组的核心和领导位置，具有指导小组发展、制订小组活动计划、统

筹小组活动具体程序和细节的责任。

2. 鼓励者

社会工作者要鼓励组员主动表达自己对小组和其他组员的各种期望，尽快适应小组环境。

3. 组织者

社会工作者要组织一些能够有助于组员之间相互了解的活动，促进组员之间尽快建立相对的熟人关系。

（四）小组开始阶段的常用游戏

以下是一些比较适合在小组开始阶段进行的游戏。

1. 大风吹

目的：提供走动机会，活跃气氛，组员初步接触。

方法：组员围圈坐下，一位组员站在中间，说出某些组员的特征，如戴眼镜、扎辫子或穿短袖等等，拥有该项特征的组员必须马上离座和中间组员一起抢夺新的座位。没有座位的组员就要站在中间，进行下一轮。以此类推。

2. 抛绣球

目的：记住组员姓名，加深认识。

方法：组员围圈坐下，一个组员拿皮球抛向另一组员，一边抛一边喊出该组员名字。接到皮球的组员再抛给下一个组员，以此类推。

3. 打傻瓜

目的：记住组员姓名，加深认识。

方法：组员围圈坐下，一名组员站在中央，用纸卷成棒子拿在手上。他所面对的人叫一个组员的名字，他要马上去打该组员。如果该组员能在棒落之前，立即叫出另一组员的名字，执棒者就去打另一组员。如果无法叫出，则由他做执棒者。以此类推。

4. 我的自画像

目的：协助组员介绍自己。

方法：每个组员在一张纸上，任意画出一幅可代表他自己的画，画中可以是任何东西（有生命、没有生命都可以）。完成后每人向另一组员或整个小组的成员解释。

练一练

从以上游戏中选择一个现场演示出来。

任务四

小组转折阶段分析

小组转折阶段又称为冲突阶段、风暴期或协商期等。通常是指小组的整合、分化与再整合时期。这个阶段是组员关系走向紧密化的时期，也是小组内部权力竞争开始的时期，会出现小组冲突和次小组。这个阶段是工作者需要重点关注的阶段，如果不能处理好小组冲突，小组将很难进入成熟阶段。

> **小组冲突**指由组员间需要、目标或价值观念不协调而导致的紧张状态。

（一）小组冲突及其类型

小组冲突是指由组员间需要、目标或价值观念不协调而导致的紧张状态。具体分析，有三种不同性质的小组冲突。

1. 理性及秩序式的冲突

又称实质冲突，其重点围绕小组目标的达成，而在表决面以理性为基础。例如，几位组员为暖场游戏的选择进行理性的争论。

2. 心理及情感式的冲突

又称感情冲突，主要指因组员之间性格或行为不协调，或是因组员未能有效地克制自己的情绪所产生的冲突。如在一个初中生成长小组中，小芸对男性组长表现得特别亲近，每次小组活动都要挨着组长坐，组长组织小组活动时，小芸表现非常积极，跑前跑后，有几次小组游戏时，她甚至是坐在组长的腿上。在转折阶段的小组活动中，大家明显对小芸表现出厌恶和反感。在一次小组分享中，有组员对小芸的行为表示不满，引起了其他组员的共鸣，一时间，小芸成了众矢之的。

3. 权力及控制式的冲突

主要是指组员间因争夺小组权力和影响力而导致的冲突。例如，一个次小组在小组组内竞赛中为获得胜利而对其他次小组进行语言攻击；或是一个小组长因为害怕丢面子而故意排斥一位持有良好意见的组员等。

想一想

冲突对于小组会带来哪些方面的影响？

____

____

____

____

（二）小组转折阶段的特征

1. 组员的认同感和权力意识增强

在转折阶段，组员之间沟通和互动比小组早期有所增强。组员对于所参与的小组产生比较明确的归属感和认同感，愿意与他人相处和沟通，也开始在小组中表达想法。有些组员尝试在小组活动中表现自己以获得更多的认同感和权力。

2. 角色竞争等方面中存在冲突

转折阶段组员自我肯定、安全感与共同互动尚未完全实现，组员之间会在价值观、权力位置、角色竞争等方面产生冲突，主要表现为：一方面，组员个人的内在心理冲突。它主要是指组员在面对小组或小组冲突时的矛盾心理。如在面对小组时，既想融入小组，又担心自己在小组中会受到伤害；既想表现自己，却又怕招来别人的非议。在面对小组冲突时，既想干预，又怕引火烧身；既想化解冲突，却又不知从何下手。另一方面，组员之间的冲突。主要是指组员间因角色竞争、活动安排、个人情感等方面的不一致产生的肢体、语言等冲突。此外，也存在组员与工作者之间的冲突。主要是指组员针对工作者的工作态度、活动安排、带领能力、处理方法等方面进行指责或者挑战。

3. 小组中出现次小组

次小组是指小组中的小团体、次团体、次结构等。如小组中有些组员特别投缘或者相似性更强而组成他们自己的小圈子。次小组的存在是正常现象，对整个小组进程既有积极影响也有消极影响。工作者一方面要设置多维互动的活动削弱次小组对组员的吸引力；另一方面要认可次小组的存在，并维持与次小组的关系，利用次小组推动小组进程。

知识拓展

小团体的利与弊①

小团体，学名叫做“非正式组织”，或者说派系。所谓的小团体可分为两种性质。一种是利益团体，成员具有共同的利益与目标；另一种是友谊团体，因为彼此志趣相投，私交甚笃，而扩展到于公于私都能互相关怀，形成小团体。小团体通常兼具以上两种性质，通常是先形成友谊团体，进而成为利益团体。

小团体可看做经由短暂或漫长的时间积累形成的一种社会成员组织方式，主体为两人以上，以相似或相同兴趣爱好为基础，彼此之间存在信任关系。这种信任关系以共同目的为依存，在长时间内较为稳固并保持这种状态。

对企业而言，小团体文化的形成给工作气氛与组织管理带来极大影响。负面的影响是，小团体影响员工的工作绩效，因为员工势必得占用工作时间互通有无、交换信息。小团体破坏团队精神，使组织形成主流与非主流的分别，以致组织里的人事可能发生冲突。同时，小团体也是组织变革的阻力，尤其当他们是既得利益者时，其力量可能大到让主管

① 本文改编自：360 百科. 小团体 [EB/OL].（2022-04-22）[2024-04-02].https：//baike.so.com/doc/2429032025616768.html.

在推动变革时不容忽视，必须考量其存在。所以小团体够壮大时，若遇到公司发生不合理的对待事件，常常与公司相抗衡。而在公司正式的行政发布渠道之外，小团体之间频繁的信息交换，容易传播不完整、不实的信息，在组织里混淆视听，造成管理阶层政令宣导的困扰，也影响一般员工对公司的信任与向心力。

但小团体的存在，也有其正面影响。小团体能够提供员工关怀，在成员遇到困难时给予精神支持，抚平其情绪。小团体有助于降低员工的缺席率与流动率，因为小团体里的成员在职场上拥有精神的寄托与归属，每天上班很快乐。此外，小团体对正式的组织功能有辅助作用，可协助管理，这可能比行政渠道来得快速有效。

（三）小组转折阶段的主要任务

1. 协调和处理冲突

工作者要学习如何协调和处理小组的冲突，并协助组员，让冲突成为他们正向成长的经验。在面对冲突时，工作者应该有包容、冷静和理性的态度。在解决冲突时，工作者可以运用一些具体措施。

（1）澄清小组成员的价值观。

冲突的产生，在很大程度上来自个人在价值观念方面的差异。为了改变小组的情境，让小组成员认识到每个人都有其不同的价值观，同时，也为了进一步肯定或改变组员的观念，工作者可以通过一些游戏活动来澄清小组成员的价值观。价值观澄清活动常用的游戏有价值拍卖、鳄鱼河等。

（2）增进小组成员对自我的理解。

小组的冲突有时候来自组员对自我或者他人承担的角色的理解偏差。工作者可以利用角色扮演的方法，复制或重现类似的冲突情境，以增进组员的自我了解和对他人处境的敏感度。

（3）再次强调或调整小组契约。

小组发生冲突时，可以提醒组员当初共同制定的小组契约，分析现在的冲突行为是否符合小组契约的要求，用小组契约来约束冲突组员的行为。如果契约中没有对冲突行为的规定，则可以和组员一起调整小组契约。

（4）运用焦点回归法。

即将问题抛回给组员，让他们自己解决。工作者要相信组员有解决问题的能力，也通过解决冲突问题的机会，让组员重新审视彼此的关系。工作者将问题抛回给组员的具体表达方式示例有：“大家觉得这样做是否恰当？”“其他人有没有更多的想法？”“请大家商量一下，给出自己的解决方案。”

2. 适当控制小组进程

在转折阶段，工作者的焦点集中在处理小组冲突上，但也不能停滞于此。虽然组员经过处理抗拒和冲突的过程，管理、自我决策的能力有一定提升，但尚未达到完全独立自主的状态。工作者要适当控制小组的进程，在处理冲突的同时，引导组员关注小组目标，努力完成本阶段的小组任务。

（四）工作者的角色和责任

在转折阶段，工作者的权力和地位由中心向边缘位置转移。工作者不再担任领导者、决策者角色，只是小组的协助者和引导者；处理冲突时不仅是充当辅导者，而且是调解者、支持者。

（五）小组转折阶段的常用游戏

价值大拍卖

社工首先向全体组员公布一份列有价值拍卖品的海报，并给每个组员一定金额的虚拟货币。然后，让组员们竞买其所喜欢的价值物品。拍卖结束后，组织组员进行讨论，以分享组员个人价值选择的偏好、原因和感受。

价值拍卖的内容通常是智慧、诚信、友情、美丽、爱情、服饰、学历、健康、理想婚姻、子女、高薪工作、升官发财等。

该游戏主要是帮助组员澄清自己的价值偏好和组员间的价值反差，引导组员们认同彼此的价值选择。

任务五 小组成熟阶段分析

小组经过转折阶段的“磨合与适应”之后，就进入了成熟发展阶段，这是小组目标达成、成员发展成长的阶段，是小组的“黄金期”。

（一）小组成熟阶段的特征

1. 组员达到理想的沟通状态

组员能够清楚地理解其他组员的说话内容，以及某个组员对某些问题的态度和反应，甚至提前知道该组员将要说些什么；当个别组员说了一些错话，或者做了一些错事时，其他组员会抱着宽容和理解的态度来对待；组员们讨论的内容和话题变得比较宽泛，在每一次聚会时大部分组员能够分享问题、感受、想法和经验。

2. 小组凝聚力大大增强

小组凝聚力包括小组的吸引力、归属感等。在小组后期成熟阶段，组员对小组有较高的归属感，开始经常用“我们”而不是“我”来表达认同小组；小组对组员有很强的吸引力，组员对小组的投入程度很深，愿意承担和分担更多的职责和任务；组员的沟通更顺畅，信息传递更容易，彼此更容易理解，相互接纳和认同度更高等。这一阶段小组的凝聚力达到了小组工作过程中的最高点。

3. 小组权力结构趋于稳定

小组的关系结构已经形成，决策机制基本成型，权力结构基本稳定，小组的领导、次小组的领导已被组员认同，基本不会再有权力与控制之争。

4. 小组有足够的能量达成目标

小组的目的和目标变得十分清晰，组员间的互动关系较佳，权力结构趋于稳定，组员能够集中精力关注小组目标的实现，拥有足够的能量达成小组的目标。

（二）小组成熟阶段的主要任务

1. 维持小组的良好互动

经过开始阶段和转折阶段的探索、冲突与挣扎之后，小组工作的后期成熟阶段已经形成了一套良好的互动模式。这些互动模式是发挥小组功能和产生作用的重要工具。社会工作者应该协助维持这些良好的互动模式，并使组员的行为与互动更为有效。

2. 对小组进行引导

它是指工作者通过对小组提出忠告和提供咨询等方式，协助和引导小组向既定的目标迈进，并最终实现小组的任务目标。

（1）忠告。

在小组开展活动前，社工向组员提出原则性的建议和要求，并根据自己以往的经验，提醒组员们注意活动中可能出现的问题和应该注意的事项。

（2）咨询。

社工对来自组员的疑虑和困惑等问题，进行及时的解答，并最大限度地为组员们提供有用的信息。

3. 为小组提供支持

这个阶段组员的自我管理能力有了一定提升，工作者要为小组提供各方面的支持。首先，激发小组的内在动力，鼓励小组自我管理、自我约束；其次，帮助组员解决互动中出现的问题，协助组员建立合理的目标，并整合小组内的资源，在合理分工的基础上，一起寻找解决问题的方法并付诸实施；最后，帮助组员调动互动所需要的各种资源。

（三）工作者的角色和责任

后期成熟阶段，组员对社会工作者的依赖逐渐减弱，社会工作者逐渐退移到边缘位置。这时有些小组角色已被组员自己承担，组员与社会工作者的地位逐渐接近甚至成为“同行者”和“旁观者”。

1. 信息、资源提供者和连接者

工作者要根据小组活动及组员的需要，做好信息的提供、资源的提供及连接工作，以便组员自己整合和运用好这些信息与资源。

2. 小组及组员的能力促进者

工作者促进组员发挥他们自身的能力，并通过自己的努力满足组员的需要，达到他们所要实现的目标。

3. 小组的引导者和支持者

在组员可以自己选择、运作或解决问题的过程中，社会工作者需要扮演与组员同行的支持者和引导者角色。同时对于个别组员的异常行为和特殊变化，应给予关注和必要的专业辅导。

（四）小组成熟阶段的常用游戏

1. 谁是我

该游戏主要是验证组员在经过数次聚会后，是否真正做到了相互了解，并借此检验自己在他人心目中的形象。

先由每个组员在卡片上写出有关自我形象的描述，主持人将上述材料打印复印后分发给组员（或由主持人当场念出组员的自我描述），然后，再由组员们来猜卡片上所描述的组员是谁，并记录下来。待所有组员的自我描述都被猜过之后，再公布答案。

活动结束后，组织组员们讨论自己被了解和不被了解的原因与感受。

2. 解手链

该游戏让组员体会在解决团队问题方面都有什么步骤，聆听沟通的重要性，以及体会和增进团队的合作精神。

首先，工作者让每组围着站成一个向心圈。工作者说：先举起你的右手，握住对面那个人的手；再举起你的左手，握住另外一个人的手；现在你们面对一个错综复杂的问题，即在不松开手的情况下，想办法通过变化位置等把这张乱网解开。其次，工作者告诉组员一定可以解开，答案会有两种。一种是最后形成一个大圈，另外一种是形成两个套着的环。最后，如果过程中实在解不开，工作者可允许学员决定相邻两只手断开一次，但再次进行时必须马上封闭。

游戏结束以后，组织组员分享他们的解决策略和感受。

任务六

小组结束阶段分析

结束阶段又称分离期。当小组的目标基本达成之时，小组就进入了结束阶段，小组的任务即将完成，小组成员面临着分离。

想一想

我们通常用哪些方式来告别？与他人或者群体告别的时候你会有怎样的感受？

____

____

（一）小组结束阶段的特征

1. 情绪浓重

结束阶段，由于要面对小组的解散和成员的分离，小组成员会表现出一系列的强烈的情绪反应，这些情绪反应表现为正面的、积极的反应和负面的、消极的反应两种。

一方面，有的组员有着正面、积极情绪。这是接受现实，表现出一种满足感和成功感的反应。小组中大部分成员的需要已经获得了较高程度的满足，成员的问题也基本得到了解决，成员的自我形象和社会功能也有所提高，成员预期的目标已基本达成。

另一方面，部分组员有着负面和消极的情绪（离愁）。它主要是指组员在小组后期所表现出的焦虑、恐惧和伤感等情绪。如担忧和失落情绪，否认、逃避和行为倒退，对外面世界的担心等。

2. 小组结构弱化

在结束阶段，小组的组织结构弱化，组员之间的联结呈现松散状态。首先，组员互动频率和强度降低；其次，组员开始把部分精力投向组外的世界；最后，组员对小组即将分离所采取的“自卫”行动，即害怕面对分别，而选择不再相见。

（二）小组结束阶段的主要任务

1. 经验回顾，巩固小组经验

结束阶段进行经验回顾，协助组员巩固小组经验，把在小组中学习到的经验、能力和行为等，运用到日常生活中去。

经验回顾的方法有：让组员轮流介绍自己在小组中的收获与感受；通过角色扮演或成果展示，再现小组过程中的重要事件；让组员相互讨论和总结对方的收获与进步。

巩固小组经验的主要方法有：一是模拟练习。模拟现实的生活环境，让组员在小组中练习他们在小组中学到的行为规范等。二是树立信心。观察组员的变化，鼓励和肯定他们，让他们对离别后的生活充满信心。三是寻求支持。帮助组员得到家人、社区等的支持，维持在组员身上已经产生的变化。四是鼓励独立。逐步降低组员对小组的依赖，鼓励其独立完成工作。五是跟进服务。小组结束后要跟进组员在现实生活中的情况，转介有其他需求的组员，也可以约定组后相聚的时间。组后聚会一般在小组结束 2 ～ 3 个月后为宜。

2. 处理离别情绪

小组结束阶段，组员情绪情感浓厚，特别是离别情绪。工作者要了解和处理组员有关分离的情绪和感受。第一，鼓励组员将内心的真实感受充分地表达出来。第二，帮助组员正确地认识小组结束的积极意义，引导组员对离组后的生活做出妥善的安排。第三，带领组员讨论他们在小组结束后可能遇到的各种事情，以及具体的应对和解决办法，帮助组员释放对未来的担忧和恐惧情绪。第四，协助组员制订切实可行的组后行动计划，提升组员融入社会的能力和信心。

3. 做好小组评估

小组结束阶段，工作者要对小组整个情况做好评估。要评估小组工作的效果和效率、小组目标的达成情况、小组的动力情况、小组过程中有何特殊事件，以及处理问题的情况等。评估的方法有：一是工作者自评。主要是工作者对自己的工作完成情况、带领表现、技巧运用及组员间互动过程等方面进行评估。二是组员评价。主要包括组员参与小组过程的感受、个人改善目标的达成情况、小组活动满意度等。三是观察员或督导评估。主要是对组员观察和评估、对小组效能评估。评估时可以借助评估表，如组员评估表（见表3-5），或者请组员通过语言形式，对小组和工作者的工作进行评价。

表 3-5 小组组员评估表

这份问卷的目的是收集您对本小组活动的意见，以提高小组工作成效。请选择最能代表您的意见的答案。您的意见将会被保密，而您给予的意见并不会影响您现在或将来所接受的服务。现诚意邀请您抽空填写问卷，完成后请交予有关职员。多谢合作！

请圈出以下最能代表您的意见的答案。

	非常不同意				非常同意
1. 我认为活动可达致目标	1	2	3	4	5
2. 我对活动的时间安排感到满意	1	2	3	4	5
3. 我对活动的形式感到满意	1	2	3	4	5
4. 我对活动的场地感到满意	1	2	3	4	5
5. 我对活动的内容感到满意	1	2	3	4	5
6. 工作者表现					
6.1 我对工作者的工作表现感到满意	1	2	3	4	5
6.2 我对工作者的工作态度感到满意	1	2	3	4	5
7. 我全力投入了此活动	1	2	3	4	5

您对活动的其他意见或建议是：

____

____

参加者姓名：（可选择不填写）

日期：______________

4. 告别与祝福

结束阶段，要想让组员带着自己的最大收获和正面与积极的情绪体验，愉快地和有成就感地离开小组，工作者要设计一定的活动与组员告别。可以开展一些有意义的活动，如小组寄语、规划未来蓝图、颁发小组毕业证、召开结业仪式等。

（三）工作者的角色和责任

在小组结束阶段，社会工作者又回到了小组的中心位置。这有点类似于小组的开始阶段，但又不尽相同。在开始阶段，社会工作者在中心位置是为了更好连接、联合小组组员，而结束阶段则是为了小组组员更好地离开。

1. 引导者

在小组结束阶段，工作者要帮助组员处理好离开小组时的各种感受，组织各种活动。面对组员的离别情绪，工作者要予以适当的接纳与支持，引导他们做好情绪表达和学习如何处理离别方面的问题。

2. 领导者

在结束阶段，工作者要以小组领导者的角色履行专业职责，规划好小组结束的活动，安排好每一个步骤，协助小组组员完成理想的结束过程。

自学自测

一、单选题

1. 在小组筹备阶段，社会工作者要考虑本小组的规模。一个小组到底以多少人为佳，学者们一直有争论，但多数意见同意在（　　）之间。

A. 3～20人　B. 3～30人　C. 3～40人　D. 3～50人

2. 小组筹备阶段，小组计划书的内容不包括（　　）。

A. 小组的特征　B. 明确的目的

C. 需要的资源　D. 工作开展的技巧

3. 从第一次聚会起，小组工作就进入小组早期，也是小组的开始阶段，组员在这一阶段中的心理与行为是比较矛盾的，主要表现为（　　）。

A. 试探　B. 权力竞争与控制

C. 两极行为　D. 情绪转移

4. “寻找相似性”是小组（　　）时的主要工作任务之一。

A. 第一次聚会　B. 规范形成　C. 冲突　D. 成熟

5. 小组规范应该是（　　）制定的。

A. 组员集体　B. 组长　C. 社会工作者　D. 小组契约

6. 小组工作者在小组发展的不同阶段所处位置是不同的，在小组的开始阶段，小组工作者是处于（　　）位置。

A. 旁观　B. 中心　C. 边缘　D. 闭合

7. 小组转折阶段，小组的特点是（　　）。

A. 组员完全认同自己的小组

B. 组员认同感逐渐增强

C. 组员心理和行为存在冲突

D. 组员将以往的经验带进小组

8. 在小组冲突的种类上，从形式上看，（　　）是指围绕小组目标的冲突。

A. 真实冲突　B. 非真实冲突　C. 实质冲突　D. 感情冲突

9. 下列选项中，适合小组冲突时的游戏是（　　）。

A. 老鹰捉小鸡　B. 价值大拍卖　C. 重点轰炸　D. 我在想什么

10. 在处理小组冲突时，一个最重要的步骤是（　　）。

A. 进行人身攻击

B. 威胁他人权威和地位

C. 将组员开除出小组

D. 协助组员将分歧当成收集信息和分享观点的机会

11. 在处理冲突的过程中，社会工作者的角色比早期新增加了（　　）的角色。

A. 鼓励者　　B. 统筹人　　C. 调解人　　D. 组织者

12. 在小组中期转折阶段，社会工作者所扮演的角色主要是（　　）。

A. 领导者和决策者　　B. 组织者和鼓励者

C. 领导者和引导者　　D. 提供者和连接者

13. 小组治疗和援助的效果最为明显的是在（　　）阶段。

A. 小组筹备阶段　　B. 小组开始阶段

C. 小组成熟阶段　　D. 小组转折阶段

14. 小组成熟阶段的特征是（　　）。

A. 交往表面化　　B. 沟通有摩擦

C. 接触减弱化　　D. 交往深入化、沟通理想化、接触频繁化

15. 成熟阶段里小组活动的设计这一环节（　　）是最重要的。

A. 组员因素　　B. 小组目标因素　　C. 物质资源因素　　D. 时间因素

16. 在小组后期成熟阶段，社会工作者的任务包括（　　）。

A. 维持小组的良好互动

B. 拉近组员间的关系，进行破冰

C. 适当控制小组进程

D. 保持组员对整体目标的意识

17. 在小组结束阶段，社会工作者的角色位置应该（　　）。

A. 逐渐退至边缘地带　　B. 回到中心地带

C. 退缩至副中心　　D. 逐渐接近中心

18. 当小组活动进入结束阶段，社会工作者设计的活动应该（　　）。

A. 增强小组凝聚力　　B. 帮助组员互动

C. 回顾小组历程中的关键内容　　D. 防止小组僵化

19. 每节小组活动结束后，社会工作者会安排组员协助打扫和收拾场地，其目的在于（　　）。

A. 促使承担责任　　B. 整合小组行动　　C. 进行分类处理　　D. 激发组员潜能

20. 在小组结束阶段，小组及组员的特点表现为（　　）。

A. 家庭式的情感增强

B. 浓重的离别情绪

C. 小组关系结构的强化

D. 积极与组员互动

二、多选题

1. 在小组筹备期，社会工作者的主要任务是（　　）。

A. 评估工作成效　　B. 制定工作方案

C. 选择（招募）组员　　D. 申报并协调

E. 物资准备

2. 小组开始阶段的工作重点主要有（　　）。
A. 了解组员的心理特征　　B. 给予组员正向的、积极的支持
C. 订立小组契约　　D. 处理小组冲突
3. 在小组活动中，有两位组员出现了冲突，此时社会工作者的适当做法包括（　　）。
A. 帮助组员澄清冲突的本质
B. 增进自我了解和对他人处境的敏感度
C. 把问题抛给组员，让组员尝试自行解决
D. 鼓励服务对象进行小组争论
4. 在小组转折阶段，小组特点逐渐转为（　　）。
A. 关系亲密度提高　　B. 更认同小组
C. 出现权力竞争与控制　　D. 出现次小组
5. 小组成熟阶段的特征为（　　）。
A. 小组目标产生　　B. 小组结构稳定
C. 小组目标清晰　　D. 小组契约建立
E. 小组凝聚力大大增强
6. 在小组转折阶段，小组的工作任务是（　　）。
A. 制定小组目标　　B. 处理好小组冲突
C. 再次强调或调整小组契约　　D. 焦点回归
E. 适当控制小组进程
7. 关于小组成熟阶段的特征，以下说法正确的是（　　）。
A. 小组动力不够　　B. 沟通理想化、交往深入化
C. 小组有足够的能量达到目标　　D. 小组不能适应内外压力
8. 在小组结束阶段，社会工作者帮助组员巩固小组经验的正确方法是（　　）。
A. 让组员在小组中模拟练习他们学到的行为规范
B. 评估组员参加小组的心理感受和行为改善情况
C. 协助组员从小组中获得新的认知并转变为行动
D. 提醒组员注意小组目标或与其一致的个人目标
9. 在小组结束阶段，小组及组员的特点表现为（　　）。
A. 家庭式的情感减弱
B. 浓重的离别情绪
C. 小组关系结构的弱化
D. 采取逃避的态度否认小组即将结束的事实

三、简答题

1. 简述科学的小组目标的要素。
2. 简述小组第一次聚会时的工作。
3. 简述小组结束阶段社会工作者的任务。

课中实训

实训准备

实训目标

本次实训以小组工作过程为主要内容，训练学生作为小组带领者的各项技能，包括小组筹备阶段的需求评估技能和小组活动策划技能、小组开始阶段的第一次小组活动带领技巧、小组冲突阶段的处理技巧、小组结束阶段的总结与反思技能等。让学生真实体验一名小组带领者开展小组工作的整个历程，从而达到培养学生小组需求评估、活动策划、小组带领、资源链接等工作技能的综合目标，为学生以后开展小组工作实践打下良好的基础。

实训项目

为了实训开展的便利，本次实训项目以大学生为主要服务群体，展开小组需求分析及开展小组活动，并将学生自主策划的小组活动方案付诸实践，让学生作为整个方案的总指挥者和带领者开展活动。也可以选择校园中教师这一服务群体，开展小组策划和带领活动。

项目：“专业方法展现缤纷校园”大学生系列小组。

实训步骤

（1）完成知识拓展、他山之石案例学习，结合课前自学，整合小组工作过程相关知识。

（2）本次包含 8 项实训，请依次完成实训任务。

（3）实训过程中可采用线上线下混合学习的方式，学生以小组为单位协同合作，通过头脑风暴集思广益，共同完成实训任务。

（4）请将每项任务的实训成果整理到相关表格中或以思维导图形式呈现。

实训资料

大学生是社会的一个特殊群体，是正在接受基础高等教育而还未毕业走进社会的群体，作为社会新技术、新思想的前沿群体，国家培养的高级专业人才，大学生代表年轻有活力一族，是推动社会进步的栋梁之材。但随着社会的发展，当前大学生群体也存在着特定的问题与需求，主要表现为以下几个方面。

1. 人际关系问题

良好的人际关系是学生成长与社会化过程中的重要组成部分，也是保持良好心理状态的必备条件。然而，人际关系、社会的复杂性与学生心理的单纯性，使得大学生常常在人际交往中受挫。相当一部分大学生从校门到校门，缺乏人际交往经验，缺乏在公众场合表达自己、与他人交往的能力和勇气，面对各种各样的活动，既充满兴趣又担心失败，甚至回避参与，久而久之，妨碍了良好的人际交往圈的形成。不利于学生的健康成长。

2. 心理问题

大学生处于青春发育的“暴风雨时期”，生理发育极为迅速，已基本趋于成熟，但由于阅历较浅，社会经验不足，对人生和社会问题的认识往往不够。青年特有的任性和对理想与现实的差距的困惑交织在一起，加之很容易受外界各种因素的干扰和影响，自我控制和自我调适能力较低，极易出现各式各样的心理矛盾并由此导致心理偏差、行为怪癖。

3. 学业问题

大学生的主要任务是学习，他们最关心的莫过于学业成就问题。进大学后，部分学生为了保住自己的优势，除了学习自己的专业课，还自学一些社会急需的课程。再加上辅修专业的学习，英语过级考试的重压，他们处于超负荷的运转中，长期处于紧张的状态，压力很大，常常导致学习效果不佳。也有部分学生则感到考入大学“如释重负”，认为船已靠近码头，因而即使感受到竞争的危机、就业的压力，也提不起真正努力学习的劲头。

4. 手机依赖、网络成瘾问题

随着经济社会和互联网的发展，网络和手机已成为如今大学生生活学习中不可缺少的一部分。但网络和手机是双刃剑，它们在为大学生提供方便的同时负面效应也日益凸显。手机依赖、网络成瘾被称为现代人十大心理疾病之一，也是当今大学生心理亟待解决的问题之一。

由此可见，当代大学生群体存在着多元化的问题和需求，是小组工作重点的服务群体之一，小组工作可针对这个群体的问题与需求开展多样化的小组活动。

实训一　确定小组需求与目标

任务 1　开小组的意义

任务描述：

（1）以每组 6 人为标准对学生进行分组。

（2）以小组为单位进行讨论：“社工为什么要开小组？”（列举 3 个及以上）“开一个小组前应该考虑哪些方面？”（列举 3 个及以上）

（3）将讨论结果填写入表 3-6、表 3-7 并派代表进行分享。

表 3-6　“社工为什么要开小组？”讨论结果

序号	原因
1	
2	

续表

序号	原因
3	
…	

表 3-7 “开一个小组前应该考虑哪些方面？”讨论结果

序号	方面
1	
2	
3	
…	

知识拓展

小组的构成要素

一般来说，小组由以下几个要素构成：

（1）小组目标。目标是小组存在的理由和小组工作的方向，它包括机构服务目标、小组目标、工作者目标和个人目标四个层面。

（2）小组契约。契约即承诺，是供人们选择的初步工作合意，常常表现为一些规范性条件。如工作机构的责任、工作者的责任、组员的权利与义务、会议制度、收费标准和注意事项等。

（3）小组工作者。小组工作者是拥有小组与小组工作知识和技能，并能协助小组达成其目标的个人。

（4）组员。组员是通过与小组订立契约而参加小组，并希望通过小组活动促进个人成长的个人。

（5）小组规模。即参与小组的人数。

（6）小组时间。小组时间包括小组开始的时间、小组存在的长短、小组聚会的时间和频率及每次聚会的时间长短等。

（7）小组空间。小组的空间要素包括聚会场所的选择与布置，以及组员个人空间安排。小组空间在一定程度上影响小组目标的达成。

他山之石

由谁提出开小组?

（1）由机构的领导者提出。当机构的领导者发现许多服务对象遇到类似的问题，并认为此类问题能够以小组的方式处理时，他可能在机构会议中提出成立一个小组。

（2）由小组工作者提出。小组工作者发现有许多服务对象面对类似的情况和问题时，他可能提出建立一个小组。例如一个学校社工发现许多新生有适应不良的问题，他就向机构申请开展一个新生适应主题的小组。

（3）由潜在的组员提出。在潜在组员的请求甚至要求下，工作者可能针对他们的特殊问题成立一个小组。例如，暑假来临，社区许多小朋友希望能参加相关的兴趣小组，这时候工作者可以开展相应的小组活动。

（4）由其他人员提出。当某一机构的有关工作者（如医院的医生、学校的辅导员）发现有多个人存在类似问题时，可以建议成立一个小组。

任务 2　小组需求评估

任务描述："00 后"是当代大学生的重要组成部分。请利用互联网资料和小组讨论：

（1）以每组 6 人为标准对学生进行分组。

（2）小组讨论："00 后"大学生当前存在的问题和需求，填写表 3-8。

（3）根据知识拓展、他山之石，挑选一个感兴趣的问题或需求并进行细分，作为小组活动主题，填写表 3-9。

（4）各小组进行分享，教师进行点评和修改，最终确定各组小组主题。

表 3-8　"00 后"大学生当前存在的问题和需求汇总

序号	问题和需求
1	
2	
3	
…	

表 3-9　"00 后"大学生一个问题或需求细分

组名	问题或需求	问题或需求细分

知识拓展

如何进行需求评估

需求评估步骤见图 3-7。

与案主同行 —— 建立信任关系，深入认识他们，与他们“同行”

头脑风暴 —— 围绕案主情况进行需求分析

细分需求 —— 将需求进行细分

图 3-7 需求评估步骤

他山之石

案例：社区残疾人需求评估

该需求评估示例见图 3-8。

与案主同行 —— 社工经常探访残疾人，与他们建立较好的关系，关心他们生活状态

头脑风暴 —— 社工思考当前残疾人的生活有哪些需求，比如物质生活贫乏、精神生活空虚单调

细分需求 —— 精神生活需要丰富：娱乐项目较少，对用电脑浏览新闻、游戏感兴趣

小组主题确定：社区残疾人电脑知识培训

图 3-8 需求评估示例

任务 3 确定小组目标

任务描述：

（1）各小组回顾科学的小组目标包含哪些要素，填写表 3-10。

（2）根据任务 2 中各组选择的“00 后”大学生一个问题或需求而确定的小组主题，列出小组目标，至少 3 个，填写表 3-10。

（3）各组进行分享，并进行小组互评，填写表 3-10。

（4）教师进行点评与修改，最终确定各组小组目标。

表 3-10　小组目标

序号	科学的小组目标要素	我们的小组目标	组间评分（10 分制）
1			
2			
3			
…			

他山之石

目标的重要性——有趣的实验

曾有人做过一个实验：组织三组人，让他们分别沿着公路向十公里以外的三个村子步行。

第一组的人不知道村庄的名字，也不知道路程有多远，只被告知跟着向导走就是。刚走了两三公里就有人叫苦，走了一半时有人几乎愤怒了，他们抱怨为什么要走这么远，有人甚至坐在路边不愿走了，越走他们的情绪越低。

第二组的人知道村庄的名字和路程，但路边没有里程碑，他们只能凭经验估计行程时间和距离。走到一半的时候大多数人就想知道他们已经走了多远，比较有经验的人说："大概走了一半的路程。"于是大家又簇拥着向前走，当走到全程的四分之三时，大家情绪低落，觉得疲惫不堪，而路程似乎还很长。当有人说"快到了！"时，大家又振作起来加快了步伐。

第三组的人不仅知道村子的名字、路程，而且公路上每一公里就有一块里程碑。人们边走边看里程碑，每缩短一公里大家便有一小阵的快乐。行程中他们用歌声和笑声来消除疲劳，情绪一直很高涨，所以很快就到达了目的地。

目标的重要性：当人们的行动有明确的目标，并且把自己的行动与目标不断加以对照，清楚地知道自己的进行速度和与目标相距的距离时，行动的动机就会得到维持和加强，人们就会自觉地克服一切困难，努力达到目标。

知识拓展

美国社会心理学家艾根提出的 5 个小组目标

1. 协议目标

协议目标是小组的总目标，是组员希望参与小组能够达到个人目标的基本要求。如一个长者康乐小组，其协议目标是在社工的协助、辅导下，通过以语言交流、游戏操作、肢体活动等活动形式开展的各类康乐活动，满足老人心理和生理的需要，促进其健康及人际互动和交流，提高他们的生活质量。

2. 沟通目标

沟通目标是一个分目标，强调互相沟通，通过组员的自我解剖和彼此分享，给予组员活动支持，为总目标服务。如长者康乐小组的分目标中，通过小组的活动促进人际互动和交流就是沟通目标。

3. 过程目标

过程目标是在小组各个阶段的分目标。每个小组阶段都有自己的工作重点和目标，比如第一次小组聚会的目标是“促进组员相互认识和制定小组契约”。

4. 实质目标

实质目标就是小组目标范围，也就是小组目标的内容。实质目标其实限制着小组的功能，小组必须在实质目标范围内工作，一般不能超越范围。比如长者康乐小组的实质目标就是通过以语言交流、游戏操作、肢体活动等活动形式开展的各类康乐活动，满足老年人心理和生理的需要，这一定程度上限定了活动形式和内容。

5. 需求目标

需求目标是指个别组员的特殊需求，他们希望在小组中达到的个人目标。一般而言，个人目标与总目标是一致的，因为目标的设定就是来自个人的真实需求。但由于个体的差异，每个人都有自己的特殊需求，有时需求与总目标会冲突。这时个人目标要服从总目标，但也要在小组过程中留意个人的期望和问题等，对总目标作出修订。

实训二　招募小组成员

任务1　筛选组员

任务描述：

（1）按照之前分组，各组讨论：筛选组员应该考虑哪些因素（至少3点）？填写表3-11。

（2）根据实训一最终确定的各组小组主题，确定本小组组员的报名条件（至少3个），完成表3-12。

表3-11　筛选组员考虑因素

序号	筛选组员考虑因素
1	
2	
3	
…	

表3-12　小组组员的报名条件

序号	筛选标准	小组组员的报名条件
1		
2		
3		
…		

知识拓展

筛选组员应考虑的因素

（1）性别：单一性别还是两种性别？
（2）年龄：相同年龄还是有大范围的年龄层？
（3）婚姻状况：已婚、单身还是二者兼有？
（4）智力程度：一个窄的还是宽的智力程度范围？
（5）教育：什么层次的受教育水平?
（6）社会阶层：处于相同的社会阶层还是不同的社会阶层？
（7）生活经历：大致相同还是差异较大？
（8）民族：同一民族还是多个民族？
（9）风俗习惯：大致相同还是差异较大？
（10）问题：组员真正要处理的问题是相同（或相似）的还是不相同的?
（11）人数：招募多少人?

任务 2　制作小组宣传海报

任务描述：

（1）按照之前分组，各组进行讨论：小组招募海报应该包含哪些内容（至少 3 点）？填写表 3-13。

（2）根据实训一最终确定的各组小组主题制作一幅小组招募海报。

（3）各小组进行分享并互评，完成表 3-14。

（4）教师进行点评，各组根据点评进行修改，并最终确定小组招募海报。

表 3-13　小组招募海报包含内容

序号	小组招募海报应包含的内容
1	
2	
3	
…	

表 3-14　小组招募海报评价

组别	小组招募海报（图片）	点评（优缺点）	组间评分（10 分制）
1			
2			
3			
…			

任务3 制作小组招募微信推文

任务描述：

（1）按照之前分组，各组进行讨论：小组招募微信推文应该包含哪些内容（至少3点）？填写表3-15。

（2）根据实训一最终确定的各组小组主题制作一则小组招募的微信推文。

（3）各小组进行分享并互评，完成表3-16。

（4）教师进行点评，各组根据点评进行修改，并最终确定小组招募微信推文。

表3-15 小组招募微信推文包含内容

序号	小组招募微信推文应包含的内容
1	
2	
3	
…	

表3-16 小组招募微信推文评价

组别	小组招募微信推文标题	点评（优缺点）	组间评分（10分制）
1			
2			
3			
…			

知识拓展

如何写好一篇微信推文？

一、微信推文的写作技巧

1. 好的推文标题都具有吸引力

在海量的资讯中脱颖而出，吸引用户的眼球，这就是标题的作用。标题是用户阅读的第一吸引力，纵观阅读量高的微信推文，每一篇都有一个好标题。目前微信公众号推文标题分为两种：一种是我们通常理解的好标题，它抓热点，有态度，走在潮流前线或者分享干货。另一种则是正常情况下我们所不想看的“标题党”，点击量很高，点赞量很小。标题不宜过长，控制在13字以内最好。

2. 封面也是吸引眼球的重要一环

判断一篇文章的品质，一般来说根据封面图就能定下来。封面图的大小要注意，一般封面图尺寸是900×383px，次图200×200px。如果你是编辑“小白”，不会用Photoshop，可以用其他修图软件例如美图秀秀、黄油等。用底图（白色）加文字和其他元素，省时省力，还高端，但是也要根据内容来变换。

3. 推文摘要

公众号推文摘要是显示在推送界面的一段文字，可以是推文的中心论点，也可以是推文的简介。这是很多“小白”在发一条推送时会忘记的地方，结果系统自动截取正文前一部分字，使得发出去的文章都“尴尬”。

4. 推文排版

标题：字号在 16 ～ 20px 之间，字数越多，字号越小为妙，最好加上颜色区分于正文。

正文：字号 14 到 16px 之间最佳，文艺一点的公众号建议 14px 字号。建议适当灰度。

段落：文章段落与段落之间最好空一行，或者是段距设置为 10 ～ 20px，行距 1.5 ～ 2.5px 较为适宜，字间距 0.25 ～ 1.5px。

配图：单图最好居中，然后可以增加圆角效果，图片过多的话可以用美图秀秀拼图，或者用第三方编辑器进行排版。

留白：或者说是文章两边边距，现在大部分公众号会用到，一般通过第三方编辑器实现。①

二、微信推文排版工具

微信公众号后台排版工具由于太过简陋，需要更多的第三方工具辅助，常见的工具如下：

壹伴：https：//yiban.io/

135 编辑器：https：//www.135editor.com/

i 排版：http：//ipaiban.com/

秀米：https：//xiumi.us/#/

96 微信编辑器：http：//bj.96weixin.com/

易点微信编辑器：http：//www.wxeditor.com/

他山之石

小组招募微信推文范例

活动报名 | “职享一刻 · 释放压力”职工解压小组活动招募小组成员啦！

×× 区职工加油站 ×× 商圈站 6 月 24 日

你是否不知道如何释放压力？
觉得工作乏味，期待快乐？
期待认识新的小伙伴？
如果你的答案是“是”，
那么这里有一组为你量身定做的
“职享一刻 · 释放压力”职工解压小组活动
小组成员招募中 !!!
期待你的到来 !!!

① 简书网. 微信公众号推文怎么写比较好？[EB/OL].(2023-07-01)[2024-03-09]. https://www.jianshuwang.com/index/index/details/id/51344.html. 有改动。

1. 活动内容

本次职工解压小组活动共六期
一旦报名，则需参与六期小组
从 7 月 3 日起
每周六与你相约
第一期活动现已开放报名
有兴趣的职工
可在文末填写报名信息
内容如下

No.1 职工解压小组活动第一期

益智解压——UNO 牌

游戏规则：

（1）开始前每人摸入 7 张牌，然后从第一人开始顺时针（左手边）方向出牌，出牌必须和上家所出的牌颜色或者数字相同，或出功能牌（详见下面“功能牌”的规则介绍）。

（2）若有一对牌，即数字颜色完全相同或完全一样的功能牌，则可以一对一起出，下家不受一对的影响。

（3）玩家若本轮无法出牌则摸一张牌，如果摸进的牌可以马上出牌且不是功能牌，则可以在下家出牌前抢先出牌，不用等下轮出。即使有牌可出，玩家也可以选择主动摸牌。

No.2 职工解压小组活动第二期

游戏解压

环节一：你画我猜

游戏规则：两人一组，自由组合，两人面对面站着，一人可以画图进行提示，另外一人负责猜出词语。

环节二：害你在心口难开

游戏规则：活动开始前，根据不同情景设置不同卡片，小组成员头上贴上准备好的卡片，卡片上写着被贴卡片的人不能做的事或者不能说的话（也有陷阱卡），参加者用各种方法引诱别人“中招”，一旦被贴卡片的人做出卡片上的事或说出卡片上的话，则被淘汰。

No.3 职工解压小组活动第三期

音乐解压

游戏规则：播放歌曲前奏10秒后，职工以举手抢答的形式说出歌名及歌手，并接出下一句歌词。正确则播放下一首歌曲，不正确，则继续重复播放该歌曲，直到有人猜对为止。一共播放十首歌曲，猜对的歌曲或歌手名最多的成员即是最后的获胜者。

No.4 职工解压小组活动第四期

手工解压——涂色解压

活动介绍：涂色可以舒缓心情，减少焦躁情绪，释放压力。它的减压作用在于三方面：欣赏自己所创造的作品，是快乐的事情，这种美好的心情可以起减压作用；涂色本身是一个需要静心和培养专注的过程，而静心和专注是可以减压的；色彩可以疗愈人心，不同的颜色会让人产生不一样的情绪感受，如绿色能消除疲劳、橙色能减轻苦闷情绪等。

No.5 职工解压小组活动第五期

冥想解压

环节一：吐槽局

活动介绍：吐槽是现代快节奏生活下的一种压力释放途径。我们面对的社会复杂多变，我们有很多的凌云壮志，曾经梦想走天涯，也有很多的无奈，败给了自己的无能为力。适当的吐槽，有利于我们在这个“压力山大”的社会中，得到一种良性释放。组织一场“吐槽局”，尽情吐槽内心的压力，然后整装待发，开启元气满满的一天。

环节二：冥想解压

活动介绍：小组成员伴随清雅的音乐，跟随老师的指引，进入深层的冥想时刻。冥想具有重塑大脑，改善决策、记忆、情绪灵活性、注意力集中度，甚至缓解慢性疼痛等作用。冥想通过训练意识，使我们得以更好地管理自己。当学会静观思想、感受及身体反应，却不参与其中时，就会得到放松。

No.6 职工解压小组活动第六期

拜拜，压力君！——解压小组分享会

环节一：职工回顾前五期活动内容

环节二：职工小组解压活动分享会

2. 活动报名

参加对象

××商圈职工8人

活动时间

7月3日

周六下午15:30—16:30

第一期活动报名时间

截至7月3日12:00

活动地点

××社区二楼

报名方式

扫描下方二维码，填写报名信息

（姓名＋电话）

（二维码略）

活动注意事项

（1）活动针对工会会员免费，无工会卡可持身份证报名参加（现场补办工会卡）。

（2）活动报名成功与否以电话通知为准。

（3）为了让更多职工受益，避免浪费资源，活动报名成功者，出现无故缺席、经常迟到（早退）、扰乱现场秩序等行为，将被列入活动黑名单，后期参加活动会受到限制。

（4）活动现场请尊重老师及他人，听从工作人员安排，不要擅自行动。

（5）此次活动针对职工，请勿带未成年人到场。

（6）本次小组活动共有六期，为了参与效果，请确保每期参与。

实训三　撰写小组计划书

任务 1　确定小组名称

任务描述：

（1）投票活动：针对已给的几个小组名称进行投票，选择你认为最合适的小组名称，并给出原因，完成表 3-17。

（2）各组讨论：一个小组名称应该包含哪个几个要素？完成表 3-18。

（3）各组根据已经确定好的小组主题，确定各组小组名称，并进行组间点评，填写表 3-19。

拓展阅读：浅谈小组工作服务计划的内在逻辑性

表 3-17　小组名称的投票与原因分析

序号	小组名称	你的选择（打 √）	选择原因
1	相亲相爱一家人		
2	康乐小组		
3	“在校园里看世界”大学生世界文化认知小组		

表 3-18　小组名称应包含的要素

序号	一个小组名称应包含的要素
1	
2	
3	
…	

表 3-19 “我的小组名称”大比拼

组别	小组名称	组间评分（10 分制）
1		
2		
3		
…		

知识拓展

如何确定小组名称？

小组的名称是一个小组的门面，人们可以通过小组名称了解小组的内容、小组的服务群体以及判断自己是否对这个小组感兴趣。因此，定一个好的小组名称非常重要。

小组名称一般要包含以下几个要素：描述词＋服务群体＋主题。

（1）描述词：是指可以描述小组主题的一些词语。描述词的展示可以让小组主题形象生动地呈现，也可以吸引更多参与者。如“‘共塑自我　展望未来’大学生自我认知与成长小组”中描述词部分“共塑自我　展望未来”很好地解释了自我认知与成长小组主题。

（2）服务群体：小组名称中应当明确写出小组服务对象是哪个群体，这是小组名称中不可或缺的要素。如“‘在校园里看世界’大学生世界文化认知小组”中的小组对象就是大学生。

（3）主题：小组活动开展的内容概况就是小组的主题。小组主题应该明确、精练。小组名称中应该明确指出小组主题是什么。如“‘共塑自我　展望未来’大学生自我认知与成长小组”中小组主题就是自我认知与成长。

练一练

“我是大玩家”长者康乐小组

请分别指出小组名称的三要素。

____

____

任务 2　挑选合适的小组工作理论

任务描述：

（1）理论回顾：以小组为单位讨论有哪些小组工作相关理论，列出代表人物、主要观点（至少 3 个），完成表 3-20。

（2）案例分析：请根据以下案例情况，以小组为单位分析可以选择哪些理论用以支撑小组开展并说明原因。完成表 3-21。

案例一：学校社工小陈准备针对大一新生开展新生自我认知与成长小组。

案例二：社区社工小刘发现社区居民对手语非常感兴趣，准备组织开展一个手语学习小组。

（3）教师组织各小组进行分享。

表 3-20　小组工作相关理论

序号	理论名称	代表人物	主要观点
1			
2			
3			
…			

表 3-21　案例分析

序号	选择的理论	原因
案例一		
案例二		
…		

知识拓展

常用的小组工作理论

一、常用的小组工作理论

理论是小组计划书中的重要组成部分。要撰写小组计划书理论部分，就要知晓常用的小组工作理论。常用的小组工作理论及适用情况见表 3-22。

表 3-22　常用的小组工作理论

序号	理论	代表人物	主要观点	适用情况
1	需求理论	马斯洛	需求分为五个不同层次	适用于多种类型小组，五个层次的需求总有一个是小组需求方向
2	小组动力学理论	勒温	小组凝聚力、小组动力非常重要	互动类、任务类小组
3	社会学习理论	班杜拉	观察学习与模仿 榜样的重要作用	手工类、技艺类或学习知识类小组
4	镜中我理论	库利	自我概念的形成来自互动反馈，首属小组的重要性	互动类、自我探索类、亲子互动类

二、挑选合适的理论

1. 根据小组服务群体挑选理论

不同的服务群体有不同的适用理论，比如想开一个老年人康乐类的小组，就可以首先考虑关于老年人的理论，比如连续性理论、活动理论都是针对老年人群体的理论，选用此类理论非常适合老年人小组。

2. 根据小组服务主题挑选理论

小组主题是一个小组的核心所在，可以围绕小组主题来选择针对性强的理论。如要开一个人际交往提升小组，“人际交往”这个主题是一个成熟的研究领域，有许多理论可以选择，如沟通理论、社会支持理论等。

3. 根据小组类型挑选理论

不同的小组类型有不同的理论支持。教育小组比较适合用社会学习理论来阐述，因为教育小组一般会给组员提供学习的榜样和示范，如手语学习小组、手工制作类小组等；成长小组可以应用镜中我理论、需求理论；支持小组可以应用小组动力学理论等。

任务 3 设计各节小组内容

任务描述：

（1）围绕各组确定的主题，设计 5 节小组活动，确定每节小组活动的小主题，思考设计的逻辑，完成表 3-23。

（2）教师点评与修改。

（3）各组根据确定好的 5 节小组活动小主题，设计第一节具体内容，要求小组时间为 90 分钟，完成表 3-24。

（4）各组分享，教师点评并修改。

表 3-23 5 节小组活动小主题

节号	小主题	设计逻辑
第一节		
第二节		
第三节		
第四节		
第五节		

表 3-24 第一节小组活动

第一节 认识我们的小组			
日期			
地点			
负责人			
活动时间	目标	内容	所需物资

知识拓展

如何规划每节活动计划?

1. 确定开展几节活动

一个小组到底要开展几节活动?回答这个问题要思考几个要素。首先是小组目标。小组目标的设定决定了小组活动的内容。小组具体目标有几个?每个目标需要几节活动来完成?这样可以大致确定小组要开几节。其次是服务对象的情况。有些服务对象时间、精力有限,不能长期坚持参加小组,因此小组设计节数不宜过多。最后是物质条件。开小组需要一定的场地、经费、人员支持,如果物质条件不能长期供应,也不宜开展节数较多的小组。但为达到小组工作效果,一般而言,一个小组要开展 5 节及以上的小组活动。

2. 确定内容的设计逻辑

确定好要开展几节小组活动之后,小组策划者应该思考这几节小组活动之间的逻辑安排。小组各节间的设计逻辑主要有两种:内容递进式和内容平行式。

内容递进式是指小组各节活动主题的安排是层层递进、由易到难、由浅至深的逻辑安排。如"'共塑自我　展望未来'大学生自我认知与成长小组"的五节小组内容安排(见表 3-25),其设计逻辑就是内容递进式。

表 3-25　内容递进式示例

节号	小主题
第一节	认识你真好
第二节	认识自己
第三节	相信自己
第四节	挑战自己
第五节	结业典礼

内容平行式是指各节小组主题是平行独立的,每一节小组与上下节小组活动主题相关,但内容是独立的方面或角度。如"'我是大玩家'长者康乐小组"的五节内容安排就是平行式的,都是康乐活动,但每一节开展的康乐活动类型不一样(见表 3-26)。

表 3-26　内容平行式示例

节号	小主题
第一节	认识我们的小组
第二节	比比谁聪明(益智类)
第三节	画出好生活(动手类)
第四节	生命在于运动(运动类)
第五节	玩家集中营(综合类)

3. 安排每节聚会活动的内容

每节聚会活动的具体内容安排也有一定的逻辑，一般按照以下顺序：

（1）热身环节——破冰游戏。

每节聚会活动的开始应该设置热身环节，主要是设置一些破冰游戏来使组员相互熟悉和快速进入小组状态。

（2）预览环节——内容目录。

预览环节是指在聚会活动开始前应该向组员介绍本节小组活动大体的内容安排，比如有几个环节，哪个环节是重点环节，就如同一本书的目录一样，让组员提前预览本节内容。

（3）工作环节——主题活动。

工作环节即本节活动的重点环节，是本节的主题活动所在。这部分的内容设计要围绕本节目标，可以是一个主题活动，也可以是多个主题活动。

（4）消化环节——分享、交流。

每节小组活动都应该设置分享、交流环节，特别是主题活动后。这个环节是让组员反思参与活动的感受和反馈，也让工作者了解组员的真实感受。

（5）总结环节——总结与预告下节内容。

此环节也是每次聚会活动必备环节。一节活动结束之前应该给组员做一下系统梳理和总结，巩固组员对小组内容的体验，也要预告下节内容的时间和主题，为下一节小组活动开展打下基础。

他山之石

单节聚会示例

第二节主题：领略手工之美，培养手工兴趣

日期及时间：2017 年 4 月 21 日 8:30—10:00

地点：实训楼 6B414

具体安排见表 3-27。

表 3-27 单节聚会安排示例

活动时间	目标	内容	所需物资
15 分钟	回顾上节小组的内容	开场白： 亲爱的各位组员： 大家好！欢迎大家来参加我们的“缤纷手工坊”大学生创意手工制作小组活动，我是 ×××，很开心能够成为本次活动的带领者。在上一次活动中，我们小组成员间有了初步的认识，小组一同讨论并制定了小组契约。而从这节活动开始，我们将正式接触手工制作，领略手工之美。在此，由我向大家宣读小组契约，并介绍第一个游戏。 引导组员一起回顾上节小组的内容，再次强调小组的时间和纪律，宣读小组契约，介绍第一个游戏。	

续表

活动时间	目标	内容	所需物资
30 分钟	热身游戏、破冰	（一）不管三七二十一 1. 主持人请每区派一名选手上台。 2. 主持人讲解游戏规则：从 1 开始报数，每逢 7 和 7 的倍数就要拍掌。速度要快，犯规者淘汰出局。最终胜出的人为获胜者。 3. 主持人宣布开始，大家监督，报错者出队站到旁边。剩下的人接着报。直到获胜者产生。 4. 主持人给获胜者颁发奖品。 （二）坐地起身 1. 首先要大家每四个人一组，围成一圈，背对背坐在地上。（坐的意思是屁股贴地，正常来说，一个坐在地上的人，很难手不着物地站起来） 2. 四人手“桥”手，然后要他们一同站起来。如果很容易，那么再试试人多一点，如六至七个人。	奖品等
30 分钟	让小组成员对手工艺有大致的了解，增强其对手工艺的兴趣	运用 PPT 课件介绍手工制作的基本类型、内容等。 播放有关手工制作视频，让小组成员对手工艺有大致的了解，增强其对手工艺的兴趣。 通过现场提问的方式，加深印象。	PPT 课件、视频
15 分钟	分享、总结，结束本节小组活动	让组员分享对本节小组的感受，并征询组员对小组活动的建议和意见。 总结本次活动，并告知下节小组活动的时间、地点和内容。	

任务 4　撰写完整小组计划书

任务描述：

（1）各组根据任务 3，继续设计余下 4 节小组活动内容。

（2）各组按照以下小组计划书模板，撰写完整的小组计划书。

（3）各组分享、教师点评。

（4）最终每组提交一份完整小组计划书。

他山之石

小组计划书

表 3-28～表 3-34 为一个小组计划书的各个部件。可灵活单独或合并参考调整使用。

表 3-28 基本资料

<table>
<tr><td>小组名称</td><td colspan="3"></td></tr>
<tr><td>主办单位</td><td colspan="3"></td></tr>
<tr><td rowspan="2">小组性质</td><td colspan="3">□封闭性　□半开放性　□开放性</td></tr>
<tr><td colspan="3">□教育性　□成长性　□支持性　□治疗性</td></tr>
<tr><td>负责社工</td><td></td><td>小组
总节数</td><td></td></tr>
<tr><td>日期 / 时间 / 频率</td><td></td><td>地　点</td><td></td></tr>
<tr><td>出席群体</td><td></td><td>预计人数</td><td></td></tr>
<tr><td>组员筛选方法</td><td colspan="3"></td></tr>
<tr><td>背　景</td><td colspan="3">（从需求调查、问题分析、政策依据、服务方向几个角度阐述）</td></tr>
<tr><td>需求分析</td><td colspan="3"></td></tr>
<tr><td>理论基础</td><td colspan="3">（一）理念 / 理论

（二）理念 / 理论在服务中的应用</td></tr>
<tr><td>目标</td><td colspan="3">（一）总目标（通过小组 / 工作坊期望达致的总体性成效）

（二）具体目标（清晰、具体、可测量的，通过哪些内容达致总成效）
1.
2.
…</td></tr>
<tr><td>宣传招募方法（可多选）</td><td colspan="3">□外展宣传招募　□在社区 / 小区张贴宣传单　□在以往服务参加者中招募
□邀请服务对象协助宣传招募　□通过合作单位 / 企业 / 学校宣传招募
□通过 QQ、博客、微信等宣传招募　□其他（请填写）：____________</td></tr>
</table>

表 3-29 前期筹备

序号	事项	完成时间	负责社工

表 3-30　流程安排

序号	节号 + 日期	单节名称	单节目标	内容设计简介	所需物资
1				1. 2. 3. …	
2				1. 2. 3. …	
3				1. 2. 3. …	
4				1. 2. 3. …	
5					
…					

表 3-31　评估方式与评估工具

序号	评估方式	评估工具
1	例：基线测量法	例：问卷（自制）
2	例：服务对象评价	例：服务对象评价记录表，服务对象口头反馈、自我总结表等
3	例：社工评价	例：活动过程记录表

表 3-32　预计困难及解决方法

序号	预计困难	解决方法
1		
2		
…		

表 3-33　财务预算表

序号	名称	单位	单价（元）	数量	金额（元）	经费来源
1						
2						
…						
合计						

表 3-34　申请 / 审批签署

社工签名		日　期	
项目主管签名		日　期	
督导意见			
督导签名		日　期	

实训四　制定小组契约

任务　制定小组契约

任务描述：

（1）以小组为单位讨论小组契约的意义，完成表 3-35。

（2）各组根据自己策划的小组订立一份小组契约书，完成表 3-36。

（3）各组分享，教师点评。

表 3-35　小组契约的意义

序号	意义
1	
2	
3	
…	

表 3-36　我们的小组契约

我们的小组契约
1. 2. 3. … 组员签名： 时间：

知识拓展

如何订立小组契约？

✧ 契约一般在第一次聚会时订立。
✧ 契约必须经过全体组员讨论并同意。
✧ 契约制定好后，请组员复述或核实契约内容。
✧ 把关键词写在黑板上或纸上，使之更清楚。
✧ 契约可以以口头协议的方式，也可以形成书面文字形式。
✧ 清楚指明哪些内容是不可更改的。
✧ 契约制定后要提醒组员在实际行为中实现、示范。

他山之石

小组契约书（示例）

为了我们在小组中的共同目标，我们达成如下约定：

1. 准时出席小组：若有事不能参加，应设法通知小组。
2. 分享小组时间：小组是大家的，时间共享，不应该独占。
3. 保密：在小组内所谈到或所发生的事，出此小组后绝对不能说，尊重别人的隐私。
4. 倾听每位组员的表达。
5. 尽力坦诚表达自己的所思、所感和对自我的认识。
6. 尊重每位组员的选择，自己决定要暴露什么、保留什么。
7. 每位组员有参与的权利，但也有不表达或不参与某活动的权利。
8. 讨论时就事论事，不做人身攻击。
9. 尊重别人的观点与感受，不坚持只有自己是对的。
10. 讨论或表达时内容要与小组话题或目标有关。
11. 沟通时尽量具体、清楚。

立约组员签名：

立约时间：

实训五　带领小组游戏

任务1　认识小组游戏

任务描述：

（1）以小组为单位，讨论游戏在小组中的作用，填写表3-37。

（2）以小组为单位，查阅相关资料，讨论游戏的种类，并举例说明，完成表 3-38。
（3）小组分享、教师点评。

表 3-37　游戏在小组中的作用

序号	作用
1	
2	
3	
…	

表 3-38　小组游戏的种类

种类	举例

知识拓展

如何看待小组游戏?

小组活动是单纯玩游戏吗？答案当然是否定的。社工的小组游戏与其他游戏相比有着本质的区别。社工的小组游戏经由社会工作者设计，创造性地运用到社会工作实务中，来达致社会工作目标。因此，社工的小组游戏不是简单的娱乐活动。

社工在原有游戏基础上进行改进、改造和创新，发展出适用于特定情境中的游戏。社工的小组游戏的目的是促进活动效果，达到活动的最终目标。

按照在小组中的不同阶段划分，小组游戏可分为破冰游戏、主题性游戏、总结类游戏等。

按照内容来分，小组游戏可分为棋牌类、数字类、运动类、交流类游戏等。

游戏的功能主要有：协助组员放松身心，消除防卫心理，更积极地投入小组；刺激组员参与小组活动，激发动机和兴趣；满足组员需要，达到小组目标。

他山之石

社工小组的游戏选择与开发[①]

人都是喜欢玩游戏的，从人的一生来看，从出生到成长，我们都是在游戏中长大的，幼儿喜欢游戏，儿童喜欢游戏，青少年喜欢游戏，成年人和长者其实都喜欢游戏。社工应该有意识地进行游戏选择和开发。

一、游戏选择：考虑人群的年龄特征

针对长者的游戏是比较轻松的，最好是可以不用移动位置的游戏，在座位上就能够

① 本文改编自：社工小丹．社工小组的游戏选择与开发 [EB/OL].（2019-03-12）[2024-04-02]. https://mp.weixin.qq.com/s/4eQR8KAYYjoUdFu-JSP_Vw.

完成。一方面考虑到长者的年纪大了，腿脚不便，不利于移动；另外一方面担心移动可能会使长者们受伤。所以可以在原地玩类似“雨点下下下”的游戏，就是大雨拍手，小雨拍腿，中雨拍头之类的既能够活跃气氛，又能够健脑提神的游戏。还有击鼓传花、丢小球之类游戏，比较简单又有趣味性。

针对青少年群体或者是小学生，他们比较活泼好动，可以选择合适的户外活动，比如类似于《奔跑吧，兄弟》节目的一些户外竞技类的游戏。但在游戏中需要关注道具的使用及其安全性。一般会选择“风火轮”、传递乒乓球这类道具要求简单，又能够加强团队合作，具有冒险性和挑战性的游戏。

针对幼儿园的小朋友，则游戏需要更加有趣味性。对于这个年龄阶段的孩子，出于心智发展水平的考虑，需要设计规则更加简单的游戏，以促进他们的成长。比如孩子们喜欢的动物声音模仿、有音乐伴奏的小舞蹈、手指操、吹泡泡等小游戏，都是规则简单又很有趣味的游戏。

二、对游戏的改良

社工在带领游戏时，因为每次带领的小组和活动的人群有差别，所以对游戏也应该进行相应的改良。比如在使用中，比较成熟的一个游戏是“大风吹”，可改良为“小风吹”。“大风吹”是与指令一致的人找位子，而“小风吹”是与指令相反的人找位子，这样就增加了游戏的趣味性。

社工还可以对游戏的内容进行改良。比如“我是卧底”游戏，常规的玩法是：准备词语卡片，每人抽取一张，所有平民的词语相同，1个卧底的词语与之相关但不同，比如平民为汤圆，卧底为丸子。每人轮流简短描述自己手中的词语，不能直接说出该词语。描述结束后，大家根据发言推测谁是卧底，得票最多的玩家出局。若卧底撑到最后三人，则卧底获胜；否则，平民获胜。在关于心理减压的活动中玩“我是卧底”游戏，可以进行这样的改良：卡片上的词语，可以选择和情绪相关的，比如“生气”和“愤怒”这样的近义词。组员在游戏中描述这些词的时候，也就是在描述这些情绪，这有利于他们表达对情绪的理解，这同时也是一种宣泄和减压。

三、及时梳理出“万能版游戏”

社工带领小组游戏越来越有经验后，逐渐就会总结出一些“万能版游戏”。社工要善于对游戏进行梳理，整理出一些又能破冰，又能与主题相关，又能适合大部分群体的游戏。

比如：

“社工说”。听到社工说才做指定动作，没有听到社工说不能做，这个游戏可以用来活跃气氛、破冰，同时也可用来锻炼一个人的听力、思维和肢体协调。

“你比我猜”。你做动作，我来猜词语。这个游戏可以用来破冰，也可以考验默契，是可以领悟肢体沟通、语言沟通的游戏之一。

“桃花朵朵开”。主持人报出几，几个人就聚在一起。这个游戏用来破冰活跃气氛很好，而且还能在短时间内拉近彼此的距离，因为在凑人数的过程中，大家彼此互动，有利于增进关系。

需要注意的是：小组第一节的游戏尽量选择没有身体接触的；游戏的时间不能过长，一般是在10到15分钟，重复玩3轮左右就没有太多新鲜感了，就可以结束了。

玩游戏过程中，注意道具的准备。如果没有现成的道具，社工可以进行设计和利用中心现有的一些资源制作。社工可发挥动手能力，但如果是很难手工制作的，比如指压板、穿乒乓球筒等，则可以网上购买。这些道具最好既可以循环使用，又便于保存。

不管是哪个年龄层次的人群，游戏都是较好的建立关系与互动的媒介之一。有研究表明，在小组的带领中，通过玩游戏代入主题，通过体验参与的游戏让服务对象有参与感和操作实践，则在两周后其对知识的吸收可以达到70%，这样可巩固参与小组的成效。所以在小组的开展中，应该经常带领组员们进行游戏。

任务 2　带领小组游戏

任务描述：

（1）各组选择一个适合小组带领的游戏，完成表 3-39。

（2）以小组组员作为参与者，各组将所选择的小组游戏现场带领出来。

（3）各组讨论：如何带领小组游戏？

（4）教师点评。

表 3-39　我们的小组游戏

游戏名称	游戏玩法

知识拓展

如何带领小组游戏？

一、游戏带领的注意事项

（1）带领前对组员的背景资料、需要和兴趣要有充分的了解。

（2）综合考虑组员的特点和需要、小组的目标、游戏的特性，设计恰当的游戏活动。

（3）事先对游戏安排做好充分准备。

（4）清晰讲解游戏规则，必要时作示范。

（5）过程重于结果。

（6）除热身游戏外，其他种类游戏都要求结束后讨论，引导组员思考。

（7）每一个游戏的时间要充足，让组员能充分参与，但不可太长。

二、游戏带领技巧

1. 游戏讲解阶段

带领者要做到声音洪亮，字句清晰，确保所有人能听清听懂。规则介绍言简意赅，用最简单的介绍方式使参与者明白规则。期间加上游戏动作示范可以有效传达带领者所要表达的信息。

2. 游戏带领阶段

带领者站位要合理，站在可以掌控全场的位置，保证游戏可以有序进行。要有较好的控场能力，及时应对各种突发状况，灵活处理。要有眼观六路耳听八方的能力，及时了解掌握每一位参与者的在场状况。还要注意时间的掌控，合理控制好时间，确保后期不出现空场、时间紧促的现象。要提前做好预判演练，对时间的把控上做到心中有数。

3. 游戏分享阶段

从事实、感受、发现、未来四方面入手。带领者可以先分享自己的亲身经历，以此引导其他人员分析自己的感受。

实训六　带领第一次小组聚会

任务 1　回顾第一次小组聚会的任务

任务描述：

（1）以小组为单位，回顾第一次小组聚会的主要任务，完成表 3-40。

（2）课堂练习：章小姐在社区为老人开展了一个缅怀治疗小组，以协助老人缓解情绪困扰，建立自信和积极的生活态度。以小组为单位，请帮助小组工作者章小姐设计小组第一次聚会的内容安排，完成表 3-41。

表 3-40　第一次聚会的主要任务

序号	主要任务
1	
2	
3	
…	

表 3-41　第一次聚会的内容安排

第一节			
日期			
地点			
负责人			
活动时间	目标	内容	所需物资

任务 2　带领第一次小组聚会

任务描述：

（1）以小组为单位，根据各小组实训三设计的第一节小组活动准备物资和进行彩排。

（2）每组邀请另一组学生作为自己小组组员，现场带领第一节小组聚会。

（3）教师与其他组学生观察与点评，完成表 3-42。

表 3-42　小组第一节带领评分

序号	评分标准	得分（10 分制）
1	内容安排专业、完整	
2	带领者语言表达规范、流畅	
3	带领者控场能力强	
4	带领者随机应变能力强	
5	小组氛围好	
6	小组目标完成	

知识拓展

第一次聚会的设计重点

（1）塑造温馨的气氛。

（2）设计轻松的相识活动。

（3）澄清成员的期待与小组的发展方向。

（4）拟订小组契约，建立运作规范。

（5）设计的活动不要倾向于深层次的分享。

他山之石

第一次聚会开场的技巧

社工应该精心设计初次见面的情景，精心布置小组活动的场景，以便为小组成员提供一个良好的人文环境。

社工可以就与主题相关的经历说一些自己的感受，以引出话题或创造较为轻松的小组氛围。社工的自我暴露可以起到缓解小组成员心理压力的效果。

案例：这是一个由离异中年妇女组成的小组，目标是让成员缓解心理压力，更自信地投入社会生活中去。

小组成员第一次见面是大家围坐在一起形成一个圈。在场景布置上，会谈的地方是一间会议室，外面是看不到里面的。墙的四周挂了一些字幅和对联，基本的内容是鼓励女性自强自立，积极地面对生活。刚开始时，成员很拘谨，差不多没有人说话。这可能与中国人的性格有关。

小组社工首先说一些鼓励和赞扬的话，如“很高兴看到大家坐在这里，来参加我们的小组活动，相信大家会从小组中获益”等。然后社工通过自我介绍和自我暴露来缓解紧张的气氛：

> 我叫××，是××地方的注册社工，我主要做的是××工作。今天我和大家一起参加这个小组有很多感想。在这里大家都有一个相同的经历，我自己对这个经历也有很多感受，因为我父母就是离异的。
>
> 在我很小的时候，母亲就一个人带着我了。我看着母亲走到现在有很多感受。我想告诉大家的是，我妈妈把我带得很好，她自己现在也过得很充实。不瞒大家说，她现在过得比我还充实，整天参加这个那个活动的……（描述这些活动）我介绍完了，下面大家也介绍一下自己吧，让我们相互认识一下。我们可以轮流发言，是不是从离我最近的开始？

社工在邀请成员介绍的时候，用的是商量的语气，而不是强迫的语气。这样，小组成员开始了自我介绍。中间有成员介绍时比较紧张，社工给予积极的鼓励，一些积极的成员也加入鼓励的行列，并有意无意地以自己的行为做榜样。这样，每个成员都完成了自我介绍。

然后，社工有选择地就某些成员提到的经历和感受，询问其他成员的感想，例如“××提到××，不知道其他人对这个有什么看法”等。这样，气氛就轻松多了，小组第一次聚会开场的任务也就完成了。

另外，可以采取一些有趣的介绍方式，例如用方言自我介绍、用一种动物代表自己。

实训七 处理小组冲突

任务 1 体验小组冲突

案例：在一个初中生成长小组中，小芸对男性组长表现得特别亲近，每次小组活动都要挨着组长坐，组长组织小组活动时，小芸表现非常积极，跑前跑后，有几次小组游戏时，她甚至是坐在组长的腿上。在转折阶段的小组活动中，大家明显对小芸表现出厌恶和反感。在一次小组分享中，有组员对小芸的行为表示不满，引起了其他组员的共鸣，一时间，小芸成了众矢之的。小芸委屈地哭了。

任务描述：

（1）以小组为单位进行角色分工，扮演上述案例中组员冲突过程。

（2）扮演者分享扮演感受。

（3）小组讨论并思考：小组发生了什么事？如果你是小组带领者，你将如何处理？完成表 3-43。

（4）小组分享、教师点评。

表 3-43 案例分析

序号	小组发生了什么？	处理方法
1		
2		
3		
…		

知识拓展

转折阶段社工重点关注的四类组员

1. 有攻击性行为的组员

攻击性行为主要包括：贬损他人、不加分析地否定他人的意见、挑战与质疑小组目标、争夺权力和讥笑他人等。

攻击的方式主要包括：

（1）不分场合，直接与其他组员对质；

（2）用讽刺、挖苦和尖刻的言辞贬损对方；

（3）通过一些非言语的行为表示不满。

2. 沉默的组员

沉默的组员主要是指在小组互动中不发言、不表态和不参与的沉默者。

他们保持沉默的原因主要有：

（1）性格被动和内向；

（2）正在思考整理自己的思绪；

（3）对小组的过程、气氛、目标和活动主题不满。

3. 过分积极的组员

过分积极的组员主要是指那些在小组中特别活跃的组员。

4. 替罪羔羊

替罪羔羊是指那些自己选择或被他人选择为小组内部不良情绪的发泄对象的组员。

以上四类组员要么是小组冲突对象，要么可能是冲突的引发者。社工要关注这四类组员，及早处理引发冲突的潜在因素。

任务 2　处理小组冲突

任务描述：

案例：为单亲母亲开办的一个小组开展了几次小组活动，每次活动都是围绕“如何帮助单亲母亲教育子女”的主题展开的。在一次小组分享中，张颖作为一个很时尚的单亲母亲，谈起了她的购物和消费经验。有的小组成员觉得很受用，学习到了生活方面的一些知识。但有的组员很不高兴，指出她偏离了主题。张颖此时很不高兴，愤然要离开小组。

（1）以小组为单位，讨论案例中的冲突对小组的影响，完成表 3-44。

（2）学习下文知识拓展和他山之石后，以小组为单位，讨论如何处理案例中的冲突，并进行角色分工，将处理过程演绎出来。

（3）教师进行点评。

表 3-44　冲突对小组的影响

序号	冲突对小组的影响
1	
2	
3	
…	

知识拓展

小组冲突的影响

1. 消极影响

✧　削弱小组实现目标的努力。

✧　影响小组成员的心理。

✧　破坏小组的凝聚力。

2. 积极的影响

✧ 激发创造力。

✧ 提高决策水平。

✧ 增加小组的向心力。

✧ 重新评价自己的能力。

他山之石

如何化解矛盾冲突？如何打破沉默？

一、态度应包容、冷静、理性

1. 包容

主要是指社工要平静地接受小组中客观存在着的冲突和次小组等现象，要协助组员恰当与合理地处理冲突和次小组问题，以及由此引起的组员的情绪波动。

2. 冷静与理性

冷静是指克制和不冲动。

理性是指公正、客观、无偏见。

二、处理冲突

社工要保持中立，引导双方消除争议。

第一，社工要让小组成员明白讨论与活动是为了搞清问题，为了更好地找到解决问题的途径，为了共同发展。因此，活动要围绕问题展开，而不应当把矛头指向个别人。在讨论过程中，当冲突直接威胁到某一或某些组员时，社工可以直接限制那些伤害性行为。

第二，社工要敏锐地理解冲突的实质，并引导组员从冲突过程中理解小组发展的过程，鼓励并协助组员自己解决组员间的冲突。

第三，社工一开始就要同小组成员订立一些有意义的规章制度（即小组规范，如“讨论时就事论事，不能进行人身攻击”），在小组工作的过程中，不断提醒组员遵守小组规范。如果实在不行，考虑中场休息，缓和过激情绪，给组员自我反省和独立思考的时间。

三、打破沉默

（1）“热处理”：如果组员是因为不好意思，不知道怎么说或者对小组过程表示抗拒而沉默，社工一般要采取“热处理”的方式。

（2）“冷处理”：如果组员因为正在思考问题，正在体验一种感受而沉默，或者社工认为组员需要用沉默来缓解压力，那么可以采取“冷处理”的方式，即不介入，给组员一定的沉默时间，让他们自己打破沉默。

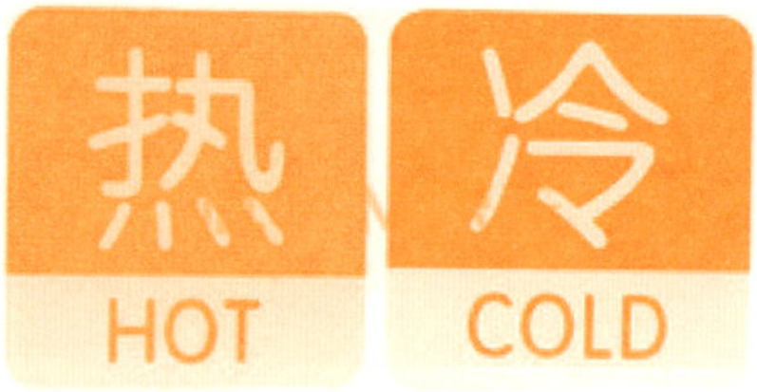

实训八　结束小组

任务 1　结束小组

任务描述：

（1）各组根据已完成的小组计划书，带领最后一节小组活动，并拍摄小组过程。

（2）其他组根据小组结束阶段的相关知识，点评最后一节的带领情况，完成表 3-45。

（3）教师进行点评和总结。

表 3-45　最后一节小组带领评分

序号	评分标准	得分（10 分制）
1	内容安排专业、完整	
2	带领者语言表达规范、流畅	
3	带领者控场能力强	
4	带领者随机应变能力强	
5	小组氛围好	
6	小组目标完成	

知识拓展

如何结束一个小组？

1. 提前预告小组结束的时间

2. 经验回顾

（1）让组员轮流介绍自己在小组中的收获与感受；

（2）通过角色扮演或成果展示，再现小组过程中的重要事件；

（3）让组员相互讨论和总结对方的收获与进步。

3. 收集意见

4. 设置离别与祝福环节

如小组寄语、规划未来蓝图、颁发小组毕业证等。

任务 2　进行小组评估

任务描述：

（1）以小组为单位讨论小组评估的意义、评估的方法，完成表 3-46。

（2）学习下文的知识拓展和他山之石，根据第一节和最后一节小组活动的带领情况，记录小组过程，完成表 3-47。

（3）教师进行点评。

表 3-46　小组评估

序号	小组评估的意义	小组评估的方法
1		
2		
3		
…		

知识拓展

小组评估的意义

（1）评估可以对机构、资助者、服务购买者和社会显示小组社会工作的有效性，并获得其支持。

（2）评估可以帮助小组社会工作者检验组员的成长状况和小组任务的达成情况，了解小组是否达到了预期的目标以及达到目标的程度。

（3）评估时通过收集到的资料，工作者可以总结经验并从经验中学习改善的方法。

（4）通过评估，工作者可以收集相关资料，这些资料可以帮助他们验证为小组所做的假设，开展一些相应的研究。

知识拓展

评估资料的收集

一、小组工作记录

工作者收集资料最简单的一种方法就是记录每次聚会的活动过程。记录的方式可以是过程式记录、摘要式记录、问题式记录、录音和录像记录，下文介绍前三种。

（一）过程式记录

过程式记录（如表 3-47）是叙事性的，详细记录小组的发展细节。

表 3-47　过程式记录表

小组名称：		
工作者姓名：		
小组时间与会期：		
小组地点：		
出席组员：		
缺席组员：		
组员的参与	工作者的介入	工作者的分析

（二）摘要式记录

摘要式记录聚焦于小组中的重要事件，工作者可以自己填写，也可以由组员记录或观察者记录，也可以在每次活动后，设计一些开放式的问题让组员填答，用以监控和了解小组的进步情况。摘要式记录花费的时间较少，方式上更有选择性，所以一般采用得比较多。如表 3-48 便是摘要式记录格式的一种。

（三）问题式记录

问题式记录（如表 3-49）是主要针对某个问题的记录方式（小组特殊组员的处理、小组冲突的解决、某小组治疗性要素的运作等）。通过评估，让工作者清楚地明白自己的介入与目标达成之间的关系。

二、标准化量表

标准化量表是指一些已有的并且经过检验的，被证明行之有效的量表，常用的包括自我评估量表、小组气氛量表、工作者效能表等。下面是这三种量表示例。

（一）小组满意度自我评估量表

说明：此量表用于小组结束后，是小组组员针对小组感受所做的自我评估。

表 3-48 摘要式记录表

小组名称：	开始时间：
工作者姓名：	结束时间：
小组节号：	聚会地点：
出席组员：	缺席组员：
小组目标：	
本次聚会目标：	
达成目标的行动：	
小组在达成该次目标时遭遇的主要障碍：	
工作者对本次聚会的分析和评估：	
未来聚会的计划与安排：	

表 3-49 问题式记录表

小组名称：	开始时间：
工作者姓名：	结束时间：
小组节号：	聚会地点：
出席组员：	缺席组员：
本节小组目标：	
问题的描述：	
工作者的介入：	
介入的效果：	
工作者的跟进：	

非常不符合　　　　　　　　　　　　　　　　　非常符合

1　2　3　4　5　6　7

（1）我很喜欢这个小组：

1　2　3　4　5　6　7

（2）我在这个小组中获得了成长：

1　2　3　4　5　6　7

（3）我能在小组中向别人表达我的看法：

1　2　3　4　5　6　7

（4）参加这个小组使我对自己越来越有信心：

1　2　3　4　5　6　7

（5）我觉得这次小组的经验很有意义：

1　2　3　4　5　6　7

（6）我觉得我们的小组是一个坦诚且大家相互关怀的小组：

1　2　3　4　5　6　7

（7）参加这个小组后我越来越了解自己：

1　2　3　4　5　6　7

（8）我喜欢这个工作者的工作方式：

1　2　3　4　5　6　7

（9）我认为下一次可以改进的是：________________

（二）小组气氛量表

说明：回想你们小组组员对待你的情况，在数字上画圈。1 代表“他们总是这样”；2 代表“他们时常这样”；3 代表“他们偶尔这样”；4 代表“他们极少这样”；5 代表“他们绝不会这样”。

（1）没有认真听我说的话。　1　2　3　4　5

（2）以真诚的态度接受我的反馈。	1	2	3	4	5
（3）没等我说完就打断我说的话。	1	2	3	4	5
（4）可以让我很诚实地表达我的意见和想法。	1	2	3	4	5
（5）当我干扰他们的时候，他们很自然地让我知道。	1	2	3	4	5
（6）误解我所说的和所做的。	1	2	3	4	5
（7）对我没有兴趣。	1	2	3	4	5
（8）提供一种气氛使我表现真实的自我。	1	2	3	4	5
（9）强迫我接受他们的意见。	1	2	3	4	5
（10）对我的意见提出批评。	1	2	3	4	5
（11）无论我的地位和能力如何，他们都能充分地尊重我。	1	2	3	4	5
（12）如果我表现与他们不同，他们会嘲笑我。	1	2	3	4	5

（三）工作者效能量表

以下量表可以帮助我们对小组社会工作者行为的有效性进行评估。每一句陈述后，有五个等级，代表五种不同的满意程度（数字越大代表满意程度越高），你可以从中选择一个代表你满意程度的数字（请在选项上画圈）。

（1）工作者了解小组组员和他们的问题。	1	2	3	4	5
（2）工作者会鼓励组员说出心中特别的问题和感受。	1	2	3	4	5
（3）工作者能够注意到那些沉默的人，并且能引导他们发言。	1	2	3	4	5
（4）工作者不清楚小组目标，常常找不到小组的方向。	1	2	3	4	5
（5）在小组过程中，工作者一直表现出他对组员的真诚与尊重。	1	2	3	4	5
（6）工作者一直是一个积极的倾听者。	1	2	3	4	5
（7）工作者常常抓不住小组的焦点。	1	2	3	4	5
（8）工作者作出适当的澄清、自我暴露等。	1	2	3	4	5
（9）工作者经常表现出紧张和焦虑。	1	2	3	4	5
（10）当小组中有人操纵场面时，工作者无法阻止。	1	2	3	4	5
（11）对于组员间言行不一致的情况，工作者能立即指出。	1	2	3	4	5
（12）工作者能真诚地和组员共同分享他的经验。	1	2	3	4	5
（13）工作者对组员表现出了他真诚的关怀。	1	2	3	4	5
（14）工作者是一个洞察力很强的人，能揭示组员行为背后的真实情感。	1	2	3	4	5

（15）综上所述，我认为这个工作者：

A. 对小组没有帮助。　　B. 对小组有一点儿帮助。

C. 对小组有比较多的帮助。　　D. 对小组有非常多的帮助。

（16）如果有位很好的朋友向我询问这个小组，我会：

A. 不推荐　　B. 有保留地推荐

C. 推荐　　D. 极力推荐

（17）对工作者的其他意见：________________

三、日志、日记

组员每日留意在小组以外发生的某些指定的行为，以日志和日记的形式将之记录下来。日志、日记不但强调记录行为出现的次数，还强调记录行为出现的情境、过程与结果，较具描述性。

四、小组工作评估报告

一般而言，小组工作结束后，督导会要求小组工作者针对整个小组带领情况进行评估。小组工作评估报告即是指小组工作者手写或口头报告的自我评估报告。

他山之石

范例：小组工作评估报告①

一、小组基本情况

（1）小组名称：历风启航，奇趣夏日——青少年历奇体验小组。

（2）服务对象：8～12 岁自我效能感不足的社区青少年。

（3）参与人数：8 人，共计服务人次达 54 人次。

（4）工作员（社工）姓名：×××。

二、小组目标

一是通过小组活动，提高服务对象的沟通技巧和团队合作能力；

二是通过团队挑战、定向拓展、职业体验、角色模拟等方式，挖掘服务对象潜能，增强其自我效能感。

三、理论与方法

历奇辅导是通过将服务对象安置在一个新奇的环境中，让他们跳出生理及心理的舒适区域，互相合作，解决问题。继而通过总结经验，让服务对象得到成就感，并能将成功的经验转化为未来生活的参照。历奇辅导包括四个元素：历奇活动、野外、个人及小组辅导、经验学习法。

在本小组中，工作员通过定向拓展、职业体验、角色模拟等方式，带领服务对象走出过往生活的舒适圈，尝试接受不同程度的成长训练。历奇挑战遇到困难时，工作员通过引导，使服务对象互相合作，共同解决问题，从而激发团队动力，催化个人成长。除此之外，服务对象在历奇小组中得到的经验能激发其探索与求知的热情，使其把经验内化后能有效地应用到生活中去。

四、小组发展过程

（一）小组早期

小组早期，工作员通过对小组过程的详细讲解，促进服务对象对小组整体的了解。小组早期的游戏以激发团队凝聚力为主，从简单到困难的游戏挑战使服务对象从陌生到彼此认识，并促使服务对象思考团队作战的意义。在此阶段，服务对象对小组内容产生兴趣，并主动向工作员询问了解。工作员给予了积极的回应，并鼓励大家一起认真完成接下来的挑战。

① 本文改编自：蔡毅迪．“历风启航，奇趣夏日”青少年历奇体验小组案例 [EB/OL].（2020-11-26）[2024-04-02].https：//mp.weixin.qq.com/s/lmOaejulVr66njWYJ5R6g.

（二）小组中期

小组中期，工作员着力于让服务对象充分地感受小组过程带给自身的感受。工作员把服务对象平均分成两个小组，通过分组竞争激发团队动力。

在此阶段，部分小组成员有比较明显的角色竞争冲突，服务对象不同的性格特征比较明显地展现出来。工作员及时处理该类问题，强调组员之间的差异，鼓励服务对象学会互相尊重和接纳。

在小组挑战面对困难时，工作员鼓励小组内部通力合作，商讨问题解决的办法，从而更好地提升服务对象效能感。

（三）小组后期

小组后期，服务对象之间关系更加亲密，凝聚力较之前有了很大的提高。为了强化服务对象学习到的知识，巩固其改变的内化行为，工作员通过让其描绘“我最难忘的人和事”引导服务对象分享在小组活动过程中的经历和感受。最后，工作员向服务对象分享自己在这个小组的心路历程，肯定大家在小组过程中得到的进步和成长。

五、评估

（一）评估方式

（1）参与式观察法：工作员在小组过程中，将自己融入服务对象群体中，结合收集到的服务对象的出席率和每节小组结束后的学习单资料，深入了解服务对象对每个环节的看法与感受。

（2）问卷法：小组活动的最后一节，运用意见反馈表评估组员对小组活动的满意程度及学习成果。

（3）访谈法：小组活动的最后一节，工作员对每位服务对象进行了单独的访谈，以了解服务对象对服务整体的评价。

（二）小组目标达成情况

工作员通过在小组过程中参与观察，小组结束后对服务对象进行问卷调查和访谈，发现整体上服务对象的改变可以体现在以下几个方面：

（1）小组间朋辈关系有所改善。有几名服务对象一开始与其他服务对象并不熟悉，也不愿意分享交流自己的想法，到小组后期会主动与人交流，乐于把自己的所思所想分享给大家，并且和大家共同完成挑战。在访谈当中，也有服务对象提到，一开始和大家比较陌生不敢讲话，到后面大家会带上她一起讨论，这让她觉得很温暖。

（2）团队凝聚力有所增强。在意见反馈表中，“通过历奇体验小组，我学会了团队合作，沟通技巧得到提升”一项的满意度达100%。在访谈当中，大部分服务对象都提及，在这个小组中学会了一个人的力量是不够的，要团队合作。小组中有大量需要团队合作的环节设计，工作员在进行游戏环节时有意识地引导服务对象注重团队共同参与，并需要及时进行团队总结。

（3）服务对象自我效能感有所提升。工作员在筛选服务对象时，有针对性地选择自我效能感不足的参加者，以观察他们的变化。在小组过程中，偶尔会有挑战失败的时候，服务对象从一开始会很懊恼到后期会互相鼓励重新探讨方法来完成挑战。有的服务对象表示，感觉自己变自信了，解决困难的态度和能力也有所改变，希望明年还能有这样的暑期活动。

六、不足与反思

（一）善用道具，锦上添花

小组进行过程中，应注重道具的使用。如：装饰类道具，在每次小组开展前，可以进行一些活动场景的布置，加强服务对象的仪式感；音乐道具，即在有可能冷场或安静的环节中，安排适当的音乐以缓解场面的尴尬，同时也能活跃现场的气氛；根据服务对象的特点设计的道具，如本次小组的“学习单”，可以根据服务对象是小学生的年龄特点在“学习单”上设计一些图案，使服务对象对小组更感兴趣。

（二）重视分享，升华主题

分享环节是小组活动中非常重要的一环，能直接影响到工作员对小组的效果评估。在本次小组中，工作员觉得自己在分享环节中还有待改进。

一是因为服务对象是小学生，大家更注重游戏趣味度，对于活动设计背后的意义不能很准确地表达出来；二是由于工作员自身的引导技巧不够成熟，服务对象可能不敢去表达自己内心的真实感受。

在未来的小组活动中，工作员表示会在小组开始的阶段向服务对象仔细地介绍活动的流程及游戏设计的理念，并通过专业学习来提升自身的带领技巧。

实训项目评价

请填写以下表格（表 3-50 ～表 3-53）。

表 3-50　学生自评表 1

序号	技能点自评	佐证	达标	未达标
1	小组需求评估	能够掌握需求评估方法，针对服务群体进行需求评估，确定小组选题		
2	小组目标确定	能够对照科学的小组目标要素，确定合适的小组目标		
3	小组海报设计	能够根据小组选题，设计合适的小组招募海报		
4	小组招募微信推文	能够根据小组选题，撰写合适的微信招募推文		
5	小组名称确定	能够根据小组名称三要素，确定小组名称		
6	小组计划书撰写	能够根据小组计划书框架，撰写完整的小组计划书		
7	小组契约制定	能够掌握小组契约的意义，并协助组员制定小组契约		
8	小组游戏带领	能够挑选适合的小组游戏，并带领游戏		
9	小组第一次聚会带领	能够承担小组第一次聚会的重要任务，并能够完成带领		

续表

序号	技能点自评	佐证	达标	未达标
10	小组冲突处理	能够掌握小组冲突类型、处理方法		
11	小组最后一次聚会带领	能够承担小组结束阶段的重要任务，并能够较好地结束小组		
12	小组评估	能够掌握小组评估的意义，学会设计小组评估表，撰写小组过程记录和小组工作评估报告		

表 3-51 学生自评表 2

序号	素质点自评	佐证	达标	未达标
1	协作精神	能够与小组成员协商，共同完成实训任务		
2	创新意识	能够在确定小组主题和撰写小组计划书阶段，策划具有新意的小组主题、游戏和小组活动		
3	策划能力	能够根据不同小组阶段策划整节小组活动		
4	信息技术运用能力	能够运用信息技术，设计小组海报、微信招募推文，拍摄小组过程		
5	带领能力	能够流畅带领整节小组活动		
6	自我学习能力	能够运用各类资源，自我学习小组工作过程相关知识与技能		

表 3-52 教师评价表 1

序号	技能点评价	佐证	达标	未达标
1	小组需求评估	能够掌握需求评估方法，针对服务群体进行需求评估，确定小组选题		
2	小组目标确定	能够对照科学的小组目标要素，确定合适的小组目标		
3	小组海报设计	能够根据小组选题，设计合适的小组招募海报		
4	小组招募微信推文	能够根据小组选题，撰写合适的微信招募推文		
5	小组名称确定	能够根据小组名称三要素，确定小组名称		
6	小组计划书撰写	能够根据小组计划书框架，撰写完整的小组计划书		
7	小组契约制定	能够掌握小组契约的意义，并协助组员制定小组契约		
8	小组游戏带领	能够挑选适合的小组游戏，并带领游戏		
9	小组第一次聚会带领	能够承担小组第一次聚会的重要任务，并能够完成带领		
10	小组冲突处理	能够掌握小组冲突类型、处理方法		

续表

序号	技能点评价	佐证	达标	未达标
11	小组最后一次聚会带领	能够承担小组结束阶段的重要任务，并能够较好地结束小组		
12	小组评估	能够掌握小组评估的意义，学会设计小组评估表，撰写小组过程记录和小组工作评估报告		

表 3-53　教师评价表 2

序号	素质点评价	佐证	达标	未达标
1	协作精神	能够与小组成员协商，共同完成实训任务		
2	创新意识	能够在确定小组主题和撰写小组计划书阶段，策划具有新意的小组主题、游戏和小组活动		
3	策划能力	能够根据不同小组阶段策划整节小组活动		
4	信息技术运用能力	能够运用信息技术，设计小组海报、微信招募推文，拍摄小组过程		
5	带领能力	能够流畅带领整节小组活动		
6	自我学习能力	能够运用各类资源，自我学习小组工作过程相关知识与技能		

课后提升

案例：“社交有方，互动有法”大学生人际交往提升小组的策划与带领

（一）受领小组工作任务

社工小郭已在高职院校工作半年有余，开展了多次校园活动，与大学生群体建立了一定联系，也了解这个群体当前存在的一些问题。社工督导建议小郭运用小组工作的方法来提供服务。结合服务群体需求和自身工作情况，小郭近期准备针对大学生群体策划一个小组。

（二）策划组建小组

1. 开展什么主题的小组？——需求评估

小郭首先面临的问题是开展什么主题的小组。根据小组需求评估三步法：

第一步：与服务对象同行。

为了更为准确把握大学生的需求，小郭在接下来两周的时间里都在进行宿舍走访访谈，并找辅导员和班主任了解当前学生的需求和问题。

第二步：头脑风暴。

小郭首先根据自己对当代大学生的了解，列出了一些普遍需求。如职业规划需求、就业需求、人际交往需求、学业压力缓解需求等，然后结合走访访谈资料，初步将重点集中在人际交往需求。

第三步：需求细分。

一种需求可以细分为许多种，比如人际交往的需求，可以细分为异性交往需求、社交技巧提升需求、宿舍关系提升需求等。小郭将人际交往需求进行细分后，决定将小组的主题确定为大学生社交技巧提升。

2. 小组目标确定

小组的主题确定下来了，小郭开始思考：我开这个小组的目的是什么？有哪些具体目标？对照科学的小组目标的要素，小郭经过思考确定了小组的总目标与具体目标。

总目标：使组员提高社交能力，享受社交乐趣。

具体目标：

（1）让 90% 的组员认清自身社交障碍，了解当代大学生社交困难。

（2）让 85% 的组员学会几项社交技巧，鼓励组员进行社交活动。

（3）通过小组活动，让组员将学到的社交技巧运用到现实生活中。

3. 组员招募与筛选

小郭接下来考虑的是：招募多少组员？怎样招募组员？根据督导建议和自身能力，小郭最终决定招募 16 名组员，组员为有提升社交能力意愿的大学生。招募的方式为微信推文招募。招募推文设计图如图 3-9：

图 3-9　招募推文示例

4. 撰写小组计划书

开小组不仅需要前期的需求评估和思考，还需要有系统的计划。小郭决定将之前的思考撰写成一份完整的计划书。小组计划书方案如下。

“社交有方，互动有法”大学生人际交往小组计划书

一、背景

在数字化的信息时代，网络社交在给大学生带来交往便利的同时，也带来了一些不容忽视的问题。而其中较为突出的是，一些同学忽视现实社交，逐渐造成了语言、行为表达的网络心理依赖，进而导致其现实社交能力的弱化，甚至部分丧失。因此，让大学生认识到现实社交的意义，营造良好的人际支持网络，对大学生人格及心态培养意义重大。“社交有方，互动有法”大学生人际交往小组活动就旨在让大学生掌握社交的方法并把社交技巧应用到现实生活中。

二、理论

（1）人际需要理论：社会心理学家舒茨提出人际需要的三维理论。舒茨认为，每一个个体在人际互动过程中，都有三种基本的需要，即包容需要、支配需要和感情需要。这三种基本的人际需要决定了个体在人际交往中所采用的行为，以及如何描述、解释

和预测他人行为。

（2）社会互动论：社会中的个人之间、个人与群体之间、群体和群体之间通过相互交往、信息传播而产生相互依赖的社会互动活动，这些互动可以增进彼此情感，对生活产生正能量作用。

此小组为人际交往小组，以上两个理论都可以作为本次小组工作的指导理论。

三、总目标及具体目标

总目标：

使组员提高社交能力，享受社交乐趣。

具体目标：

（1）让 90% 的组员认清自身社交障碍，了解当代大学生社交困难。

（2）让 85% 的组员学会几项社交技巧，鼓励组员进行社交活动。

（3）通过小组活动，让组员将学到的社交技巧运用到现实生活中。

四、小组基本情况

小组名称："社交有方，互动有法"大学生人际交往小组	编号：03
小组性质：提升小组、互动小组	小组节数：5 节
负责社工：小郭	小组人数：16 人
时间：2020 年 12 月 4 日—2021 年 1 月 8 日	
地点：实训室	
评估方法：现场观察记录、服务对象满意度调查	

五、成员招募方法

（1）学生自愿报名参加。

（2）利用微信等网络媒体进行宣传。

六、每节活动计划

第一节主题：破冰之旅

日期及时间：2020 年 12 月 4 日 19:30—21:00

地点：实训室

活动时间	目标	内容	所需物资	备注
15 分钟	让组员及工作者间互相认识。	工作者进行自我介绍，澄清活动目的及回答组员的疑问，分析小组目的及介绍小组内容。		拍照
15 分钟	组员之间熟悉彼此，提高组员对于参与活动的兴趣，营造一个轻松的小组氛围。	三园游戏：组员围坐在一起，开始者从果园、菜园、动物园三个当中任意选择一个，例如说果园，接下来顺时针转圈，每个人说一种水果的名字，不能重复，不能停顿 10 秒以上，说错的人或回答不上来的要受罚（站起来做自我介绍，结束后离开圈子）。同样，开始者如果是说动物园，就必须轮流说出动物的名字。开始者如果是说菜园，就必须轮流说出菜的名字。例如"果园，苹果、石榴、火龙果、无花果……"		

续表

活动时间	目标	内容	所需物资	备注
15分钟	上一轮的游戏让组员间更加熟悉了之后，再玩一轮有互动的游戏，让组员能够对彼此有更深入的认识，方便接下来的工作以及小组的合作。	萝卜蹲：每人扮演一种名称为两个字的水果，围成一个圈。规则是扮演XX角色的组员念“XX蹲，XX蹲，XX蹲完YY蹲”，并做出相应动作。XX组员动作完成后，YY组员必须立即跟上并念“YY蹲，YY蹲，YY蹲完ZZ蹲”（不许回传），同样做出相应动作。ZZ组员立即跟上，如此往复。反应慢或传错的组员被淘汰（罚随机念一段绕口令）。最后台上剩下的4名组员为优胜者。		
15分钟	让组员更清楚小组的目标及内容，并与小组成员一起订立小组契约，使他们对小组更有归属感和依赖感，以便于以后活动进行。	先让小组成员围坐在一起，每人发一张A4纸，以“小组契约”为主题开始探讨。讨论采用头脑风暴法，不批评、表扬组员，尊重每个组员的想法，再将组员的共同想法结合起来。小组成员对那些比较独特的小组契约条款进行深刻交流，考虑是否需要该条具体契约；最后将组员讨论好的契约写下来，组员认同签字及宣读。		拍照
10分钟	让同学们从刚刚的热闹气氛中冷静下来，感受活动的意义。	分享刚刚活动的感受，大家绕圈发言（工作者引导大家的发言）。	A4纸，笔	
20分钟	工作者分享刚刚活动的感受，引导组员再次发言及告知相关事宜。	营造良好的氛围，鼓励同学们积极发言。可以分享参与本次活动的感受、对哪个瞬间印象深刻、收获了什么……最后总结本次活动，提醒组员准时参加下一节活动。		

第二节主题：社交困惑知多少

日期及时间：2020年12月11日19:30—21:00

地点：实训室

活动时间	目标	内容	所需物资	备注
15分钟	回顾第一节小组的内容，介绍这次活动，让小组成员迅速进入小组状态。	引导组员一起回顾第一节小组的内容，再次强调小组契约的相关规定，介绍本节活动流程及目录，开始第一个游戏的介绍。		
50分钟	进一步了解彼此，加强彼此之间的信任。让他们体验到社交带给他们快乐，尝试更多的沟通和表达。	地雷阵：圈出一定范围，撒上纸板、纸盒、玩具做障碍物（地雷），两人一组，一人指挥，一人蒙眼，听着同伴的指挥过地雷阵，中途踩到任意地雷则要重新开始。指挥者只能在线外，不能进入地雷阵中，也不能用手扶同伴。	可做“地雷”的物品	拍照
10分钟	让组员结合游戏中遇到的困难，联系到现实中遇到的社交困难。	游戏后，工作者点评组员游戏中的表现。然后随机抽取组员，问组员游戏中的感受，在现实生活中遇到的问题。工作者归纳组员遇到的问题。		

续表

活动时间	目标	内容	所需物资	备注
5分钟	让组员找到和大学生常遇到的社交问题的共通点。	工作者把大学生常遇到的社交问题通过PPT的方式展示给组员，让组员找到他们与大学生常遇到的社交问题的共通点。	PPT	拍照
10分钟	工作者分享刚刚活动的感受，引导组员发言及告知相关事宜。	第二节小组活动结束，工作者与组员总结发言，并提醒保密原则，提醒下次活动的时间，让组员准时参加下次活动。		

第三节：社交技巧知多少

日期及时间：2020年12月18日 19:30—21:00

地点：实训室

活动时间	目标	内容	所需物资	备注
10分钟	让组员进入小组的状态。	回顾上节活动内容，宣读小组契约，并介绍本节活动目的和主题。		
15分钟	暖场活动，使成员进入活动状态。	游戏：雨点变奏曲 1. 组员在工作者的指导下完成表现“小雨”“中雨”“大雨”和“暴雨”的动作： “小雨”——手指相互敲击。 “中雨”——两手轮拍大腿。 “大雨”——大力鼓掌。 “暴雨”——跺脚。 2. 工作者说：“现在开始下小雨，小雨渐渐变成中雨，中雨变成大雨，大雨变成暴雨，暴雨减弱成大雨，大雨变成中雨，又逐渐变成小雨……最后雨过天晴。”（可用于演讲和欢迎嘉宾等场合：“让我们以暴风骤雨般的掌声迎接……”）		拍照
5分钟	让组员带着问题看视频。	在观看视频前，通过PPT将关于社交技巧的问题展示给组员，让组员带着问题看视频。		
30分钟	活动一：观看有关社交技巧的视频，学习社交知识，提高社交能力。	观看10个社交技巧视频： 1. 为什么我们越长大越孤单。 2. 社交入门技巧。 3. 如何避免尬聊。 4. 不要讨好别人——社交的本质。 5. 内向的人如何快速学会社交。 6. 顶级社交原理。 7. 社交的三个层次。 8. 高级社交技巧。 9. 高情商五不原则。	视频，电脑，A4纸，笔	

续表

活动时间	目标	内容	所需物资	备注
		10. 顶级社交诀窍。 在组员观看时，分发纸张，纸张上有不同的问题，让组员一边观看一边回答。观看视频后工作者抽取两到三个人的答案，进行点评。		拍照
20分钟	分享社交故事。	1. 工作者先进行自我暴露，简洁叙述个人的经历。 2. 在工作者的引导下，每个组员可以根据视频里面的相关社交技巧，分享个人经历的社交故事，然后工作者针对每个人分享的故事给予一定的反馈。		
10分钟	总结、结束本节小组活动，告知相关事宜。	工作者总结本次活动，让组员分享对本节小组的感受，告知下一节小组活动的时间、地点和内容。		

第四节：人际交往我能行

日期及时间：2020 年 12 月 25 日 19:30—21:00

地点：实训室

活动时间	目标	内容	所需物资	备注
15分钟	让组员进入小组的状态。	回顾上节活动内容，请大家说说在上节活动中学到的人际交往技巧，宣读小组契约并介绍本次活动及主题。		拍照
20分钟	活动一：暖场游戏 增强组员团队协作能力、沟通能力以及执行能力。	游戏：踩报纸听歌识曲 通过抽签分组，将组员分为两队。 参赛两队同时进行，人员可分开站到报纸前。 组员站在一张铺开的报纸前，工作者说开始，组员把脚放到报纸内。 组员所踩位置必须在报纸范围内，全部的脚不能踩出报纸的边界。 在听歌识曲过程中，最先听出的举手示意，工作者把答错或没答的队的报纸折小，接着继续游戏，直到报纸站不下人的队以失败结束。	报纸，音响	
35分钟	活动二：情景演绎 让组员在情景演绎的过程中真实地去感受人际交往技巧在生活中的应用。	情景一：面试模拟 你正在房间外等候面试，一位面试者刚从面试官房间出来，你进入面试房间，递交材料，直至面试结束。 工作者邀请组员表达在面试过程中的感受。 工作者对刚才的演绎过程进行总结，再结合 PPT 进行面试技巧的巩固。	PPT	

续表

活动时间	目标	内容	所需物资	备注
		情景二：接待顾客模拟 今天早上，一位很重要的客户来到办公室有重要事情找老板商谈，但老板不在办公室，请组员 A 作为秘书人员接待客户组员 B。时间控制在 3 分钟之内。（在演绎过程中，工作者要做好记录） 工作者邀请组员表达在这过程中的感受。（1 分钟） 工作者对刚才的演绎过程进行总结，再结合 PPT 进行接待技巧的巩固。 情景三：拜访长辈模拟 今天就是大年初一，你要去拜访姨夫，请组员 A 扮演外甥，组员 B 扮演姨夫，时间控制在 3 分钟之内。 工作者邀请组员表达在这过程中的感受。（1 分钟） 工作者对刚才的演绎过程进行总结，对参与的组员表示感谢与赞扬。		拍照
20 分钟	总结、分享、结束本节小组活动，告知相关事宜。	工作者总结本次活动，让组员分享对本节小组的感受，告知下一节小组活动的时间、地点和内容。		

第五节主题：毕业典礼

日期及时间：2021 年 1 月 8 日 19:30—21:00

地点：实训室

活动时间	目标	内容	所需物资	备注
10 分钟	让组员进入小组的状态。	介绍本节是整个小组的最后一个活动环节，讲解这个活动环节的目录及主题		
10 分钟	暖场活动，使组员进入状态。	热身游戏：鸡蛋变凤凰 1. 让所有人都蹲下，扮演鸡蛋。 2. 相互找同伴猜拳，或者其他一切可以决出胜负的游戏，由成员自己决定，获胜者进化为小鸡，可以站起来。 3. 小鸡和小鸡猜拳，获胜者进化为凤凰，输者退化为鸡蛋，鸡蛋和鸡蛋猜拳，获胜者才能再进化为小鸡。 4. 继续游戏，看看谁最后一个变成凤凰。		拍照
15 分钟	让组员互相反馈，看到别人的改变并通过别人了解到自己的改变，对自己有新的认识，让自己对克服困难充满信心。	组员在卡片上写出一到三个经过小组工作而产生的改变或新发现，也可写上鼓励或期望，写完后在小组中分享。	A4 纸，笔，问卷	

续表

活动时间	目标	内容	所需物资	备注
10分钟	让组员分享自己在此次活动的感受，以及对现实生活的重新认识。	大家一起讨论自己的感受，畅所欲言，可以邀请代表发言。		拍照
25分钟	为未来规划蓝图。帮助组员制订关于人际交往的未来计划和目标。	在工作者的帮助下，组员制订关于人际交往的未来计划和目标。工作者介绍可利用的资源（社团等）给组员，然后工作者对每个人的计划给予意见或建议。		
10分钟	组员重温小组内容。让工作者了解组员对小组的感受。	与组员回顾总结小组前四节及本节活动内容，请组员分享参与每次小组活动的感受。		
5分钟	爱的鼓励：既是对此次活动感恩的表达，也是对组员今后人生路上的鼓励。	在工作者的鼓励下，每个人都有节奏地鼓掌。		
5分钟	评估小组成效。	做组后问卷。	问卷	评估小组成效

七、工作日程

日期	任务
12月1日	撰写小组计划书，准备小组所需材料，开始招募。
12月1日	制作海报及准备有关宣传工作。
12月4日前	准备小组所需材料。
12月4日至1月8日	小组开展。
1月8日	撰写小组总结等文案资料、归置物品。

八、预计困难及解决方法

（1）招募人数不够。亲自致电给招募对象进行宣传，要求同学或老师帮忙，寻找一些他们熟悉而又符合招募条件的人员参加。

（2）组员参与度不高。过程中组员比较沉默，不愿意分享，可尽量利用积极个人带个人，带动整个小组活跃起来，不批判组员想法、意见，尊重每位组员。

（3）带领小组经验不足。安排多个工作者，可以互相帮忙。在小组开始之前做好充足的准备。与组员订立契约，共同遵守小组规范。

（4）组员在中途想要退出小组。可事先告知组员小组类型：属于封闭型小组，中途不能退出也不能随意加入成员。让组员明确此次小组工作对于他们的意义所在，请他们珍惜这样的机会。在活动中要注意增强团队的凝聚力，让组员感受归属感，真正融入小组工作中。

九、所需物品清单及预算（部分表格略）

物品清单（规格）	是否购买	单价（元）	数量	总价（元）	备注
A4 纸、卡片、便利贴、彩笔	否				
电脑、音响	否				
报纸	否				
问卷	否				
PPT、视频	否				
不可预知费用					
总计					

十、评估方法

（1）每一节活动结束之后，让组员发表对此节活动的感受和收获、小组工作需要改进的地方。

（2）在小组最后一节，各组分享并提意见。

（3）工作者及助手在小组过程中进行观察，在每节活动后进行总结。

（4）登记出勤率、组员的参与度以及每节之后的投入程度变化。

（5）工作者可与每一位组员交谈，得到他们的感受和意见。

（6）在开组后一周，制定一份问卷，用来了解组员的想法及其变化，并观察组员的行为变化。

（三）审批策划方案

一个小组的开展除了要做好策划以外，还需要对策划方案进行审批。首先，将写好的小组计划书交给督导进行审批，督导将从专业角度审核本小组的策划是否符合专业要求。其次，督导审批通过后的小组计划书还需经过社会工作机构的审批，以获得社会工作机构的行政和经费支持。此外，有的社工岗位还需要提交给用人单位领导审批。

社工小郭首先将写好的小组计划书提交给专业督导审批，督导给予了一定的修改建议。修改完成后，小郭又将小组计划书提交给所在高职的领导审批。领导审批完成后，小郭接着提交给所在社会工作机构，最终审批通过。

（四）准备活动

小组计划书的审批通过意味着可以开始开展小组活动了。但在开展小组聚会之前，还需要筹备协调好相关资源。

✧ 联系资源：多媒体、话筒、桌椅等。

✧ 确认活动时间和地点：学生实训室。

✧ 进行招募（志愿者与小组成员）：微信推文招募。

✧ 准备活动物资并组织志愿者培训。

（五）活动开展

万事俱备，小组活动即将拉开序幕。小郭根据小组计划书，陆续带领完5节小组。

小组带领视频："社交有方，互动有法"大学生人际交往小组

（六）总结评估

1. 小组过程记录

为更好地对小组进行评估，小郭对每次小组聚会都进行了过程记录，以下是部分小组过程记录（见表3-54）：

表3-54 小组过程记录表

小组名称："社交有方，互动有法"大学生人际交往小组

记录人：小郭　　日期：2020年12月25日

小组节号	第四节	本节主题	人际交往我能行
本节日期	2020.12.25	本节地点	实训室
小组人数	16	出席人数	16
小组记录			
第一环节：回顾上节活动，社工通过照片回顾、习题巩固的形式来唤起大家对上节活动人际交往技巧的方法的回忆。随后宣读小组契约并介绍本次活动及主题。 第二环节：暖场游戏，我们通过游戏"踩报纸听歌识曲"来增强组员团队协作能力、沟通能力以及执行能力，同时让组员更好地进入状态。整个暖场活动看得出来气氛是相对比较好的，组员们也都是以忘我的状态参与到这个活动中。 第三环节：情景演绎，这是整个流程中的金牌活动。前一节"社交技巧知多少"奠定了一定基础，本节活动让组员懂得学以致用，让组员在情景演绎的过程中真实去感受到人际交往技巧在我们生活中的应用，让组员懂得运用社交技巧，学会良好的沟通，以及在日常生活中不断去提升和巩固。带领人特邀请了潘同学和刘同学作为活动的演绎者，让组员更加直观地去感受、去体验在与人面对面交流中，自己的语言表达能力各方面是怎么样的。 第四环节：总结、分享、结束本节小组活动。社工总结、组员总结、观察组点评的方式，让带领人更直观地看到在这个活动中存在的一些优点与不足，以便吸取经验教训，争取在下一次活动中做得更好更精！ 社工反思： 用情景演绎的方式，是否能让组员从中获得人际交往的方法和技巧并运用到日常生活中？			

2. 小组总结评估

（1）小组出勤率。

小组活动共开展5节，服务对象对参加活动的积极性和主动性较高，16位服务对象

每次都准时参加活动，无缺勤情况，小组出勤率达 100%。

（2）服务对象满意度调查。

社会工作者通过发放 16 份服务对象满意度调查表，了解到有 13 位服务对象对小组目标达成情况表示非常满意，3 位服务对象表示比较满意，一般和不满意的情况均为 0。

（3）服务对象参与程度及改变情况。

此次小组共有组员 16 位，全程出席 80 人次，出席率达 100%。大部分的组员能在小组中全情地投入，并能在小组中积极地开放自己。从服务反馈表及社会工作者在小组中的观察来看，100% 的组员认为参加小组后自己对社交障碍有了一定的认知，90% 的组员认为获得了一定的社交技巧。尤其是组员 X，她认为自己在小组中逐渐放开自己，与他人交往，短期目标达成。反馈表还显示 90% 的组员通过小组活动学会了一些人际交往的方法，以及感受到了组员的支持。

（七）专业反思

1. 小组带领者要关注小组历程

在小组活动前期，服务对象对于社会工作者安排的小组活动、任务完成得都比较及时，完成质量较高。到小组中期，个别服务对象明显出现不服从社会工作者的指令，不积极参与小组活动的情况，有小组冲突出现的苗头。社会工作者便单独找该服务对象了解情况，了解到该服务对象认为小组活动的设计过于简单，没有趣味性，所以不太愿意参加。也有部分服务对象认为部分组员太过积极，互动过程中有摩擦。社会工作者便根据该服务对象的要求，再结合其他服务对象的特性，对小组活动进行调整，并重新强调了小组契约中的尊重、包容。在对活动内容进行适当调整之后，该服务对象的参与度明显有所改善，其他服务对象也表示活动形式很新颖，愿意参与其中。

2. 注重小组知识在生活中的运用

社会工作者在每节小组结束后都会督促服务对象在生活中运用小组中习得的知识。在小组开展过程中，设置互动、情景模拟等生活场景形式演练，让服务对象反思平时生活中自己不曾注意的人际交往障碍。如在第四节，安排了不同人际交往情景，让服务对象将在小组中学习到的知识运用到现实生活中。社会工作者通过在其互动中观察其沟通、人际交往是否有所改善，做相应的引导。

项目四 小组工作技巧训练

教学目标

知识目标

1. 掌握小组工作的一般技巧
2. 掌握小组工作的干预技巧
3. 掌握小组冲突的处理技巧

能力目标

1. 具备一定的会场布置能力
2. 具备一定的口头表达、与人沟通能力
3. 具备引领小组互动的能力
4. 具备协调和处理人际冲突的能力

价值观目标

1. 具有同理心
2. 能够给人温暖和激励
3. 具有乐于助人、传播正能量的美好品质

思维导图

- 小组工作技巧训练
  - 掌握小组工作的一般技巧
    - 建立关系的技巧
      - 基调的设置
      - 尊重和接纳组员
    - 有效沟通的技巧
      - 沟通的含义
      - 小组中的沟通方式
      - 影响小组沟通的主要因素
      - 有效沟通的技巧
    - 组织会议和讨论的技巧
    - 小组评估的技巧
      - 小组评估的含义和作用
      - 小组评估的特征
      - 小组评估的类型
      - 小组评估流程
      - 小组评估主体
      - 小组评估设计——单一个案设计评估
      - 评估资料的收集
      - 评估报告的撰写
  - 掌握小组工作的干预技巧
    - 引导互动的技巧
      - 联结
      - 阻止
      - 设限
    - 融合的技巧
      - 综合
      - 摘要
      - 分类化
    - 面质的技巧
  - 掌握小组冲突的处理技巧
    - 什么是冲突？
    - 小组冲突的功能
    - 小组冲突的类型
      - 从表现形式上
      - 从内容上
    - 小组中解决冲突的策略
      - 撤退
      - 攻击
      - 适应
      - 妥协
      - 双赢
    - 特殊组员
    - 小组冲突的处理方法
      - 分析及确定冲突的原因
      - 确定自己是否应当干预
      - 制定适当的干预策略

课前自学

任务一 掌握小组工作的一般技巧

小组工作的一般技巧主要是指在普遍的情况下运用到的技巧，包括：建立关系的技巧、有效沟通的技巧、组织会议和讨论的技巧、小组评估的技巧等。它们贯穿了小组工作的整个过程。

> **小组工作技巧**是小组工作者将小组工作理论运用于实践中得来的经验和方法，是达成小组目标的重要手段。

想一想

社会工作者小张筹划并建立了“心灵 SPA——单亲家庭儿童快乐社交小组”。组员是10个来自不同单亲家庭的孩子，10～15岁，6个男孩，4个女孩，由父亲或者母亲帮他们报名加入小组。他们大多孤独压抑，自我封闭，不愿意主动与人沟通，没什么朋友，活动比较单一。

（1）如果你是小张，针对组员的来源和特征，在小组前期，你会做些什么？

（2）在小组活动中，你如何活跃小组气氛？

（3）针对有些不够配合的组员，你会怎么做？

（4）你觉得开展这样的一个小组需要注意些什么？

____

____

____

____

____

（一）建立关系的技巧

1. 基调的设置

基调的设置很微妙，它对于小组氛围的影响是至关重要的。在实际的小组工作中，有些刚开始带领小组的工作者没有领会到基调的作用，着急进入小组活动的状

> **基调**指在小组中，工作者通过环境布置、语言说明或游戏活动等手段设置和创造的一种小组的情绪氛围。

态，试图快速解决问题，结果发现没有什么收效，组员也感受不到小组的力量。

设置小组基调是小组工作者首先应该考虑的。工作者很有攻击性，就会造成一种阻抗和紧张的氛围；工作者允许组员之间相互进行攻击和批评，就会导致一种恐惧的氛围；工作者鼓励交流和关怀，就会建立起积极的氛围。

小组工作者在设置小组基调之前，应该思考这样一些问题：

基调应该是严肃的，还是轻松的？

基调应该是支持性的，还是对抗的？

基调应该是正式的，还是非正式的？

基调应该是以任务为导向的，还是更为自由的？

根据这样的一些问题来设置小组基调，从而更好地带领小组。

基调如何设置？工作者通常通过环境布置、语言说明或游戏活动等手段设置和创造一种小组的情绪氛围。

（1）环境布置。

小组环境的布置可以凸显基调。例如：要显示严肃的基调，可以采用会议室的布置，在颜色搭配上尽量用冷色系，设备布置简单；如果要显示轻松的基调，可以采用开放式的场地，室内布置在颜色上尽量用暖色系，给人温暖和活泼的感觉。

想一想

哪些色彩是冷色系？哪些色彩是暖色系？

____

____

知识拓展

冷色调与暖色调

色彩可以给人带来“轻与重”的感觉。白色、蓝色、绿色、黄色给人感觉较轻，而棕色、红色和黑色给人感觉较重。总的来说，冷亮色调偏轻，而暖暗色调偏重。

冷色调和暖色调是相对来说的，没有什么具体的界限，但是两者确实能够给我们带来不同的视觉感受。

（1）通常人们把颜色按如下分类：暖色为红紫、红、橘、黄橘、黄。冷色为蓝绿、蓝青、蓝、蓝紫。中性色为紫、绿、黑、白、灰。

（2）色相对比。冷色调会使接近它的颜色转弱，而暖色调会使接近它的颜色更耀眼。

（3）明度对比。冷色调的明度会使接近它的颜色变暗，而暖色调会使接近它的颜色变明亮。

（4）纯度对比。冷色调会使接近它的颜色纯度变高，暖色调会使接近它的颜色纯度变低。

（5）面积对比。冷色调在视觉上会给人一种面积变大的感觉，而暖色调在视觉上会给人一种面积变小的感觉。

（2）语言说明。

小组工作者怎样用语言说明来设置不同的基调呢？以下是关于小组开场白的不同示例。

【示例 1】严肃的基调

工作者：在小组活动开始之前，大家按照规定的位置坐好，尽量挨近一点，手机调成振动或关闭，不要玩游戏。（组员照做）好，请从我的左手边第一个组员开始进行自我介绍。

【示例 2】社交的基调

工作者：让我们开始吧！大家一起来谈谈来到我们小组的想法。哪位小朋友愿意先讲？（没人举手）那我来选一个吧。

【示例 3】对抗性的基调

工作者：大家来到这个小组，都是带着一定的问题和目的来的。你们先来说说都有什么样的问题。大家只有坦诚相对，我们才可以互相帮助。

【示例 4】支持性的基调

工作者：大家好！欢迎大家来到我们这个小组。我们成立这个小组的目的是帮助大家，在这里我们可以畅所欲言，可以交朋友，我们是共同成长和进步的。我尊重每一个人内心的想法。

【示例 5】正式的基调

工作者：大家好！我叫李红，是 ×× 社区工作服务中心的社工，你们可以叫我李社工。在开始之前，我想跟大家说明一些基本规则……

（3）游戏活动。

游戏活动是以直接获得快感为主要目的，且必须有主题参与互动的活动。游戏的象征性，使得人们更易于发现、接受、反思和解决问题。从小组工作视角来看，游戏活动是设置小组基调、建立小组关系最直接、最重要的途径。

社会工作者在小组工作的不同阶段，针对不同的目的开展不同的小组活动，可以收到良好的效果。

在小组早期，为了加深组员之间的认识和了解，可以开展小组破冰游戏，如：击鼓传花、凑钱游戏、桃花朵朵开、鸡蛋小鸡凤凰晋级等游戏。这些游戏的共同特点就是暖场，游戏的目的是自我介绍，让组员在轻松的游戏互动中认识彼此。

在小组中期，可以参考的游戏活动有：认清价值观，修正信念的游戏（价值拍卖、鳄鱼河、冰海沉船）；有助于人际沟通的其他活动（沟通训练、谣言传播、深度自我描绘）。

在小组后期，澄清组员角色和协调组员冲突的游戏有：角色扮演游戏（角色互换、角色冲突、人生历程的回顾）等。

知识拓展

凑钱游戏

适合对象：10 人以上

场地要求：无

游戏性质：破冰游戏

时间：10 分钟

操作：

（1）根据男女组员不同比例设定所代表钱数，比如：男生远远大于女生比例的话，女生就当“2 块钱”而男生则是“1 块钱”；如果女生比例远远大于男生的话，女生就当“1 块钱”而男生则是“2 块钱”。

（2）根据工作者说的钱数，组员们组合成相应的数字，没组成符合要求的数字的，均被淘汰。比如，工作者喊 7 块钱，组员就组成数个小组，每个小组所有人的“面值”加起来应该是 7 块钱，没有组成小组的组员将被淘汰。

（3）剩下的人继续组合，直到剩下 4 ～ 5 人为止，游戏结束。可以给最后剩下来的胜利者颁发奖品。

2. 尊重和接纳组员

组员在小组中需要安全感，除了上述的基调设置外，小组工作者在小组工作中，还应尊重和接纳每一位组员。这种尊重可以表现为语言，如“我尊重你的想法”，也可以表现为非语言的，如面部表情、姿势、身体的接近等。

尊重是社会工作的基本价值观之一，也是小组工作的核心价值观之一。尊重不仅是一种思想上的认知，还是一种道德上的实践。具体体现在以下几个层面：

（1）尊重组员作为个人的尊严和价值。

（2）让组员受到尊敬和得到周到的对待。

（3）让组员参与影响自身的决策。

（4）创造条件让组员自主发展自己的能力和天赋。

（5）尊重组员自决，相信组员拥有自我决定和做出选择的能力。

（6）对待组员，要有非批判的态度，积极接纳组员。

接纳不等于赞同，指的是承认已经发生了的事情，尤其是那些给组员带来负面情绪或负面评价的行为，它意味着容忍地理解、相信和尊重他人。但是这并不意味着我们总是要同意其他人的价值或我们要放弃自己的价值去支持另外某一个人的价值。应对他人抱有非批判的态度，并在此基础上进行理解。

接纳包括两个方面：（1）承认每一个体在任何一方面都是不同的；（2）每个人的人生过程都是复杂的奋斗、思考和感受的模式。

微笑是最容易表达温暖、尊重和接纳的一种面部表情（见图 4–1）。

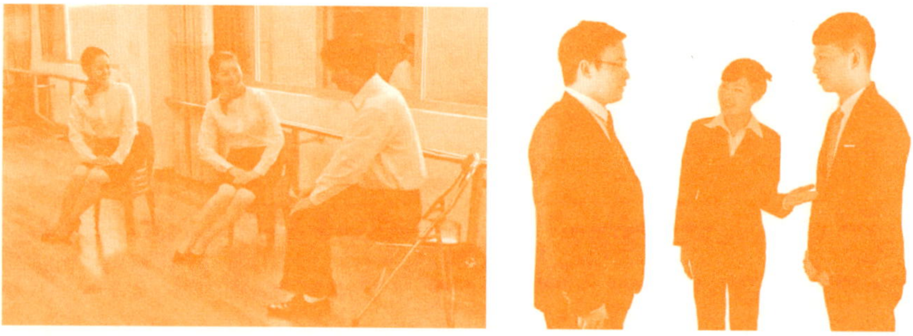

图 4–1　微笑

在身体语言中，正确的姿势和保持礼貌的人际距离能体现出尊重和接纳。

想一想

学习建立关系的技巧，讨论其具体内容，填入表 4-1。

表 4-1　建立关系的技巧

技巧	具体内容
基调的设置	
表现温暖和尊重，接纳组员	

【示例】尊重和接纳

在一个大学辅导中心举办的新生大学生活适应小组中，社工采用了从书本上学习到的玫瑰幻想的练习，引导组员回顾、整理自己过去的生活。由于小组气氛非常安全，具有支持性，组员小雪说出了自己在童年时期被叔叔性侵犯的经历，引起了组员的强烈的情绪反应，整个小组沉浸在一片哭声之中。由于社工根本没有充分的思想准备，无法处理组员当时的情绪反应，这次小组活动只能在眼泪中草草收场了。

想一想

在上述的案例中，应该如何体现出小组的尊重和接纳？

____

____

知识拓展

人际距离

美国人类学家霍尔认为人际距离大体可分为四种：

（1）公众距离，其近范围为 3.7 ～ 7.6 米，远范围在 7.5 米之外。适用于演讲者与听众彼此较为生硬的交谈及非正式的场合。

（2）社交距离，其范围为 1.2 ～ 3.7 米。工作场合人们多采用这种距离交谈，在小型招待会上，与没有过多交往的人打招呼也可采用此距离，体现出一种社交性或礼节上的较正式关系。

（3）个人距离，范围为 0.45 ～ 1.2 米。这是在进行非正式的个人交谈时经常保持的距离。和人谈话时，保持在 0.5 米以外为宜。

（4）亲密距离，其范围为小于 0.45 米。彼此间可能挽手、促膝，甚至肌肤相触，耳鬓厮磨，以至相互能感受到对方的体温、气味和气息。一般是亲人、很熟的朋友、情侣和夫妻才会采用这种距离。

我思我想

社会主义核心价值观与社会工作价值观、小组工作价值实践原则

1. 社会主义核心价值观

2012年11月，中国共产党在十八大上正式提出，倡导富强、民主、文明、和谐，倡导自由、平等、公正、法治，倡导爱国、敬业、诚信、友善，积极培育社会主义核心价值观，分别从国家、社会和公民个人三个层面高度概括了社会主义核心价值观的基本内容。

2. 社会工作价值观

（1）以人民为中心，回应社会需要。

（2）接纳和尊重。

（3）个别化和非评判。

（4）注重和谐有序，促进社会共融与发展。

（5）平等待人，注重民主参与。

（6）权利与责任并重。

（7）个人的发展机遇、潜能提升与国家的社会发展进程相结合。

3. 小组工作价值实践原则

（1）接纳原则。

（2）互助互惠原则。

（3）个别化原则。

（4）尊重组员的权利和能力原则。

（5）保密原则。

（6）民主参与和决策原则。

（7）赋权原则。

由此可见，社会主义核心价值观和社会工作价值观、小组工作价值实践原则都以“人”为根本，注重人的发展，注重人的尊严，关注困难群体，倡导团结奋斗、和谐共进。

（二）有效沟通的技巧

1. 沟通的含义

沟通在人际关系中非常重要。

什么是沟通？沟通是双方当事人以语言或非语言的方式相互交换观念、感觉、态度和情感等内容的双向互动过程。

根据沟通所借用的媒介的不同，可划分为语言沟通与非语言沟通。

> 沟通能力从来没有像现在这样成为现代职业人士成功的必要条件！一个职业人士的成功，75%靠沟通，25%才靠天才和能力！

语言沟通是指以语词符号为载体实现的沟通，主要包括口头沟通、书面沟通和电子沟通等。口头沟通是指借助语言进行的信息传递与交流。口头沟通的形式很多，如会谈、电话、会议、广播、对话等等。书面沟通是指借助文字进行的信息传递与交流。书面沟通的形式也很多，例如，通知、文件、通信、布告、报刊、备忘录、书面总结、汇报等等。电子沟通是通过电子媒介实现的沟通。

非语言沟通指的是使用除语言符号以外的各种符号系统进行的沟通，包括形体语言、副语言、空间利用以及沟通环境等。在沟通中，信息的内容部分往往通过语言来表达，而非语言则作为提供解释内容的框架，来表达信息的相关部分。因此非语言沟通常被错误地认为是辅助性或支持性角色。非语言沟通是连续的，通过听觉、视觉、嗅觉、触觉等多种渠道传递信息，绝大多数是习惯性的和无意识的，在很大程度上是无结构的，并且大多是通过模仿学到的。

沟通的过程包含 7 个要素：信息传递者、编码、信息、媒介、解码、信息接收者、反馈，其模型见图 4-2。

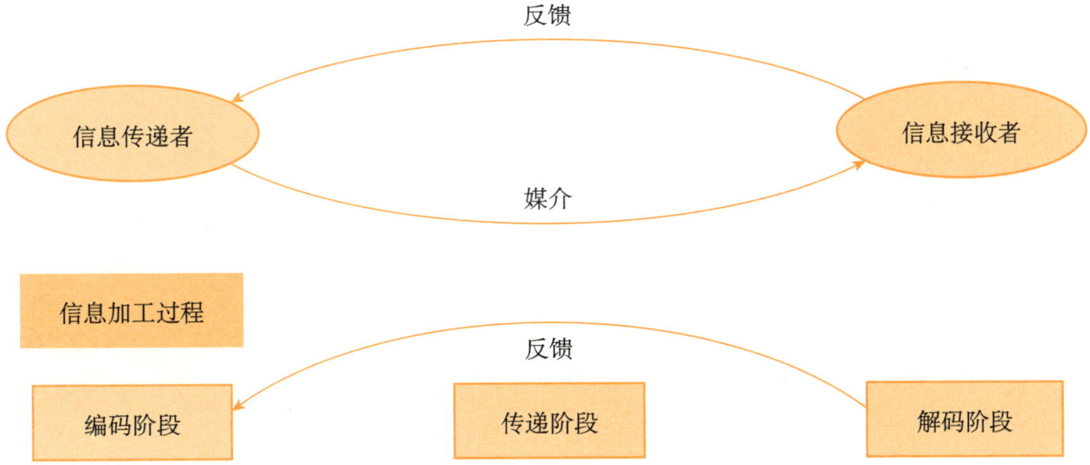

图 4-2　沟通的模型

2. 小组中的沟通方式（见图 4-3）

（1）链状沟通。

组员之间的沟通方向只有往上和往下两种，常见于小组初期。

（2）Y 状沟通。

组员之间出现了单线联系，小组的两端形成了领导和被领导的关系，组员间的关系是不平等的，反映了一种控制和被控制、主动与被动的关系。

（3）轮状沟通。

组员之间的每一次沟通，都是通过处在核心位置的人来完成的，形成了一种领导（或控制）与被领导（或被控制）的关系。

这三种属于中心式沟通，不足之处在于士气低，凝聚力不强。

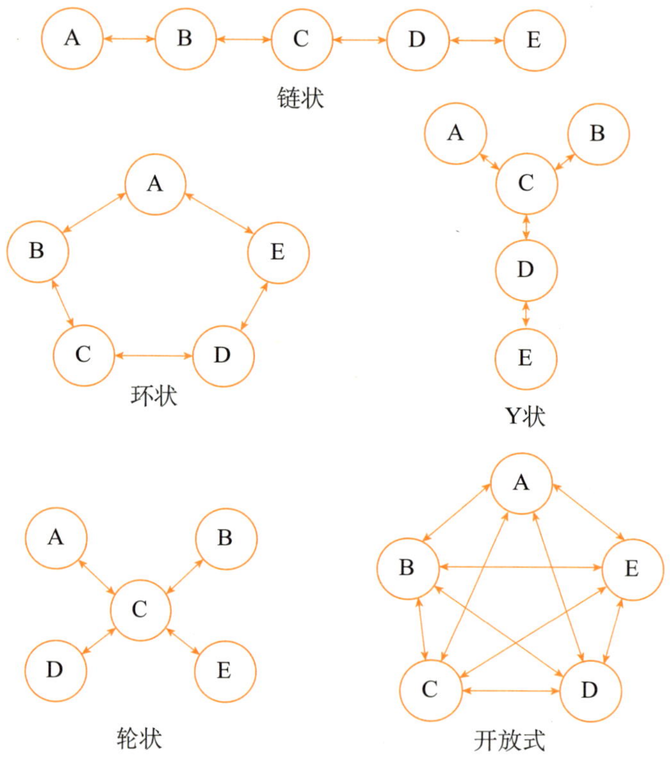

图 4-3 沟通的方式

（4）环状沟通。

组员与自己周围的组员之间的沟通比较充分，控制与被控制的关系不明确。

（5）开放式沟通。

成员间充分沟通，这是最不具有结构性的沟通。没有沟通的开始和结束，人人都是平等的。

这两种属于非中心式沟通，士气高，凝聚力强。

3. 影响小组沟通的主要因素

（1）组员在小组中所处的位置。

（2）整个小组的座位安排。

（3）小组的工作目标性质。

（4）沟通技巧。

4. 有效沟通的技巧

（1）同理。

同理，又叫共情、同感、同理心，指正确了解组员所传达的信息，而且能够敏锐地觉察出组员信息中的情绪与感受，并将所感知到的情绪与感受用语言反馈给组员，帮助组员理清思路。

同理的两个层次如下：

初级同理：指小组工作者清楚组员明确表达出来的行为、感受和经验并如实传达给组员。（小组早期经常使用）

【示例 1】初级同理

组员小王：最近考试没有考好，睡不着觉。

工作者小李：是啊，这次考试挺难的。下次加油！

高级同理：指小组工作者不仅能体察到组员表达的表面意义，还能将组员内在的感受和隐藏的情绪表达出来。

【示例 2】高级同理

组员小王：最近考试没有考好，睡不着觉。

工作者小李：嗯，这次没有考好，你心里肯定很难受和着急，你一定很重视这次考试的结果。那么是什么原因让你没有考好呢？可不可以分析一下，争取下次取得进步？

思考：怎样才能表达高级同理？

在对组员了解的基础上，体会组员的感受与思想，了解他如何看待自己、如何看周围世界。

明白组员的感受、情感、行为、信念和价值观等，并将自己所体悟到的这些信息准确传达给组员。

请注意

同理≠了解

同理≠同情

练一练

组员甲：我发现我无论怎么学习，学习成绩都不能提高。

小组工作者：

____

____

____

（2）澄清。

【示例】说话的误区

组员甲：我对我的女朋友越来越看不惯了。

在这里，组员甲是在表达什么呢？是对女朋友某一方面的不满，还是不喜欢她？所以这种表达含糊不清。

当组员表达意思不清楚时，小组工作者应该使用某些方法使组员陈述的内容和感受更加清楚和条理化，这个过程就是澄清。

澄清通常会运用开放式的提问，如“什么”“怎样”“何时”等；也会运用重述的方式，或者请其他组员帮助澄清。

练一练

组员甲：我认为我不能接受这个提议，它隐含了太多不公平的内容。

小组工作者：

____

____

（3）积极倾听。

积极倾听在小组沟通过程中是主动接收信息的一种技巧，给予组员足够的关注，尊重和鼓励他们的表达。倾听的内容不只是语言的，还包括非语言的。参与积极倾听的人体器官有耳、眼、身、口、脑等。

> 积极倾听就是设身处地地听，调动人体的各个器官去感受并作出反应。

倾听有5个层次：

听而不闻，不做任何努力地去听。

假装听，做出聆听的样子。

有选择性地听，只选择自己感兴趣的内容。

专注地听，并与亲身经历作比较。

设身处地地听，理解讲话的内容、目的和情感，并作出反应。

专注与倾听能有效地传达对组员的尊重和接纳的信息。社会工作者要通过语言的和非语言的专注，让组员感受到自己处在一个比较安全的关系之中，从而鼓励组员自由、放松地表达自己的感受。同时，社会工作者在倾听时要注意组员所说的重点，尤其是一些没有预料到的信息。在未完全听懂对方的真正意思前，一定不要与之争辩。另外，在小组工作实务中，倾听与眼神往往结合在一起使用。倾听时，社会工作者可以用眼睛平视发言者，并时不时地用目光扫视其他组员，观察说话者与其他组员的一些非语言信息。这样做一方面表明社会工作者对发言者的尊重、接纳与鼓励，另一方面也可以使发言者的目光从社会工作者身上移开，转而面向其他组员。社会工作者还可以用眼神来邀请发言者和控制发言者发言进程。

知识拓展

倾听中的禁忌

（1）不礼貌。半听半不听；不看着对方，东张西望；始终没有回应；摆弄物品，抖晃四肢。

（2）轻慢对方。继续自己的工作；中途接待他人；打电话；走来走去。

（3）粗暴对待。插话打断；提问误导；过早评论；粗暴中止。

练一练

一位同学对你说：“我现在真的很不想跟小美一个宿舍，她总是和其他同学一起来嘲笑我，我穿衣服她们说我土气，唱歌又说吵到她们。上次在班级我好不容易上去发言，老师都表扬了我，她在下面起哄。还有，她睡觉爱打呼噜，每次看手机到很晚才睡。我不喜欢她的为人，尖酸刻薄。”

你的回答（运用倾听）：

____

____

想一想

看一看，想一想，下面“听”的繁体字形包含了人的哪几种器官？

____

____

聽

【示例】倾听的艺术

在一个少儿节目中，主持人访问一位小朋友，问他："你长大以后想做什么？"小朋友天真地说："嗯……我要当飞行员！"主持人接着问："如果有一天，你的飞机飞到太平洋上空，所有引擎都熄火了，你会怎么办？"

小朋友想了想说："我会先告诉坐在飞机上的人系好安全带，然后我挂上降落伞跳出去。"当在场的观众笑得前仰后合的时候，主持人继续注视着孩子，想看看他是不是个自作聪明的小家伙。没想到，接着孩子的热泪夺眶而出，这使主持人发觉这孩子的悲悯之情远非笔墨能描述。于是主持人问他："为什么要这样做？"孩子的回答透露出纯真和幼稚："我要去拿燃料，我还要回来！我还要回来的！"

请从倾听的角度，分析该案例的启示。

（4）自我暴露。

自我暴露也称自我表露、自我袒露、自我披露。工作者在适当的时候，有意地、建设性地分享个人信息和类似经验、感受和想法，借以引导成员自我开放。在自我暴露时要把握好分寸，注意暴露的程度与方式以及对组员的影响。

【示例】自我暴露

有一次小组讨论如何与权威人物相处，工作者做了这样的自我暴露：

其实以前我对权威也很害怕，不敢亲近，甚至逃避。有一次，我不得已与一位平日很害怕的老师在一起，渐渐发现了他的另一面，原来他是认真，不是严厉。他对事认真，对人真心，并且很有耐心。那次以后，我不但不怕他，反而变得喜欢他了……

为什么要进行适当的自我暴露呢？

第一，自我暴露是身心健康的主要标志。自我暴露有着宣泄情绪、消除烦恼、维持心理平衡等重要的功用。烦恼与秘密藏在心中会令人感到苦闷，而心里的苦闷越是排泄不出去，个体就越是烦恼。时间一长，人就会非常痛苦，以至于无法保持心理的平衡，出现严重的心理问题。

第二，自我暴露是建立良好人际关系的重要策略。自我暴露是相互了解的基础，彼此通过自我暴露将自己的个人信息、兴趣爱好、行为习惯透露给对方，逐渐打开自己的内心，同时认识对方的心理特征。

第三，自我暴露是自我了解的重要窗口。自我暴露不仅使别人更好地了解我们，也使我们自己更清楚地认识自己。

知识拓展

自我暴露

心理学家阿伦夫妇和他们的同事曾做过关于亲密感形成方面的研究。他们将互不相识的被试分为两大组，分别让他们共处45分钟。其中一组，在最初的15分钟里，让他们交流一些无关隐私的话题，比如最近一次同事聚餐是什么时候等等；接下来的15分钟里，让他们讨论一些较私密的话题，比如你最宝贵的回忆是什么；而最后的 15 分钟里，引导他们进行更多的自我暴露，如完成一个句子：我希望有一个人和我一起分享，或者你最后一次在别人面前哭或自己哭是什么时候，为了什么。

相对于 45 分钟一直在讨论些无关隐私的问题的另外一个小组来说，前面那组组员共处 45 分钟后关系明显更亲密。这项研究揭示了人际关系的一个巨大秘密：自我暴露可以轻易地帮助人们同他人形成亲密感，而互联网上能建立感情也恰恰因为这个原因！

想一想

什么情况下小组工作者可以适当地进行自我暴露呢？

自我暴露需要注意些什么问题？自我暴露应到何种程度？

____

____

自我暴露需要看时机，看对象。暴露的内容也有所讲究。初次见面时最好不要把自己最不堪的历史、最痛苦的经历告知对方，这不是明智的举动，也不是成功的暴露。

自我暴露可以按以下三个步骤进行：

第一步：只暴露与自己相关的事实。事实包含多个因素：何时、何地、何事和何人等。在这一步，应避免发表任何感想和意见。

第二步：暴露自己的想法、感觉和需求——请注意，不要谈现在的想法、感觉和需求，是谈过去的或将来的。例如，可以谈论自己的未来职业规划，可以讨论作为独生子女的成长经历。可以谈谈对第一步暴露出来的事情的想法、感觉和需求。

第三步：这是最艰难的一步，因为它要求分享自己现在的想法、感觉和需求，这存在一定风险。在这一步中，可以选择与对方分享自己的吸引力；可以谈论对对方话语的感受；可以告诉对方，与他相处的感觉是放松还是紧张等；还可以表达自己的需求。

综上所述，要实现小组有效沟通，需重视运用同理、澄清、积极倾听及自我暴露技巧，除此之外，还可以运用积极回应、帮助梳理和及时小结等技巧，可参考表 4-2。

表 4-2　小组沟通的技巧

技巧	内容
轻松、安全的氛围	为小组营造一个放松、自由、开放和安全的氛围
运用同理	理解组员所传达的信息，共情组员的情绪与感受，并将这些用语言反馈给组员
及时澄清	使组员陈述的内容和感受更加清楚和条理化
专注与倾听	传达对组员的尊重和接纳的信息
积极回应	对发言者表示重视，并积极回应
适当自我暴露	有选择地将亲身的经历和感受等向组员袒露
适当帮助梳理	非批判性帮助组员梳理其发言，使内容更具条理性和逻辑性
及时小结	简明扼要复述发言中的重要信息

我思我想

增强沟通技能，密切联系群众

密切联系群众是中国共产党的三大作风之一，它包括全心全意地为人民服务，一刻也不脱离群众，一切从人民群众的利益出发，坚持向人民群众负责和向党的领导机关负责的一致性，始终保持同广大人民群众的血肉联系和鱼水关系。

基层社区干部要广泛深入动员群众和组织群众，把党和政府的方针政策宣传到位、落到实处，就必须加强与群众面对面的交流及心灵上的沟通。在联系群众的过程中，如何与群众有效沟通呢？

主动服务，从群众中来到群众中去。作为基层社区干部，要真正密切联系群众，了解群众的内心世界，就必须主动深入群众，同群众开展谈心谈话活动。随着时代的发展，科技的进步，我们联系群众的方式也越来越多，电话、手机和互联网上随时可以交流。但是再先进的联系方式，也代替不了面对面的思想交流；再丰富的信息来源，也无法直接反映群众的真实想法和复杂心境。因此，基层干部只有积极开展与群众面对面的谈心活动，才能从群众的姿态、语言、表情中准确捕捉到他们的心理信息，从而作出应有的反应，以恰当的语言和行动启发、打动群众，达到心灵共鸣的效果。

将心比心，换位思考，善做一个倾听者。虚心听取群众意见，才能了解到真实情况。开展谈心活动，采取换位思考的方式极为重要，只有站在群众的位置和立场上来思考问题，才能够准确地理解群众的想法和心理状态，真正找到亲近群众的结合点。如果只是一味地强调自己的看法而不体谅群众的想法，就很难走进群众的内心世界，也就很难被群众接纳，甚至产生矛盾。基层干部要将心比心，善于发现自己与群众的共同点，通过亲切的沟通，形成共识，使群众产生亲近感，增强信任心。

踏实办事，真正做到为人民群众办实事、办好事。人们常说，说得好不如做得好，基层干部要从人民群众的根本利益着眼，从群众最紧要的事情着手，解群众的燃眉之急。从解决辖区居民的矛盾纠纷、道路破损、环境卫生差等小事做起，踏踏实实地为群众排忧解难。

资料来源：陈小兰．增强沟通技能　密切联系群众 [EB/OL]. (2024-12-09)[2019-07-22]. https://www.sohu.com/a/328602262_120112246. 有改动。

练一练

在笔记本中把自己的价值观罗列出来——特别是那些与关系相关的价值观。在每一个价值观旁边写下一些值得暴露的东西，那些我们认为可以帮助我们建立持久关系的东西。

然后，确定练习自我暴露的最佳人选——他可以是一位新朋友或刚开始约会的对象。为自我暴露的三个步骤准备一些可以讨论的话题。

（三）组织会议和讨论的技巧

在小组工作中，开会与讨论是小组沟通的重要形式，成功的会议与讨论能使组员更多地面对面互动，协调组员的关系，使小组的所有人及其活动达到同步化。

如何实现小组会议的高效化，使得小组讨论顺利进行？工作者要做好以下几方面的工作。

（1）做好会议的安排。

会议的主题是什么？要达到什么目的？讨论哪些问题？在什么时间什么地点举行？邀请哪些人来参加？需要什么物质条件？基调是怎样的？座位如何摆放？时间进程表如何？突发事件的预案如何？等等。

【示例】会议的议程安排

一、会议时间

二、会议地点

三、会议议程

（1）开始时间—时间 1　与会人员签到入席。

（2）时间 1—时间 2　议程一。

（3）时间 2—时间 3　议程二。

（4）时间 3—时间 4　休息时间。

（5）时间 4—时间 5　议程三。

（6）时间 5—时间 6　议程四。

（7）时间 6—时间 7　会议总结。

四、参加人员

五、有关要求

（1）参加人员要事先安排好工作，务必准时参加。如无特殊原因不得请假。

（2）鉴于会议重要性，需携带笔记本与笔做记录。

知识拓展

小组会议座位安排

小组会议座位安排的几种方式见图 4-4。

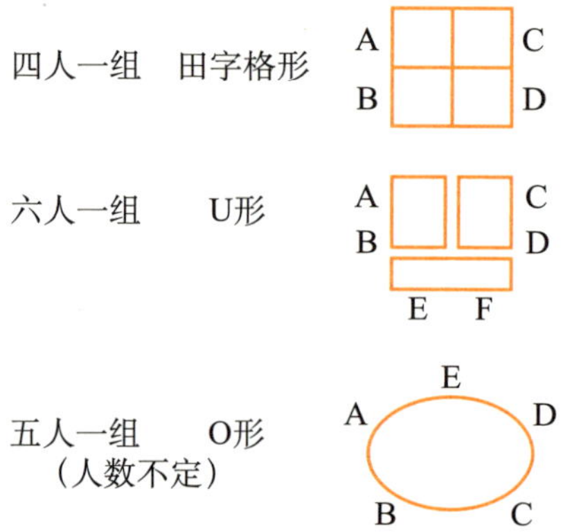

图 4-4　会议座位安排

（2）做好开场讲演。

社会工作者为给小组提供与讨论主题相关的信息，需要在开场时做一个简短的讲演。

对这段开场白的要求主要有：一是简短而有趣，要能吸引人，能振奋人心；二是讲的内容要与小组讨论主题相关，最好是小组在此时此地正需要的信息；三是提供的信息要准确、客观，要有新意；四是要考虑小组组员的性别和文化程度。

（3）设定会议基调。

社会工作者要事先筹划和设定一种与会议主题相契合的基调，从而把握组员的情绪，创造有利于实现小组目标的会议氛围。

（4）把握中心话题。

社会工作者通过发表评论、组织活动等方法，促使小组讨论和分享尽快与小组目标对接，使小组互动和角色扮演围绕中心话题展开。

（5）播种未来希望。

通过小组体验，社会工作者要帮助组员正确面对自己的问题，从而尝试改变自己，更重要的是要使组员对未来发展持乐观自信的态度。

（6）善于以等待求变。

为了让组员有足够的思考空间或集中思想于小组的焦点，社会工作者有时要有意识地让会议保持短暂的沉默。

（7）真诚流露自我。

在组员们相互交流思想和情感时，社会工作者也要用以心换心、以情换情的态度介入，真诚地以自己的个人感受和经验参与交流。

（8）告知可选方案。

社会工作者在组员愿意接受的前提下，可以通过小组活动向组员提供可供选择的行动方案，并给予进一步的帮助与辅导。

（9）灵活运用眼神。

社会工作者在会议中要善于运用非语言方式来控制会议，譬如用眼神引导组员敞开自己的心扉、关注他人的发言，也可以用眼神打断组员偏离目标的发言。

（10）订立行动同盟。

社会工作者要善于正确发现和识别组内那些可以合作和依赖的、能够帮助自己完成小组任务的组员，与他们订立同盟，成为必要时采取共同行动的盟友。

（11）确定下一次会议的大致日程。

（12）布置编写会议简报。

【示例】社会工作者组织小组会议致辞

会前三分钟

各位组员，大家下午好！非常欢迎大家来到我们“心连心，话健康”小组会议。我们的会议将在三分钟后正式开始。下面做个温馨提示：（1）会议期间请勿随意走动。（2）会场内请勿吸烟。（3）此次会议将持续一个小时。（4）请将您的手机关机或调至振动状态。（5）如需帮助，请示意我们的工作人员。请各位组员按指定位置就座！谢谢配合！

会议开始

尊敬的各位组员，下午好！非常感谢各位能在百忙之中来到我们“心连心，话健康”

的会议现场，我是来自 ×× 社工服务机构的 ××，非常荣幸担任本次会议的主持人，希望能和在座的朋友共同度过一个美好而愉快的下午。

本次活动的目标是让我们小组的组员能够一起锻炼身体，使自身的协调能力得到增强。

介绍宣讲

我们此次“心连心，话健康”活动是系列活动，活动时间从 2021 年的 3 月到 2022 年的 3 月，共有 10 个小主题，每个小主题的活动安排由我的社工助理 ×× 给大家做 PPT 展示和说明。

介绍游戏

接下来有请我们社工服务机构的社工 ×× 带领大家进行小组游戏——左右交叉。

畅所欲言

下面请小组成员在社工的带领下进行自我介绍，熟悉小组成员，分享自身感受。

回顾本次小组活动并作总结

今天的小组活动主要是：第一，介绍我们本次活动的目标。第二，通过小组游戏让大家能够锻炼身体，使自身的协调能力增强。第三，各位小组组员自我介绍，熟悉小组成员，分享自身的感受。

结束语（做展望和告知下一步的计划）

本次会议即将结束，感谢各位组员的参加，让我们共同展望美好的未来，享受生活赋予我们的快乐。我们下一次的活动将在下周五举行，具体时间和地点以及活动安排会发到我们的共享群，请大家及时查看消息，我们也会用短信逐个提醒。

小组讨论和提问的技巧见表 4-3、表 4-4。

表 4-3　小组讨论技巧

技巧	主要内容
事前准备	1. 选择合适主题：主题要明确。 2. 注意讨论主题措辞：讨论包括事实性、价值性、推测性、政策性问题。 3. 选择合适的讨论形式：可有公开讨论、陪席式讨论、座谈会形式或质询会形式讨论。 4. 安排活动的环境：对活动场地、座位、活动空间等进行考察和规划。 5. 挑选合适的参与者：社会工作者需安排好组员及其他参与者的角色。 6. 准备好讨论草案。
主持小组技巧	1. 开场的技巧：介绍组员或使组员相互认识。 2. 了解的技巧：观察组员的语言、认知、情绪和行为。 3. 提问的技巧：五种类型的提问技巧。 4. 鼓励的技巧：对内向、害羞成员给予支持。 5. 限制的技巧：在小组讨论被垄断、组员发言抽象、小组讨论脱离主题范围时予以限制。 6. 沉默的技巧：小组出现真空或接受意见和建议时留出时间，使组员自己判断。 7. 中立的技巧：在问题观点不一致发生争论时保持中立。 8. 摘述的技巧：在讨论结束、话题岔开、发言过长、争执过久时用摘述介入。 9. 引导的技巧：小组讨论场面热烈但偏离方向时予以引导。 10. 结束讨论的技巧。

表 4-4 关于小组讨论的五种提问技巧的类型

类型	举例
封闭型	使用“是不是”提问。
深究回答型	使用“描述”“告诉”“解释”提问。
重新定向型	“刚小李提到这个问题，其他组员是怎么想的呢？”
反馈和阐述型	“我们已经讨论了一段时间，谁能总结下？”
开放型	用“怎样”“为什么”提问。

（四）小组评估的技巧

1. 小组评估的含义和作用

小组评估是指通过科学和系统的评估方法，运用相关的资料与技术，对小组工作的需求、目标、理论、过程和结果等各个方面所做的单一性或综合性的评价。

小组评估的最终目的是通过评估，总结小组工作的经验和存在的问题，为机构进一步地开展小组工作提供决策的依据。

小组评估在小组工作中具有非常重要的作用。第一，对机构的意义。检验小组工作的成效，总结小组工作的经验教训，并为今后开办新的小组提供决策依据，为争取外界对机构的信任与支持提供依据。第二，对小组工作者的意义。可以了解小组工作的成效，促进社工的个人成长。第三，对组员的意义。为组员提供对小组和社工表达满意或不满意的机会与渠道；能够促进组员进行反思，并帮助他们了解自己参与小组后的改变情况。

2. 小组评估的特征

（1）评估是持续性的工作。

（2）评估的重点是组员的问题和需求得到解决或满足的程度。

（3）评估的目的是为以后制订计划和采取行动提供依据。

（4）评估需要社工和组员的共同参与。

（5）评估是有计划有步骤的过程。

（6）评估应是个别化的和有针对性的。

（7）评估要以小组社会工作的理论和方法为指导。

（8）评估渗透了专业的判断与决策。

3. 小组评估的类型

（1）作为研究方法的小组评估，可以分为过程评估和结果评估。

过程评估包括：①终结性的过程评估，它是指对小组的整个发展过程所做的全程性评估。其评估的内容主要包括组员的表现、社工的表现和工作技巧等。②总结性的过程评估，它是指对小组的计划和活动方案，以及尚在进行的活动等，以提出整改意见为目的，而在小组的进行过程中所做的一种评估。其评估的内容主要包括组员的表现和社工的工作技巧等。

结果评估包括：①终结性的结果评估，它是指在小组结束时，对小组的结果所做的评估。在实务工作中，它主要是通过收集组员对小组的活动内容、工作方法和社工的表现等方面的评价，来检测小组是否完成了预定的目标任务。②总结性的结果评估，它是指对那些存续期较长的小组，以其某一阶段的活动结果为评估对象所进行的评估。总结性评估的主要作用是对被评估对象进行鉴定和区分等级，并对其未来的发展趋势进行预测。其特点是关注结果，不关心过程。

想一想

社工小李开展了“归期有期，候我不倦”候鸟儿童小组工作之后，想知道效果如何，还想知道孩子们对自己的工作是否满意。他应该进行何种小组评估？为什么？

（2）作为工作方法的小组评估，可按性质划分为组前计划评估、小组的需求评估、小组过程的监测评估和小组效果评估等；也可按评估的时间划分为事前评估、事中评估、事后评估和跟踪评估等。

组前计划评估，通常是指社工对小组的设计和计划所进行的预测性评估，即社工在收集相关资料和了解组员的各种信息的基础上，对开展小组工作的必要性与可行性所进行预测性的评估。

收集相关资料是指在小组正式开办之前，社工要通过检索与自己所开办的小组相关的文献、资料和记录，查阅有关的论文和书籍等方式，全面地了解和掌握与自己即将开办的小组直接相关的各种资料。

了解组员的各种信息是指社工在制订小组计划时，通过查阅组员的有关资料、面谈和电话访谈等形式，对组员下列信息的了解和掌握：

组员是否自愿参加小组？

组员参加小组的动机是什么？

组员的特征和能力如何？

组员是否能够帮助小组实现目标？

小组的需求评估是指在小组的筹备与发展过程中，社工对小组的需求所做的推测性和预测性的估计与评定。

①收集资料。

通过访谈、问卷、量表、文献回顾和机构资料查阅等方法，收集有关小组和组员的各种资料。

②分析资料。

分析收集到的各种资料，寻找和发现小组与组员存在着的关键性的问题。

③确定介入干预计划。

对资料进行分析、判断和归类，根据找出的问题确定小组的需求，并以此为基础确定介入方法和干预技巧。

小组过程的监测评估是指在小组发展过程中，通过收集相关资料，对组员的变化和小组发展的过程与状态进行监测，并根据监测的结果对小组计划进行调整和修正。其目的是使小组的干预计划更加符合小组和组员的需求。

在对小组过程进行监测评估时，社工要特别注意下面两个方面：

①收集什么样的资料。

社工要根据小组的目标和进程情况确定监测的内容。

②用什么方法收集资料。

社工要提前确定好收集资料的方法和途径。

小组的效果评估是指社工在小组的结束阶段，结合小组的实际情况，通过访谈、问卷和量表等形式，让组员根据自己的改变情况，对小组的效果进行评定。在实务工作中，常用的评估方法主要有：组员的自我评估报告、小组目标达成表、小组满意度调查表、小组感受调查表、社工领导技巧反思表等。

事前评估是指在小组工作实施前所进行的评估。它主要包括实施该项小组工作的必要性和可行性两个方面的内容。

事中评估是指在小组工作实施过程中所进行的监督性评估。其重点是检验小组是否按照预定的目标和计划实施，对前面工作的进展和预期效果进行比较，并对未来的发展趋势进行预测，以发现问题，调整或修正目标与干预策略。

事后评估是指在小组工作完成后所进行的评估。其重点是评估小组工作目标的实现情况，以及小组工作的水平、效果和影响。

跟踪评估是指在小组工作完成一段时间后的后效评估。其重点是评估小组工作的整体效果，以及目标制定和计划管理等综合影响与经验。其目的是为以后开展新的小组工作提供参考和借鉴。

想一想

事后评估和效果评估是否一样？为什么？

____

____

____

练一练

社工小李要开展“归期有期，候我不倦”候鸟儿童小组工作。他应该如何针对儿童的需求做事前评估？

____

____

____

4. 小组评估流程

评估的过程因小组类型、评估目的和评估方式的不同而不同，但一般来说，它有一定的流程。

（1）评估方案的制订。

有效的评估依赖于一份完整、具体的评估方案的制订。评估方案要回答以下几个问题：评估的目的是什么？评估对象是什么？评估者是谁？评估者的假设是什么？评估指标是什么？评估的方法是什么？

评估对象不仅包括小组组员、小组工作者，还包括与小组间接相关的机构和人（如参加者父母、老师和同学等）。

（2）评估指标体系的建立。

评估指标体系包括如下一些内容：

在过程方面，与小组组员的关系，催化组员参与程度，处理小组事件的效果，维持小组气氛的功能。

在小组组员方面，参加小组的目标是否达成，行为是否获得改善，参与程度如何，探索程度如何，有无防卫行为出现，组员的倾听、自我暴露、同理等协助性行为与防卫、独占等破坏行为的观察、记录与分析。

在社会工作者方面，同理反应、引导技巧、尊重与接纳、积极关注等行为表现。

在小组的效能方面，小组是否协助组员成长，内容是否恰当，小组效果如何。

在小组方案方面，小组方案的可行性、有效性以及执行过程中出现的问题。

（3）厘清、协调各评估要素之间的关系。

评估的过程是一个复杂的过程，由诸多要素组成。需要将评估者、评估对象、评估的其他参与者、评估涉及的其他相关机构和个人以及评估结果呈送的部门等要素统合起来组成一个系统，厘清其关系，协调好经费预算、评估、实施、资料收集以及资料分析等要素之间的关系。

（4）实施评估。

选择评估的先后顺序并实施评估的过程，包括收集资料、审核整理资料、统计分析资料等，特别强调其中的客观性、敏感性。尽量减少评估者个人的主观因素对评估实施的影响，尽可能保持评估对象的自然状态，并在评估过程中加强评估者对事实的敏感性，尽可能全面、有深度地捕捉事实，控制评估过程中其他变量的影响。

（5）评估后审核。

评估结束后，进行信度和效度的审核，并依据审核的结果，再对评估结果进行修正和改进。

（6）撰写评估报告。

对评估结果进行完善后，撰写评估报告。

5. 小组评估主体

（1）小组工作者自评。

分为两个方面。在领导内容方面，如目标是否达成，对组员了解如何，是否有效地协助组员转变；在领导过程方面，如与组员之间的关系如何，催化组员参与程度如何，处理小组事件的效果如何，维持小组气氛如何。

（2）小组成员自评。

分为三个方面。在本身需要方面，如参加小组的目标是否达成，行为是否获得改善；在参加过程方面，如参与的程度如何，探索程度如何，是否有防卫行为的出现；在小组效能方面，如小组是否协助自己达成目标，内容是否恰当，小组过程中发生了哪些比较有意义的事件，小组气氛如何，小组生命是如何发展的。

（3）观察员测评。

①对组员方面：着重在行为表现上，例如对组员的协助性行为（如倾听、自我暴露、同理、尊重等）及阻碍性行为（如防卫、阻断、独占等破坏性行为）的观察、分析和记录。

②对小组工作者方面：着重在领导者行为的有效性上，如同理的反应，引导的技巧，适时的介入，尊重与接纳，积极的关注，有效倾听，自我暴露等行为表现。

③对小组效能方面：着重在小组计划的可行性与有效性以及小组的结果如何等等。

④对与小组成员密切相关的人或机构的评估。

6. 小组评估设计——单一个案设计评估

单一个案设计亦称单一系统设计，或者单一受试设计。它是以一个个案，或者一个群体作为实验或研究的对象，不设对照组或控制组，由研究人员直接对同一个研究对象进行观察和研究的方法。

（1）单一个案设计评估的目的主要是：

①评估个案情况，监督和验证当事人或事件在干预过程中发生的变化；

②评估在目标事件中，是否出现了积极或消极的变化；

③评估社工的干预是否与变化有关；

④帮助社工比较各种干预措施的有效性。

（2）单一个案设计评估的具体模式主要有：

① AB 设计（见图 4-5）。

在 AB 设计中，A 为干预介入之前的重复观测阶段，即基线期；B 为干预过程中的观测阶段，即干预期。

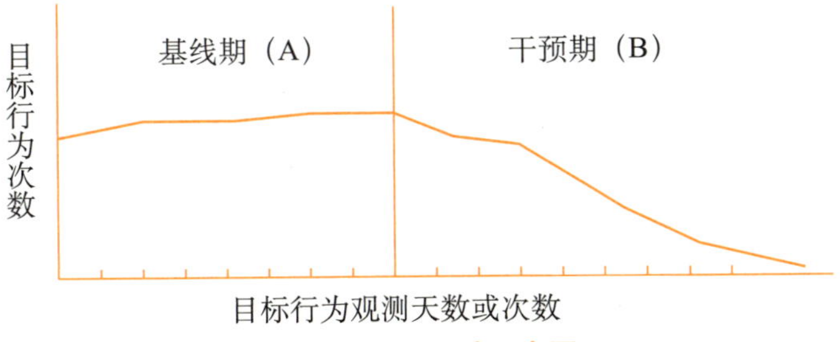

图 4-5　AB 设计示意图

② ABA 设计。

ABA 设计与 AB 设计的最大区别，主要体现在干预结束后，再继续观察一段时间以了解目标行为基线的回归和稳定情况。

③ ABAB 设计。

在 ABA 设计的基础上，再往下推一个阶段，就是 ABAB 设计。这一设计是以再次干预作为工作的结束点。

单一个案设计的最大缺点是：由于缺少对照组进行比较，干预结果的说服力不强。

7. 评估资料的收集

（1）小组记录与观察笔记和日记。

①小组记录。

小组记录亦称小组进度笔记，它通常由社工在每次小组聚会之后撰写，是小组评估时分析小组过程发展的重要资料。

②观察笔记和日记。

它是指社工、组员，或者其他独立的观察人员，对小组过程的观察记录和日记。

（2）组员的自我报告、社工对组员的访谈记录和与小组有关的其他分析报告。

（3）问卷。

问卷是小组评估中常用的测量工具，它在形式上是一份精心设计的问题表格，可以用于测量人们的行为、态度与社会特征等。

（4）音像资料。

它是指在组员同意的情况下，通过录音、录像形式所记录的小组过程或小组发生的重要事件。

（5）量表。

量表是一种针对性很强的评估工具。

较为常见的量表主要有：目标达成量表（见表 4-5）、任务完成量表、情绪的自由评估表和价值澄清量表等。

表 4-5　目标达成量表示例

预期层次	结果描述
最不喜欢的结果	
低于预期的结果	
预期的结果	
超出预期的结果	
最喜欢的结果	

8. 评估报告的撰写

（1）撰写准备。

①写作的目的。

主要是指作者必须清楚地知道本研究的理念、相关知识和自己研究的问题，明确自己的研究设计、研究方法、研究发现（创新）和结论等内容。

②文献回顾。

主要是指研究者要在小组评估报告中，对相关研究的状况作一个简要的回顾与总结（过去研究中的主要发现、不足与争议点）。其目的是让读者对自己所开展的研究的意义和重要性有一个基本的了解和认识。

（2）研究性评估报告的基本格式。

①摘要。

摘要主要是指简要地叙述开展评估的原因、目的、意义、主要结论和建议。

②前言。

前言主要是描述撰写评估报告的目的、问题和研究的意义，即评估研究要解决什么问题，为什么要选择这些问题，本研究对理论和实务的意义是什么。

③研究方法。

研究方法主要是指系统地介绍本评估所选用的研究方法，比如，介绍评估对象的基本情况，解释为什么选用这种方法，陈述收集资料的方法与过程，说明具体的测量工具和本研究方法的不足等。

④评估的结果。

陈述评估的结果，并提供合理的和符合逻辑的解释。陈述中可以使用图表来展示研究的结果。

⑤讨论。

讨论通常与结果部分相结合，一般只在比较复杂的和专业性很强的评估研究中，才独立成为一个部分。

⑥结论。

总结评估的结果，提出评估的基本结论。在该部分，还可以提出具体的意见和建议，以供相关机构和项目发展、社工实务和社工教育等工作做参考。

⑦参考文献。

当评估报告中参考了其他文献之时，就应当标明文献来源。那么如何规范地标明参考文献？以下的知识拓展可做一定参考。

知识拓展

如何写参考文献？

参考文献是为撰写或编辑报告、论文和著作而引用的有关文献信息资源，为论述提供可靠依据，反映其可信度。一般应按正文中引用文献出现的先后顺序连续编码，将序号置于方括号中。文献类型主要有期刊、专著、论文集或会议录、电子资源等。提供的文献信息应准确无误，以便读者查阅检索。著录格式可参考下文：

A. 期刊中析出文献类

[序号]析出文献主要责任者．文献题名[J]. 刊名，出版年份，卷号（期号）：起始页码－终止页码．

例：

[1] 杨洪升．四库馆私家抄校书考略[J]. 文献，2013(1): 56-75.

[2] SAITO M, MIYAZAKI K. Jadeite-bearing metagabbro in serpentinite mélange of the "Ku rosegawa Belt" in Izumi Town, Yatsushiro City, Kumamoto Prefecture, central Kyushu [J]. Bulletin of the geological survey of Japan, 2006, 57(5/6):169-176.

B. 专著类

[序号] 主要责任者 . 文献题名 [M]. 其他责任者 . 版本项 . 出版地：出版者，出版年：起始页码 – 终止页码 .

例：

[1] 刘国钧，郑如斯 . 中国书的故事 [M]. 北京：中国青年出版社，1979：115.

C. 论文集、会议录析出文献类

[序号] 析出文献主要责任者 . 析出文献题名 [G]（或 [C]）. // 论文集或会议录主要责任者 . 论文集或会议录题名 . 版本项 . 出版地：出版者，出版年：起始页码 – 终止页码 .

例：

[1] 雷光春 . 综合湿地管理：综合湿地管理国际研讨会论文集 [C]. 北京：海洋出版社，2012.

D. 电子资源类

[序号] 主要责任者 . 电子文献题名：其他题名信息 [文献类型标识 / 载体类型标识]（更新或修改日期）[引用日期]. 获取和访问路径 .

[1] 萧钰 . 出版业信息化迈入快车道 [EB/OL]. (2001-12-19)[2002-04-15]. http://www.creader.com/news/20011219/200112190019.html.

我思我想

实践是检验真理的唯一标准

实践不仅是检验真理的标准，而且是唯一的标准。毛主席说："真理只有一个，而究竟谁发现了真理，不依靠主观的夸张，而依靠客观的实践。只有千百万人民的革命实践，才是检验真理的尺度。"（《新民主主义论》）"真理的标准只能是社会的实践。"（《实践论》）这里说："只能"、"才是"，就是说，标准只有一个，没有第二个。这是因为，辩证唯物主义所说的真理是客观真理，是人的思想对于客观世界及其规律的正确反映。因此，作为检验真理的标准，就不能到主观领域内去寻找，不能到理论领域内去寻找，思想、理论自身不能成为检验自身是否符合客观实际的标准，正如在法律上原告是否属实，不能依他自己的起诉为标准一样。作为检验真理的标准，必须具有把人的思想和客观世界联系起来的特性，否则就无法检验。人的社会实践是改造客观世界的活动，是主观见之于客观的东西。实践具有把思想和客观实际联系起来的特性。因此，正是实践，也只有实践，才能够完成检验真理的任务。科学史上的无数事实，充分地说明了这个问题。

资料来源：本报特约评论员 . 实践是检验真理的唯一标准 [N]. 光明日报，1978-05-11.

任务二

掌握小组工作的干预技巧

（一）引导互动的技巧

1. 联结

联结是将个别组员沟通中的相同要件连在一起的技巧，用以降低组员之间分离的感觉，帮助组员彼此有更紧密的认同，以增强团体的凝聚力。

【示例】

工作者：“每个人可不可以谈谈你决定参加这个小组的原因？”

小王：“我也不太清楚。觉得有点好奇，也许是想多了解了解别人是怎么想的，也想多了解自己吧。”

工作者：“小静，你在点头、微笑。”

小静：“我也有这样的想法。我一直对心理学挺感兴趣的，有好奇心去研究人，特别是想研究研究我自己是怎么回事。因为我觉得有时候自己都很不解自己。”

（小青、小立、小方依次发言）

工作者：“小王和小静似乎都想在小组中多了解一下人是怎么回事，特别是希望多做一些自我了解。小青、小立和小方则更想学习一些与其他人交往的技巧，更好地处理自己的人际关系。”

课堂活动：春夏秋冬

工作者给组员指令，全体组员以自己出生月份来进行同类组合。每个组员只能以自己的手势表示自己的出生月份，不能出声。当学生以月份同类组合后，工作者可以让组员根据所指示的春、夏、秋、冬四季进行小组合并。“春”“夏”“秋”“冬”四季小组形成后，再快速按男女性别各分为两个小组，可以称为“春X组”“春Y组”等等（用手势表示）。然后在各组内讨论：“出生在春季的男孩（或女孩）有什么共同的特点？”

2. 阻止

阻止是一种干预的技术，避免小组或某些成员做出不合乎伦理的，或者不适当和不利于小组发展的行为，包括侵犯和攻击，讲很长的故事，回避或一直穷追不舍地向别人问问题等。阻止的意义在于使工作者有效遏止团体中一些反效果甚至有害行为的出现。

小贴士：小组中必须阻止的行为

（1）询问过多问题，且问题与小组目标相差甚远。

（2）私下谈论，对其他组员评头论足。

（3）长篇大论，喋喋不休，又抓不住重点。

（4）否定小组现行的规范，歪曲小组已取得的成效，打击组员的信心。

（5）侵犯他人隐私。

（6）选择小组中的某一位组员作为小组的“替罪羔羊”，使其成为大家攻击和发泄的对象。

（7）其他可能对组员身心造成伤害的行为。

语言交流中阻止技巧的运用：

（1）问一个问题。

【示例】

“如此说来团体要如何才能帮助你？”

“如果再给你 10 分钟来谈论这个话题，会有什么帮助吗？”

“你看起来跑题了，你的观点是什么？你讲这些是想说明什么？”

“你只是想告诉我们这些内容，还是想向团体寻求某种帮助？”

（2）问成员一些有澄清作用的问题。

工作者可以通过自己提问或让其他组员问一些问题来打断漫谈者的独白。

需要确定自己所提的问题不是可以被随意发挥，或是讲起来没完没了的。

【示例】

小李：他做的另一件事是……

工作者：小李，就先说到这儿吧。我们想问你一些有关你和你父亲的问题。我想问的一个问题是：“对于他的酗酒，你对自己有多少自责？”

小李：他做的另一件事情是……

工作者：先停一下。下面我要求你们每个人都想一些问题去问小李，这样可以使她能更深入地探索在她这种情境下的情感。谁想问问题？

小王：我有问题要问。我们怎么才能帮助你呢？你目前所做的就是来这儿，给我们讲故事。你真的需要获得帮助吗？

小李：我想获得帮助，但我将要说的是……

工作者：等等，小李。谁还有问题？

小曾：我们有什么办法能让你停止否认你父亲是个酗酒者？

小李：我不想让他成为一个酗酒者，我确实需要帮助。

（3）让谈话者将焦点集中在某个行为上。

可以用空椅子技术、戏剧或其他活动的方式。

小贴士：空椅子技术

空椅子技术是格式塔流派（又称完形心理学派）的一种整合身心技术，是使当事人内射外显的方式之一。

此技术使用两张椅子。

要求当事人坐在其中一张上，扮演内心冲突情境的一方（譬如一个内心的“胜利者”）；然后再换坐到另一张椅子上，扮演内心冲突情境的另一方（譬如一个内心的“失败者”）。让当事人所扮演的两方持续对话，协助其接触潜藏于内心深处的情感，借此将情感外显化，使当事人充分体验内在冲突，接纳和整合内心的不同方面。

【示例】空椅子技术

工作者：假如你徒弟就在这里，就坐在那张椅子上，你调整一下思维，酝酿一下情绪，不要太在意我的存在，把你累积起来对他的怨气都发出来，也许这样对你有好处。（这当然是在适当的时机才提出来的）

杨某：（杨某面孔转向椅子，眼神与精神开始集中，稍微停顿了一会，就开始数落起模拟对象）你个小王八蛋，你可把师傅我给害惨了。师傅当年是怎么对你的，你都忘记了吗？想当初，要不是我看你初来乍到，一个人在上海不容易，就收你为徒，现在，你能混得这么好？可现在，你不感恩于我就算了，反而煽动你嫂子离家出走，害得我妻离子散，家没了，公司也破产了。那你现在满意了？唉！这也怪我自己当初瞎了眼，看错了你……（杨某此时对徒弟的抱怨和数落就是一种对未竟事件的完成）

徒弟（杨某坐在另一张椅子上扮演）：师傅，很对不起，你一直都把我当成兄弟一样看待，很感谢。我也没想到会造成那样的后果。嫂子和你从老家来上海闯荡这么多年，除了给你生孩子料理家务外，还会帮你打点生意，她全心全意为了你为了家，而你却背着她在外面做了那么多对不起她的事，她说你，你就骂她，你知道她心里有多委屈吗？嫂子向我问起你的事，我只是透露了一点。她还让我多说说你，让你注意点，多顾点家，并没有什么恶意。我只是有点同情她，你是不是也觉得她很可怜呢？你在意过她的感受吗？（杨某扮演徒弟向师傅，即杨某自己感谢和道歉，并解释当时的情况，以此来获得杨某的原谅，从而也使杨某释怀）

（杨某呆呆地坐在那儿，面无表情，过了一会儿仿佛清醒了）

杨某：（再坐到第一张椅子上，用缓慢的语气说）你这家伙好心办成了坏事啊！师傅被你毁了啊！

（4）让谈话者对每一个组员作出评论。

可以让其坐在自己的座位上，或让其坐在每一个成员的面前。

【示例】你的自画像

（活动）每个组员在纸条上匿名写出自己的一些特征，然后上交给社会工作者。

工作者：大家都写下了自己的一些特征，包括外貌形象、性格脾气等，现在我想请小青来根据每一张纸条上的描述（把纸条递给了小青），判断是谁写的，站到相应组员的座位面前。

小青（拿起第一张纸条）：爱笑，有酒窝，喜欢帮助人。是小静！（站在小静面前）

（5）让其他组员给这个组员反馈意见。

【示例】

工作者：小李，我想让你停下一分钟，我想了解一下组员们对你所说的有什么反馈。

你们认为小李要表达些什么？

小曾：我认为她在试图表达她不知道要做什么，但她认为她应该做些什么。她现在做的和我过去做的一样，就是在没有其他人试图解决问题的情况下，自己承担了家庭和酗酒问题的责任。

小李：（低下头，开始抽泣）但为什么我感觉那是我的错？

（6）让其他组员扮演谈话者的角色。

【示例】

工作者：我想让你们扮演小李。试着用声音和肢体模仿她。这样开始："我是小李，这是我试图要说的。"谁来做？

小王：我想我能做。（低下头，用很小的声音说）昨天我爸爸回到家，一切又开始了。

小李：我真的听上去就是这样吗？难怪我感觉如此糟糕。

3. 设限

设限就是小组工作者在关键时刻设定好界限，使得小组在互动中有框架并避免组员的互动逾越或偏离小组的目标。

【示例】

工作者：今天我们只讨论如何提高工作效率，希望从个人本身如何做来谈，不要讨论政策或制度的问题。

【示例】

工作者：在结束今天的活动之前，每个人花一分钟回想一下今天小组里发生的事情。然后，每个人用 2 分钟总结一下你今天的感想和收获。

（二）融合的技巧

1. 综合

综合是指将组员语言的或者非语言的沟通内容进行横向或纵向的联结，借以指出他们的某些重复的行为，让他们看到自己觉得并不相干的事情之间却有着某种内在的关联。

【示例】

工作者：小强，我发现你的发言中经常出现生气这个词。小组刚开始的时候，你说你对父母要你来参加小组很生气；两个星期前，你说你对学校里的事情看不惯，对同学和老师很生气；上周，你对小组很生气；刚才，你说你对我也很生气。把这些事情串起来想想，你觉得对你有些什么意义吗？

2. 摘要

摘要是指小组工作者简明回顾小组过程中组员们讨论过的核心问题和重点。

摘要时摘述的是重要事件和内容，以及能促发小组新方向的事件和内容。

一般而言，摘要在小组聚会即将结束时十分必要，这种方法可以将不同的线索串在一起。此外，在每一次小组聚会的开始阶段，应对上一次聚会讨论的主要内容进行摘要。也可以用在聚会的中间阶段，使组员有机会深入了解当下发生的事情。

摘要的技巧可以帮助组员了解小组中发生了什么事情，还可以给组员指出下一个阶段讨论的方向。

小贴士：摘要适用的情况

（1）小组聚会结束时（对本次活动内容进行摘要）。

（2）小组聚会开始时（对上一次活动内容进行摘要）。

（3）小组聚会中间阶段（帮助组员理清正在讨论的观点时进行摘要）。

【示例1】

工作者：上一次聚会，我们已经开始讨论有关小组结束的问题了。有些组员觉得很难过，不喜欢这种分离的感觉。有些说感觉还好，因为天下没有不散的筵席。大家在上次聚会后有没有继续想过这个问题？谁想对上次的这些情绪做分享，或者分享你的一些特别的想法吗？

【示例2】

工作者：一个半小时已经过去了，我们讨论了很多主题。让我们一起回顾看看。我们讨论了家庭对我们的影响；讨论了我们和父亲母亲的关系；我们也讨论了如何和我们最亲近的人相处；讨论了得和失之间的关系；讨论了工作和家庭的关系。在这么多看起来都挺重要的主题里，哪一个是你想在下一次更深入地讨论的呢？

想一想

思考：综合和摘要的区别有哪些？

____

____

3. 分类化

工作者打散小组成员的问题或关心的事情，使复杂的叙述简单化和条理化。

【示例】

组员：两个星期前，我下岗了，我不知道那一天我是怎么回家的。上个星期我父亲被确诊为癌症，马上要动手术了。糟糕的是，昨天早上我儿子的班主任打电话给我，说他在学校又闯祸了。晚上儿子放学回家时，我把最近积压下来的火统统发泄在儿子身上，把他狠狠地骂了一顿，儿子从来没有见我发过这么大脾气，都吓傻了。所有的倒霉事一下子全来了，我的生活真是一团糟。

想一想

假如你是一个情绪管理小组的工作者，你该怎么运用分类化的技巧？

____

____

（三）面质的技巧

面质也叫对质，是一项难度比较高的压迫性技巧。可以帮助组员面对自我否定、逃避及矛盾的行为，促进组员主动进行自我了解。可以迫使组员更直接、更诚实地面对自己，更加诚实地探索自己，觉察自我矛盾的地方，看到自己行为的盲点，去面对一些自己不愿面对的感觉、经验和行为。

小贴士：面质必须注意下列原则

（1）面质要具体准确。

（2）面质时强调此时此地，不翻旧账。

（3）面质需在建立关系后。

（4）面质需要对组员有足够的了解，避免工作者个人的成见。

（5）面质的是组员有能力改变的行为。

（6）面质时态度要关怀尊重，呈现助人的意愿。

【示例】小芳的困惑

小芳：我真的想放弃了，我不知道成功的定义是什么。我觉得我已经很努力了，但总觉得还是不如人意。我虽然得到很多优，但那个对我来说不算什么，我想要的那种感觉就是自己真正学到了一些东西。

小刚：其实你现在那个分数已经很高了，这表示你已经很成功了。

大美：假如你希望你所学的课程对你有帮助，那你应该慎重地选课。

小于：你觉得你受了挫折，你并没有像你所期待的那样感受到成功，是这样吗？

小丽：你能不能告诉我一些使你感到不成功的事情？

大美：你想努力达到比优这样的成绩更高的成就，让我们想想有哪些事情可以使你的课程对你更有帮助。

工作者：你刚刚已经战胜了自己。你拒绝的分数也是成功的标志，只是你现在还不清楚你将要学习哪些对你自己真正有意义的东西。现在就让我们来看看，你该确定一个怎样的目标。

我思我想

以人为本，给予正能量

疫情防控期间，社会工作者扮演了哪些角色，发挥了哪些作用？

（1）官方信息的传递者、防疫知识的宣传者、社会秩序稳定的维护者。

（2）服务对象的守护者。

（3）沟通平台的搭建者、服务对象的陪伴者和支持者。

（4）情绪疏导和情感支持者、正能量精神宣传者、线上平台的维护者。

面对突发疫情，居民们的工作和生活受到了很大的影响，一定程度上心理和生理上也受到了影响。此时，社会工作者除了在线上提供专业服务外，也会定期向居民宣传防护措施等科普知识，扮演好以上角色。

当然，除了以上的角色，还有一部分社会工作者也承担了资源筹措者、协调者等角色的任务。社会工作者认真履行自己的工作职责，运用自己的专业知识提供服务，在疫情之战中建立一方坚固堡垒。

任务三

掌握小组冲突的处理技巧

（一）什么是冲突?

小组工作当中存在着冲突。赵芳在她主编的《团体社会工作》中提到，冲突是成员间或成员与工作者间需要、目标或价值观不一致的产物，它是任何一个团体（即小组）都无法避免的，是团体的普遍现象，冲突在团体中无时不在，无处不在。小组冲突具有异议性、不相容性、对立性、匮乏性及阻挠性。冲突是一个过程，比如，A 通过阻挠性行为，抵制 B 的企图，使 B 在实现自己目标过程中受到挫折。

> 当互不相容的争议性的行为出现时，冲突就产生了。所谓互不相容的争议性的行为是指一个行为千方百计地阻挠、干扰或破坏另一个行为的发生或产生影响力。
>
> ——德奇（Deutsch）

小组冲突具有这样一些特点：

（1）具有冲突双方存在。

（2）互相之间存在利益和目标不一致性。

（3）以对抗的方式来强制和攻击对方。

（4）双方权力不均衡。

（5）在资源有限条件下发生。

（二）小组冲突的功能

小组冲突的功能具有两面性（见表 4-6），冲突虽然会产生消极影响，但是也有积极的作用。工作者应该知道解决冲突的方法和技巧，学习每一种方法和技巧的特点以及如何使用它们。

表 4-6　小组冲突的功能

冲突的积极影响	冲突的消极影响
激发创造力 提高决策水平 增加向心力 重新评价自己的能力	削弱实现小组目标的努力 影响小组成员的心理 破坏小组的凝聚力

（三）小组冲突的类型

小组冲突可分为不同类型。

1. 从表现形式上

（1）真实冲突：指围绕小组目标实现过程中产生的冲突。

（2）非真实冲突：与小组目标实现无关的矛盾表现。

（3）实质冲突：指围绕小组目标的冲突。

（4）感情冲突：组员间情绪、性格上的冲突。

2. 从内容上

（1）理性及秩序式冲突——对事不对人。

围绕实现小组目标时发生的冲突，表达方式是理性的。

（2）心理及情感式冲突——对人。

组员性格和行为不协调或组员未能有效克制自己的情绪而产生的冲突。

（3）权力及控制式冲突——对事又对人。

组员间因争夺小组权力和影响力而产生的冲突。

（四）小组中解决冲突的策略（见图 4-6）

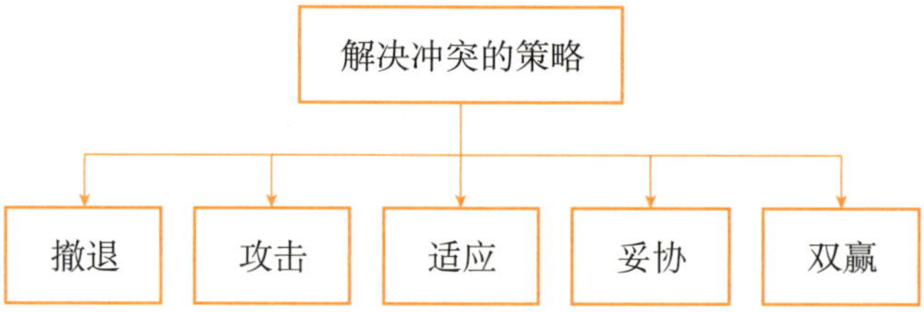

图 4-6　解决冲突的策略

1. 撤退

这是最常见的冲突应对方式。

先心理撤退，后行为撤退。

具体表现为停止争论，视而不见，放空，离开小组现场。

弊端为没有试图处理冲突、更没有消除冲突。从长远看，有可能让冲突更加难以解决。

2. 攻击

这是运用威胁身体、心理或其他行为来达到目的的方式。

具体表现为组内较强的一方认为组内人际关系和其他组员的目标都是次要的，进而强迫另一方接受自己的目标观点。

弊端为表面的胜利者，不合作的态度，暂时隐忍，双输。

3. 适应

采用这一策略的通常为小组中的少数群体，在组内的地位较低。

具体表现为牺牲自己的小组期待来达成组内和谐的人际关系。

这样做不一定收到较好效果，应从事实出发做决定；适应的结果有可能会激怒对方，引发更多冲突。

4. 妥协

在组内实力相当的冲突双方为了整体目标的实现各做出一定程度的让步，注重维护自己的立场，也愿意尊重他人的选择。

5. 双赢

冲突各方在冲突的过程中通力合作，对小组目标、面临问题、解决方案等进行客观理性的分析讨论，以找到最佳的解决方式。摈弃互不认同的旧观念，彼此信任与合作，坦诚面对与界定冲突的本质问题，重新选择并执行最优方案，从而获得“双赢”。

【示例】

某人际交往小组中，有 5 个组员和社会工作者在讨论下一节小组活动。

A：我认为我们下周应该和社交班进行联谊晚会。（攻击）

B：……

C：坚决不同意！为什么要由你来决定，我认为我们应该去郊游。（攻击）

A：你这个人怎么这样？（攻击）

C：我就是不想让你自己一个人下决定，我觉得我的提议更可行。（攻击）

D：可以不可以……唉，我也没什么很好的选择，只要大家玩得开心就好。（适应）

E：这样吧，现在有两种想法，大家各退一步，下次去联谊，再下次去郊游，你们看怎么样？（妥协）

B：你们决定吧。（撤退）

工作者：我们讨论一下。B，你想做什么？

B：我觉得两种都还不错，但更喜欢郊游。

A：联谊也很棒啊！

C：……

E：我有一种想法。要不我们把活动改为和社交班的同学一起去郊游，你们觉得怎么样？或者大家还有什么其他更好的想法？（双赢）

工作者：好！现在一共有三种意见，我们一起来做一个投票决定吧。决定之前，我们要考虑的是：是否搞两次活动？我们是否和社交班的同学一起搞活动？

A、B、C、D、E：好！

想一想

思考：在这个案例中，社会工作者是如何解决小组冲突的？运用了哪些策略？

____

____

（五）特殊组员

一个小组的顺利成功开展，需要每个组员的积极投入，但有时候小组中也会出现一些不太配合的组员，影响小组的正常推进，这样的组员被称为特殊组员。常见的特殊组员有沉默者、抗拒者、爱讲故事者。

当社工遇到沉默的组员时，可以采取以下技巧：

第一，识别沉默。当发现小组组员有沉默现象时，社工首先要细心观察，区分组员只是对某些环节或话题不感兴趣还是真正的沉默者。

第二，营造小组氛围。当意识到小组中存在沉默者时，社工应尝试在活动场所布置、活动内容设计上，增加小组组员的互动交流环节，缩小人际距离，营造自由表达的小组氛围。

第三，善用小组动力。小组到了中期，小组动力渐显，社工可考虑运用小组动力，抓住自然机会，鼓励沉默者复述自身的忧虑，引导其他组员对沉默者的忧虑予以正向回应。当沉默者因此做出尝试和改变时，社工可具体说出其转变和特质。

如果尝试了多种应对技巧仍收效甚微，社工可考虑为该类组员提供小组之外的个案辅导，进一步探讨沉默的原因及心理活动等。

当社工遇到抗拒的组员时，可以采取以下技巧：

第一，提供表达机会。经观察，部分抗拒者有机会表达出自身的不满情绪或内心想法时，他们的抗拒情绪或行为是会减少的，对小组的接纳度更高。但社工在这个过程中要注意处理其他组员在抗拒者表达时可能出现的反感情绪。

第二，表达尊重与接纳。如前文所述，抗拒往往来自内心的不安全感。作为社工，应当遵循社会工作专业的价值原则——尊重和接纳。同时，也要引导组员在言语态度上尽量表达真诚和友爱，从而逐渐减少抗拒者的惶恐不安。

当社工遇到爱讲故事的组员时，可以采取以下技巧：

第一，适时中断。爱讲故事者就某一话题进行绘声绘色的讲述时，社工应作适时打断处理，运用直接的反馈来提醒讲故事者回到话题中心。同时，邀请其他组员进行直接而不带批判的反馈，共同协助讲故事者进行关于感受、想法和反应的聚焦发言。

第二，转变表述的方式。通常讲故事者的话语冗杂啰唆，对一个细节可能多次重复陈述或就某一话题喋喋不休。在适时打断且讲故事者出现转变意愿时，社工可以协助其学习以持续吸引他人兴趣的方式来讲述自己的故事，但最终叙述故事的方式应有助于小组正在进行的讨论事项或实现小组目标。①

（六）小组冲突的处理方法

1. 分析及确定冲突的原因

Who？谁引起冲突？

Why？为什么起冲突？

Who？跟谁冲突？

How？怎样引起冲突？

What？什么类型的冲突？

2. 确定自己是否应当干预

（1）适当干预。

既不能盲目干预，过早压制；也不能盲目中立，任由事态发展。

（2）发动其他组员协助参与解决。

3. 制定适当的干预策略

（1）防止这类冲突变质，如演变的“情绪化”。

（2）建立理性的解决渠道来疏导冲突。

例如：强调冲突的出现是小组发展过程中的正常现象；邀请其他组员发表意见；工作者要强调小组规范，扮演公证人的角色。在极端的情况下，可要求暂停讨论，以便有时间整理双方的情绪。

---

① 许丹丹．小组中出现这样的组员怎么办 [J]. 中国社会工作，2021（10）.

自学自测

一、单选题

1. 小组工作的评估包括两种形式，一种是小组过程的评估，另一种是（　　）。

A. 小组早期的评估　　B. 小组工作结果的评估

C. 小组工作内容的评估　　D. 对小组成员的评估

E. 对小组工作者的评估

2. 小组工作过程中，沟通和互动的技巧包括全神贯注倾听、积极给予回应、适当帮助梳理、及时进行小结、促进互动交流和（　　）。

A. 联结集体和个人　　B. 真诚流露自我

C. 灵活运用眼神　　D. 把握中心话题

E. 表达鼓励支持

3. 在小组中，如果发生一个组员没完没了地唠叨的情况，工作者需要运用（　　）技巧进行干预。

A. 促使承担责任　　B. 提供精神支持

C. 适当给出解释　　D. 适时予以中断

E. 适当挑战内心

4. “做好开场讲演”属于小组工作一般技巧中的（　　）。

A. 建立关系技巧　　B. 有效沟通技巧

C. 组织会议和讨论技巧　　D. 评估小组技巧

5. “设限”是小组工作干预技巧中的（　　）的内容。

A.　引导互动技巧　　B.　融合技巧

C.　面质技巧　　D. 组织会议和讨论技巧

E. 评估小组技巧

6. “摘要”是小组工作干预技巧中的（　　）的内容

A.　引导互动技巧　　B.　融合技巧

C.　面质技巧　　D. 组织小组会议和讨论技巧

E. 评估小组技巧

7. 小组评估在小组工作中具有非常重要的作用。小组评估的特征主要有（　　）。

A.　评估是一次性的工作

B.　评估的重点并非组员的问题和需求得到解决或满足的程度

C.　评估需要社工和组员的共同参与

D. 评估是在小组结束后进行的

E. 评估的目的是给小组工作者打分

8. 在运用组织会议技巧时，工作者要善于正确发现和识别组内那些可以合作和依赖的、能够帮助自己完成小组任务的组员，这样做的目的是（　　）。

A. 避免使小组出现分裂

B. 增进与组员间的关系

C. 活跃小组气氛

D. 使组员在必要时成为采取共同行动的盟友

E. 为使组员有归属感

9.“阻止”属于小组工作常用技巧中的（　　）。

A. 引导互动技巧　　B. 控制小组进程技巧

C. 组织会议技巧　　D. 策划小组活动技巧

E. 小组协调技巧

10. 在处理冲突的过程中，社会工作者的角色比初期新增加了（　　）的角色。

A. 鼓励者　　B. 统筹者　　C. 调解者　　D. 组织者

E. 支持者

11. 在小组中组员间沟通相对比较充分的人际沟通方式是（　　）。

A. Y 状沟通　　B. 轮状沟通　　C. 环状沟通　　D. 开放式沟通

12. 社会工作者小林带领组员讨论克服拖延症的有效方法。组员们积极分享经验，并提出各种建议，其中有几位组员对某些方法的有效性看法不同并发生争执。为此，小林组织组员进行了深入讨论。在讨论的最后阶段，小林运用了讨论结束的技巧。

下列做法中，属于讨论结束技巧的是（　　）。

A. 保持中立，劝阻组员不要争执

B. 归纳各方意见和建议，形成结论

C. 引导组员重述各自的想法，澄清观点

D. 运用“此时此地”的技术，让组员表达自己的感受

13. 在小组讨论时，社会工作者认真聆听组员发言，了解组员的感受和期望，并不时地复述组员讲过的话，让他们感到被理解和重视。上述做法中，社会工作者运用的技巧是（　　）。

A. 积极回应　　B. 示范引导　　C. 自我暴露　　D. 信息磋商

14. 社会工作者小刘为老年人开设了园艺小组，旨在加强老年人之间的沟通交流，增强老年人的自信心。在第四节小组讨论时，王爷爷和孙奶奶因种植月季花的方法不同而产生了严重争吵，两人都希望小刘支持自己。这时，小刘适宜的做法是（　　）。

A. 保持沉默不回应、要王爷爷和孙奶奶自己处理争执

B. 保持中立和分析种植月季花各种方法的优点和不足

C. 与王爷爷和孙奶奶澄清冲突本质，让组员表决支持哪一方

D. 婉转地指出王爷爷和孙奶奶的不对之处并马上结束该小组

15. 为外来务工人员子女开设的自信心提升小组即将结束，社会工作者准备对该小组进行效果评估。下列评估指标中，属于小组效果评估指标的是（　　）。

A. 组员的出席情况　　B. 组员的过往经历

C. 组员的改变程度　　D. 组员特征与能力

二、简答题

1. 简析小组的沟通障碍。
2. 在小组冲突阶段，工作者解决冲突的方法和技巧有哪些？
3. 小组在不同阶段的工作技巧有何不同？技巧应该如何与小组的发展历程相配合？

三、简述

1. 简述小组工作的一般技巧。
2. 简述小组工作的干预技巧。
3. 简述小组冲突的类型及解决策略。
4. 简述小组冲突的处理方法。

课中实训

实训准备

实训目标

本次实训以小组工作的技巧训练为主要内容，训练学生作为小组带领者的一般技巧和干预技巧，以及冲突处理的技巧。使学生掌握如何根据不同小组类型设置小组基调、如何进行小组引导互动、如何带领组员进行会议和讨论、如何处理小组成员的矛盾和冲突；使学生具备尊重、接纳、富有同理心的社会工作者的素养，具有很好的倾听、人际沟通能力，能够掌握小组工作的过程和结果评估方法。

实训项目

为使实训开展更具有体验感和真实性，本次实训以大学生为服务群体，针对大一学生存在的环境适应问题、人际交往问题、学业目标问题等方面开展模拟小组活动，让学生开展小组，进行小组不同阶段的技巧训练。

项目名称：大一学生校园融入系列小组（学习成长小组、个人成长规划小组、青年领袖小组、朋辈互助小组等）。

实训步骤

（1）完成知识拓展、他山之石案例学习，结合课前自学，整合小组工作技巧相关知识。

（2）本次包含5项实训，请依次完成实训任务。

（3）实训过程中可以采用线上线下混合学习的方式，学生以小组为单位协同合作。

（4）请将每项任务的实训成果整理到相关表格或现场展示。

实训资料

当周围环境发生变化时，个体就要面对适应的问题。相应地，如何尽快适应大学生活成为摆在莘莘学子面前的一项重要课题。事实上，适应不良正困扰着相当一部分大学生，使他们出现了不同程度的心理障碍。他们不能够尽快适应角色转变，不能真正地走入大学生活，甚至有的人不能顺利地度过四年大学生活。

1. 周围环境的变化引发的适应问题

在高中时，许多学生就是为了一个目标——“考大学”。他们全身心地投入学习，父母无微不至地关怀他们，他们可以说是饭来张口，衣来伸手，很多人缺乏生活经验，自理能力比较差。进入大学遇到的第一个问题就是如何适应全新的生活环境。很多新生在面临周围环境的变化时，在较长时间内不能适应，如：有的大学生不善于妥善保管自己的钱物，经常丢三落四；有的大学生花钱无计划，一个星期就花光了父母给的一个月的生活费；等等。一些大学生由于难以适应全新的生活环境的变化，产生了紧张、焦虑、不安、沮丧等心理问题。

2. 学习环境的变化引发的适应问题

大学教育和高中教育完全是不同的，在教学形式、教学内容、学习内容等方面都发生了重大的改变。在教学形式上，中学阶段主要以应试教育为主，以课堂教学为主，就为了一个目标“考大学”而努力；而在大学阶段，教育强调的是自主学习、自我管理，注重学生独立思考以及创新能力的培养，教学形式上也更加多样化，不仅仅局限于教师的课堂讲授，有更多的学生参与的机会。在教学内容上，中学阶段的教学，是以高考为中心；而大学阶段的教学内容由于各个专业的不同而有很大不同，同时还要求大家能够学会如何做人，如何处事。在学习内容上，中学阶段的学习内容较为固定，就是高考涉及的科目；而在大学阶段，学习的内容更加广泛，除了专业课更加深入，还有选修课、限选课、人文素质课等等，可以使得同学们能够更多地汲取知识的养分。面对学习环境的变化，一些大学生不能很快适应，还和中学时期一样，以为会有人督促，不知道怎么样学习，也不清楚为了什么而学，由此产生了一定程度的心理问题，表现出紧张、焦虑、自卑等心理问题。

3. 人际环境改变带来的适应问题

远离父母，来到陌生的环境，大一新生对“人际交往”产生前所未有的渴求，对人际交往中的细节也较为在意。大一新生由人际交往引发的心理不适表现得特别明显。由于每一个人都是独特的个体，在生活习惯、性格等方面会存在很大差异，同时由于新生缺乏人际交往方面的经验，当人际环境发生改变的时候，不适应的问题就会突显出来。有的学生表现为自我封闭，有的学生表现为在行为上以自我为中心，很少考虑别人的感受，还有的学生表现出了空白和茫然，不知道与何人交往，怎样与人交往。

本实训针对那些在适应问题上有较明显适应不良症状，如严重心理问题或心理障碍的大学新生，运用小组工作方法解决其入学适应的问题，从多层面上提升大学新生的适应能力，帮助他们尽快转变角色，适应大学生活。

实训一　训练小组前期技巧：奠定小组的基调

实训目标：使学生能够根据不同类型的小组设置不同的小组基调，能够演讲和组织会议。

任务描述：

（1）基调设置（场地布置、色彩运用）。

（2）进行演讲、组织会议（会议主题、计划安排）。

任务 1 基调设置

任务描述：

（1）按每组 5 ～ 6 人标准对学生进行分组。

（2）以小组为单位进行讨论，如："要开展哪一种类型的小组？""这种小组的基调是怎样的？"

（3）将开展小组的类型和基调填入表 4–7 中。

表 4–7 "小组类型和基调"讨论结果

小组类型	小组基调	最终选择	选择的理由

（4）开展第一次小组活动，布置小组场地，设定小组基调（见表 4–8）。

要求：

场地的总体色彩与小组主题对应。

场地的桌椅摆放体现了小组的主题。

小组带领者体现出温暖和亲和。

表 4–8 小组基调

小组基调	教师评价
小组色彩	
桌椅摆放	
小组带领者的表现	

知识拓展

社会工作中小组的类型

小组的类型划分与确定，是开展小组工作实务的基础。依据小组的目标，可将小组类型划分为以下四类。

1. 教育小组

（1）在社会工作比较成熟的国家和地区，教育小组被广泛地应用于社区、学校、医院等场所。

（2）宗旨：通过帮助小组组员学习新知识、新方法，或补充相关知识之不足，促使组员改变其原来对于自己的问题的不正确看法及解决方式，从而实现小组组员的发展目标。

（3）教育小组在工作过程中要做到：

帮助小组组员认识到自我存在的问题并产生自我解决问题的需求。

促使小组组员确立新观念、新视野，从而改变看问题的角度。

开展干预服务，降低小组组员的问题行为特征的程度，以至达到改变自我的目的。

2. 成长小组

（1）成长小组大多运用于各类学生及边缘群体的辅导工作。

（2）宗旨：帮助组员了解、认识和探索自己，从而最大限度地启动和运用自己的内在资源及外在资源，充分发挥自己的潜能，解决所存在的问题并促进个人正常健康的发展。

（3）焦点：个人的成长和正向改变。

（4）典型：近年来针对不同人群的需要而开展的“体验小组”，如青少年的野外拓展训练营。

3. 支持小组

（1）支持小组一般是由具有某一共同性问题的小组组员组成的。通过小组组员彼此之间提供的信息、建议、鼓励和感情上的支持，达到解决某一问题和组员改变的效果。在支持小组中，最重要的是小组组员的关系建构、相互交流和相互支持。

（2）社会工作者的任务：指导和协助小组组员讨论自己生命中的重要事件，表达经历这些事件时的情绪感受，建立起能够互相理解的共同体关系，达到相互支持的目的。因此，支持小组要充分发挥小组组员的自主性，鼓励组员分享经验并协助解决彼此的问题。

（3）典型：单亲家庭自强小组、癌症患者小组，针对吸毒人员的同伴治疗小组等。

（4）需要注意：支持小组的动力源于小组组员的需求本身，社会工作者在小组形成以后一般处于“边缘化”的位置，扮演的是推动者和协调者的角色。有观点较为极端的学者认为，大多数支持小组属于自助类的，故社会工作者在小组建成后一般不必介入该小组的过程。

4. 治疗小组

（1）治疗小组的组员一般来自那些不适应社会环境，或其社会关系网络破损断裂而行为出现问题的人群。

（2）对社会工作者的素质要求：不仅要求其具备扎实的社会工作理论基础和娴熟的实务技能，还要具备一定的心理学、医学等方面的学术训练和临床经验。

（3）角色：通过小组工作的活动过程，帮助小组组员了解自己的问题及其背后的社会原因，利用小组的经验交流和分享，辅以一定的资源整合或社会支持网络，以达到对小组组员的心理和社会行为问题的治疗，从而改变小组组员的行为，重塑其人格，开发其潜能，促使其成为健康、健全的社会人。

（4）典型：为吸毒人员提供服务的美沙酮治疗小组、为社区矫正对象开展的治疗小组以及针对家庭暴力受害者开展的治疗小组等。

他山之石

以小组工作方法介入大学新生适应问题

第一节：进入小组。在完成组员招募组成这个小组之后，第一次小组活动要让组员明确目标。目标：让小组组员了解参加这个小组的目的，确立小组规范，并使他们能够尽快彼此认识。在这个过程中，认识到学会向别人介绍自己以及记住别人的重要性。内容：通过一些简单有趣的热身活动，引发组员的兴趣，加强组员之间的相互了解，增强彼此对于同属一个团队的认同感和归属感。

第二节：彼此合作。目标：帮助组员学会与他人分享，朝着一个共同的目标一起努力，彼此进行合作，明白团队的意义。内容：让组员在一些需要与他人合作完成的小组活动中体验与人合作的重要性，例如“信任跌倒”“哑口无言”，培养组员的合作能力。

第三节：社交问题的解决。目标：新的环境总会遇到新的人际交往问题，工作者通过模拟具体的人际交往场景，让组员学会如何在具体情境中运用合适的社交技巧来解决问题。内容：让组员通过游戏活动来展现日常生活中与同伴相处时的冲突问题，以及在出现问题时他们的具体反应，最后从小组讨论及同伴分享中获得解决问题的办法。采用情景回顾，角色扮演的方法。例如让他们通过情景心理剧的扮演，在剧中了解人际关系的重要性，从而使其改变自己的不足，处理好人际关系。

第四节：价值澄清。目标：对于新环境的不确定让大学新生对自身缺乏准确定位，而这节小组活动的目标就是通过活动协助成员澄清其价值，为大学生活确立明确的目标和方向。内容：通过一系列小组的价值判断或价值澄清活动，促进组员间的互相了解，整合个人期望。例如可以进行“火光熊熊”“价值拍卖”等游戏。

第五节：赞美（小组的结束）。目标：巩固已有小组成果，成员间通过互助顺利完成中学生到大学生角色的转变，最终达到在最短时间内适应大学生活的目标。内容：通过赞美的小活动思考个人或他人的变化，让组员体会到小组给自己带来的收获或进步，并将这种成功的经验运用到今后的学习生活中，圆满结束小组。

任务 2　演讲和组织会议

任务描述：

（1）就大学中某一话题恰当地向组员发表简短的演讲，提供适合组员的信息或知识。要求所提供的信息或知识必须真实、准确，要考虑组员的文化和性别情况。

（2）组织一次新生联谊会，目的在于加强同学间的认识和了解。每组制作一份会议安排计划。

知识拓展

演讲中可以使用的几个技巧

（1）不要读幻灯片。很多人都认为自己可以脱稿演讲，可事实上却常常回头看屏幕。

读幻灯片会不断打断你的演讲思路，这也间接地告诉听众你根本就不理解自己要讲的内容，从而对你的演讲失去信心和兴趣。

（2）注意演讲时的脸部表情。演讲时的脸部表情，无论好坏都会带给听众极其深刻的印象。

紧张、疲劳、喜悦、焦虑等情绪无不清楚地表露在脸上，这是很难借由本人的意志来加以控制的。

演讲的内容即使再精彩，如果表情让人觉得缺乏自信，老是畏畏缩缩，那么演讲也很容易变得欠缺说服力。

（3）与听众产生共鸣。演讲不是我要讲什么，也不是听众要听什么，而是我想讲的与听众想听的能够结合并产生共鸣。

作为演讲者，必须去了解听众，听众能否理解以及感同身受至关重要，打动听众的演讲才是好演讲。

演讲者要把事情往深处想，往深处看，往深处讲，从而与听众产生共鸣。

（4）演讲要“具象”，即要有“画面感”。在讲故事时，不要干巴巴地陈述，而要把细节讲出来，这样故事自然就呈现出来了。

他山之石

大型的会议前期要做哪些工作？

1. 会前通知

通知方式有下面两种。

书面：一般是大的、时间长、参加人员多的会议。

口头：小型的、小范围的会议。

通知内容主要是时间、地点、参加人员、会议内容、要求等。

2. 准备会议需要的资料

（1）讲演稿（不做保密的可以为与会代表每人准备一份）。

（2）会议日程安排表。

（3）铅笔和纸，或是其他本笔，这些可以和礼物等一同提供给与会代表。

（4）签到表，一般用于小型的技术性会议，如果是综合性大会议，可以不用。

（5）横幅。内容为会议的题目，大约提前 3 ～ 5 天制作。

3. 会议的日程

中型以上会议需要制定会议日程。注意要确定日程各环节会涉及的人。

4. 会场的布置

（1）会（徽）标：必须体现出本次会议的内容。

（2）主席台的安排：几个人？安排谁？是否需要姓名牌？位置如何安排？会场的桌椅是否够用？等等。

（3）观众席的安排：按什么标准划分区域？划分几个区域？等等。

（4）摆放给与会代表的资料的桌子提前安排在相应位置。

（5）悬挂横幅。

（6）非常重要的会议，请速记员，并安排好其座位。

（7）国际性会议，准备同声传译，并安排好其座位。

5. 现场的安排

要求参会者提前 10 分钟入场。

在入口处安排服务人员，明确、清楚地告诉每位进场的人员如何坐，坐到什么地方。

例如：发言的人坐在哪里，旁听的人坐哪里。

安排好其他服务，明确应该注意的事项。

灯光、音响、话筒、空调、现场调试的人员，都要做好安排（设备最好准备2套以上）。

如果发放奖品，则要提前准备好。先发的放在上面，后发的放在下面（但要注意不要混淆，怕压的物品要单放）。

礼仪人员设置好上台的时间、路线、方式，穿戴整齐、符合要求，确定会前是否再进行排练。

实训二　训练小组早期技巧：温暖、真诚、破冰

实训目标：能够学会微笑面对自己和他人、学会倾听他人和与他人做有效的沟通。

任务描述：

（1）微笑练习。

（2）倾听自测。

以“描述今天遇到的一件事情”为主题进行交流，当任何一名学生在进行描述的时候，其他学生认真倾听，并把听到的信息、当时的情感和情绪等写在纸上，待其讲述完毕之后，交还给该名学生，由其对他人描述的情形进行打分。

（3）有效的沟通。

（4）小组破冰游戏。

任务1　微笑练习

他人诱导法——小组组员之间通过一些有趣的笑料、动作使对方发笑，并相互之间评价，什么是微笑。

口型对照法——通过一些相似的发音口型，找到适合自己的最美微笑姿态，如“一”“茄子”“呵呵”。

牙齿暴露法——笑不露齿是微笑；只露上排牙齿是轻笑；露上下八颗牙齿是中笑；牙齿张开看到舌头是大笑。

任务描述：

根据以上材料进行微笑练习。

（1）组员之间两两进行，按照材料中的三种方法练习，并给对方拍照，作记录（见表4-9）。

（2）选出最好的图片。

（3）按照适合自己的方法进行10次训练，并在小组中展示。

表 4-9　微笑练习记录表

微笑方法	图片	最适合自己的方法	练习程度		
			不合格	合格	优秀
他人诱导法					
口型对照法					
牙齿暴露法					

任务 2　倾听自测

仔细阅读以下三个案例，并按要求进行自测。

自测说明

第一步，请根据案例内容，选出自己的答案；第二步，根据选项对应的数字（见表 4-10），统计分数；第三步，结合自己的分数，查看后面的解读（见图 4-7）。

案例 1：你的一位同学对你说："我在完成老师布置的作业时遇到一个问题。我收集了所有的资料，但我不知道怎样把它们综合起来才能突出重点。"

你的回答是（　　）。

（1）我能理解你，这项工作的确很难，更何况你没有这方面的经验。

（2）我有个主意，去找小江，他有这方面的经验，他肯定能帮你的。

（3）如果我没有理解错误的话，你是要我帮你完成工作。

（4）老师已经和我们解释过怎么样做，你必须努力去完成。

（5）你收集了资料，但是把资料综合概括起来很困难。

（6）你是如何综合你收集的资料的？

案例 2：一位同学对你说："你看到今天早上小田的表情了吗？我看说不定他又和小商吵架了。我挺喜欢小田的，所以我也挺不痛快，我可不希望他出差错。"

你的回答是（　　）。

（1）你有消息吗？到底是怎么回事啊？

（2）你不用担忧，会没事的。我清楚小田这人，他会消气的。

（3）你把这事看得太严重了，你没必要也扯进去。

（4）你是为小田担心，因为他和小商有分歧。

（5）那么今天中午你和小田一起吃饭吧，安慰一下他。

（6）如果小田拉长脸的话，那一定是因为他又和小商吵架了，而且这次比往常更严重。

案例 3：一位同学对你说：我想今天早点下课，我必须到医院看医生。但是我的自行车送去修理了，所以如果和平常一样走着去的话，会来不及的。

你的回答是（　　）。

（1）这个月已经是第三次早退了，你应该知道这样做不好。

（2）你想早点下课，为了先去取修理好的自行车。

（3）你要第几节课走？
（4）去吧，课后把笔记补上就行了。
（5）你需要老师的许可才能早点走。
（6）这的确是桩麻烦事，但应该可以解决的，你跟老师说一声肯定可以。

表 4-10 你的回答

题目	选项					
	1	2	3	4	5	6
1	支持（3 分）	决定（2 分）	演绎（4 分）	判断（1 分）	重新组合（6 分）	了解（5 分）
2	了解（5 分）	支持（3 分）	判断（1 分）	重新组合（6 分）	决定（2 分）	演绎（4 分）
3	判断（1 分）	重新组合（6 分）	了解（5 分）	决定（2 分）	演绎（4 分）	支持（3 分）

分数解读

重新组合（6 分）

把对方说的话重述一遍，不做任何加减和评论。使对方感到你在听，你能够理解他。同时你鼓励他多说，让他自己寻找解决方案。

不表态，不说本人的想法，对方可能会感到不安全。

了解（5 分）

调查、询问、鼓励对方多说。对方感到你对他的重视。不急于做结论，多方面了解，以求理解他。你能帮助他更好地分析问题。

对方有可能着急，会感到谈话是在审问他。

演绎（4 分）

解释对方的观点，寻找原因。需要对方对你的演绎的认可。给予对方另一种解释、另一种看法。能使他更深刻地理解问题。

你可能会错，如果你的演绎是武断无根据的，对方会拒绝把话说下去。

支持（3 分）

试图就发生的问题冲淡，给予对方安慰和支持，让他重新振作。对方感到在他需要的时候得到了安慰和照顾。

只表达好感和善意，可能遗忘问题所在。

决定（2 分）

你告诉对方应该做什么决定，提出解决方案建议。给予他启发，如果他同意你的观点，事情会很快地得到处理。

你限制了对方的自立。如果你的方案不合适或来得太早，对方会抗拒。

判断（1 分）

你对对方的话表示赞同、不赞同、批评等，或对对方的为人或言论做判断。如果你说他对，对方会高兴；如果你说他是错的，他能知道错在哪里（前提是你是对事不对人）。

不考虑对方的观点，对方会有自卫的心理，或为自己辩解。可能会有双方都添油加醋的情况。

你的分数

每种态度的分数　　回答次数

重新组合 6 分

了解 5 分

演绎 4 分

支持 3 分

决定 2 分

判断 1 分

总分 =

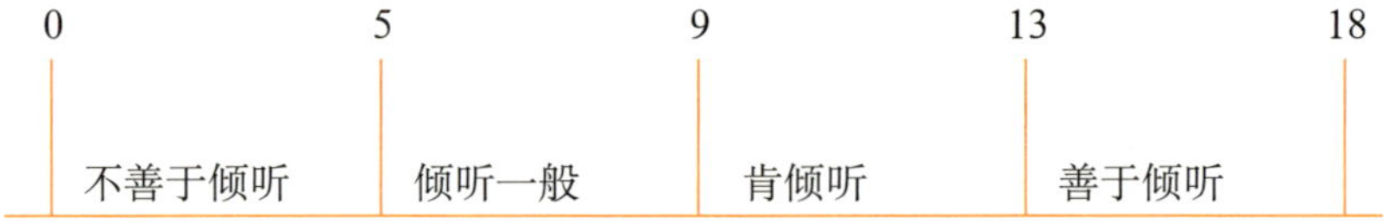

图 4-7　分数解读

知识拓展

主动倾听

倾听是一种重要的社会工作技巧。主动倾听是指工作者主动积极地运用视听觉器官去搜集服务对象信息的活动。完全主动的倾听包括三个方面的内容：倾听服务对象的话语信息（工作者应该有目的地倾听，在倾听过程中要注意对服务对象叙述中的经验部分、行为部分和情感部分加以区分），观察服务对象的身体语言信息（身体语言在传递信息中有巨大的优势，工作者不仅要倾听服务对象说的话，还要同时观察服务对象的身体语言）以及解读服务对象其人（包括其生活、行为及与其问题相关的内容）。

他山之石

倾听与小组工作

小组工作是一种以两个人或两个以上的人组成的小组为工作对象的社会工作方法，它主要由社会工作者通过有目的的小组活动和组员间的互动，帮助小组成员共同参与集体活动，从中获得小组经验，处理个人、人与人之间、人与环境之间的问题，获得行为改变，恢复与发展社会功能，开发个人潜能，从而获得个人成长。

倾听在小组工作中是非常重要的，会对小组动力产生一定的影响。社工不仅应该倾听组员向社工反馈的信息，还要倾听组员与组员互相交流的信息。需要特别注意的是，为了在小组工作当中更好地倾听，需要合理的空间安排，如小组工作应该在大小适宜、保密性强的场地内进行，椅子最好围成一圈，椅子之间的距离可以自由调整。最好不要安排成教室或者会议室的形式，因为这样的形式会给社工与后排组员的交流造成不便，影响社工的倾听效果。

任务 3　有效的沟通

任务目标：小组成员通过活动能够理解有效沟通的含义，掌握有效沟通的方式。

任务描述：

（1）以小组为单位进行“你画我猜”活动。

（2）根据给定材料，说说自己会进行怎样的沟通，并进行现场情景演绎。

“你画我猜”活动规则

每组发 1 个画板、1 张 A4 纸和 1 支笔，负责画画的选手（1 号选手）到词语处随机抽取一个词语，并由工作者向其他组展示，给猜词的选手字数提示。

1 号选手在画板上画图案，图案中不能有文字信息。之后再由该组其他选手猜答案，并写在纸上，在时间结束时，亮出答案。一组结束。

时间：每组两分钟。计分：猜中一词，计一分。

讨论：在活动中，运用到了哪些沟通方式？每种沟通方式的特点是什么？

____

____

____

____

材料：倔强的小王

社会工作者刘芳开展了主题为“新新相通，从心开始”的大一新生朋辈互助小组，共招募了 15 名大一新生。小组刚成立的时候，刘芳就发现有一名组员小王一直坐在角落的位置玩手机。刘芳根据所学沟通知识，认为是组员的座位不利于沟通，所以对座位摆放进行了调整，把 Y 状座位改变成环状座位。但是发现小王依然不参与组员的互动，低头玩手机。此时，刘芳想到了老师讲到的沟通技巧，除了座位的摆放之外，还包括活动设计、语言的表达、倾听、同理心等的使用。

根据以上材料，每组进行情景演绎。仔细观察同学的演绎，并填写表 4-11。

表 4-11　情景演绎

组别	座位摆放情况	社工如何倾听	社工语言表达技巧	社工同理心的运用	沟通是否有效
1					
2					
3					

任务 4　小组破冰游戏

任务目标：初步促进组员之间的认识与交流，培养团队意识与合作意识，加强小组的凝聚力。

任务描述：

（1）以小组为单位进行“贴膏药”游戏。

（2）组员进行自我介绍。

（3）共同讨论小组组名、小组愿景，制定小组契约。

“贴膏药”游戏规则

学生面向圆心站成双层圆形，前后2人对齐为一组。从参加者中选出一组（2人）做领头人，一人追，一人逃，逃者和追者均可在圆圈内外及各组之间穿插活动。在追逃中，如果追者用手拍到逃者身体任何部位，则追者与逃者角色互换，但如果逃者贴在任何一组的前边，逃者立即得到解脱，追者不能再拍他，被贴组外圈的那个人则为新的逃者。逃者在逃跑过程中，可以做任何动作，追者必须模仿逃者的动作，逃者借机得以摆脱。

被捉的人进行真心话大冒险。大冒险：（1）现场找10位同学拥抱，以增进友谊。（2）如果在室外，则可以现场找棵树，抱住它，并说我爱你。（3）用屁股的扭动写个数字，大家猜对过关。真心话：（1）说出现场最令你欣赏的异性与同性。（2）说出最囧的一件事。

知识拓展

社工制定小组契约应注意什么

小组活动的第一节中往往安排有小组契约制定环节，以期通过与组员一起制定小组契约，组员对小组更有归属感及更愿承担责任。

小组契约与一般的规则不同，制定小组契约应注意以下问题：

首先，要体现团队意识和培养团队归属感。小组契约必须拥有一个完整的名称，如“‘快乐每一天’小组契约书”，还要在每条契约上标上遵循契约的主体，即“我”或“我们”，应考虑到小组成员包含社工。

其次，融入社工的优势视角和正向心理，尊重每一个组员以及社工自身。在讨论及书写小组契约时，引导组员看到团队及自身积极的和进步的一面，将“不准……”“禁止……”等换成“我们要……”。例如：非“不得迟到”，而是“我们要准时参加每一次小组聚会”；非“不准随便打断别人发言”，而是“我们要尊重别人的发言，学会倾听”。

再次，要培养及肯定组员的责任感。讨论出小组契约并在一张大纸上书写完后，还应让每位组员包括社工自己在小组契约上签下自己的名字或昵称，以示决心和承诺。

最后，重视小组成果，不断巩固和强化小组契约。有些小组活动，小组契约只在第一节中出现过，后面几节就不见踪影了，这是对小组成果的漠视。小组契约理应在小组开组时于醒目地方张贴出来，以便小组过程中出现未能遵循契约的情况时有据可循。

小组契约的制定是小组工作开始阶段的重要环节，纵使不必隆重庄严进行，也要积极认真对待，特别是要注重社工价值和理念的注入及融合，这样才能在小组早期培养小组情感及责任感，初步建立关系以及产生一定的团队意识。

实训三 训练小组中期技巧：引导互动、融合和面质

实训目标：能够运用一些干预技巧，如引导小组互动、融合、面质。

任务描述：

（1）引导互动技巧训练。

（2）融合技巧训练。

（3）面质技巧训练。

材料：

在一个朋辈互助小组当中，有10名组员，经过小组前期和早期的活动，组员之间已经相互了解，小组氛围也较融洽。但组员小王最近积极性并不高，虽然每次活动他都参加，但都是坐在角落玩手机，小组的任务也不愿意主动地完成，跟大多组员之间的关系并不是很好，只跟小李玩得好。

这一天，在进行“靠背起”团队游戏的时候，小王和小李又在偷偷地玩游戏和讲话。

社工跟小王进行了交流。

社工：小王，我看你最近参加小组的积极性并不是很高，而且活动时总是和小李一起玩手游，可以跟我说说为什么吗？

小王：我觉得有点无聊。

（1）如果你是社工，接下来你会怎样做？请按小组进行讨论，并进行情景演绎，小组之间进行观摩。

（2）分小组讨论小王所在的小组问题（见表4-12），并制订干预计划。

表4-12 小组问题分析

小组动力	
小组需求及问题	
干预目标	
具体方法	

（3）运用引导互动、融合、面质等干预技巧，列表说明。

实训四 训练小组中后期技巧：小组冲突的处理

实训目标：能够运用小组冲突的处理技巧协调组员矛盾。

任务描述：

（1）干预技巧训练。

（2）小组冲突的处理技巧训练。

材料：

大学生成长规划小组共有10名组员，他们性格各异，有的文静，有的活泼。李明和王芳性格都很开朗，有主见，他们在小组的活动中逐渐形成了自己的小团体，从而导致小组意见分歧。有一次，在策划“爱书·才会赢”活动中，李明和王芳意见发生了分歧，两个人开始争吵。

李明：这个题目取得很不好，什么爱“书”才会赢？还以为是爱“输”才会赢呢！听起来真怪异。

王芳：“书”和“输”谐音，但这个题目是以自嘲的逆向方式来突出读书的重要性，我觉得你不懂就不要乱说。

李明：我乱说？你问问其他人怎么看？

（李明的好朋友纷纷摇头）

王芳：你们觉得不好，那你们来定题目啊。只会说，不会做。

李明：你说谁只会说不会做？以前的那些活动难道都是你做的？以为自己了不起啊！

王芳（腾地站起来）：你还好意思说以前？我还没跟你算旧账呢！

李明：怎么啦？要打架啦？

王芳的朋友赶紧过来劝说：算啦，算啦，他不做，我们做。

李明：你们爱怎么做就怎么做，我们做我们自己的，要不然我们就不参加。

根据以上材料：

（1）分组讨论，分析该小组冲突属于哪种性质的冲突，有什么特点。

（2）分组演绎：如果你是社工，接下来你会怎么做（见表4-13）？

表4-13　冲突解决策略

小组冲突性质	社工采用何种解决策略	效果如何

（3）以下是一些具体干预方法，请每个组选择一种方法做出活动方案进行演练。

方法一：处理小组中个人行为冲突的一个成功的方法是要求每一个小组成员根据以下几个方面对全部小组成员做出评价（见表4-14）：

表4-14　小组评价

你特别喜欢某人做的什么事？	某人做了什么事给你带来了麻烦？	某人还会有什么别的做法？	你能列举出某人对小组的成功所做出的贡献吗？

在小组会议上大声宣读对于这些问题的回答并进行讨论。鼓励每个小组成员为了提高小组的有效性而明确他或她所愿意采取的一种行为。

方法二：如果行为问题继续存在，鼓励会议主持人和过程监督员找有关人员个别谈话，向他明确需要改变的行为。这种谈话应该包括：

关于这个小组成员行为的详细报告。

陈述这一行为对某位小组成员以及其他成员的影响。

详细描述这个小组成员应该做什么。

如果这个小组成员继续选择这种行为，向他指明会造成什么样的后果。

方法三：在小组中，使用以下的策略可能会使小组成员顺利地处理问题或冲突：

小组成员陈述所讨论的问题，明确问题的性质，寻求共同的理解。

每个小组成员谈谈其他成员对这一问题有什么责任。

每个小组成员谈谈自己对这一问题有什么责任。

每个成员确定所需的行为改变，并对“第一步骤”做出承诺。

经常开展后续工作，表扬小组成员所做的努力。

方法四：制定帮助 / 阻碍一览表（见表 4-15）——一组可接受以及不可接受的行为。

表 4-15　帮助 / 阻碍一览表

哪些是可接受的行为？	哪些是不可接受的行为？

他山之石

管理学意义上如何化解团队冲突

管理学意义上化解团队冲突过程可参考图 4-8。

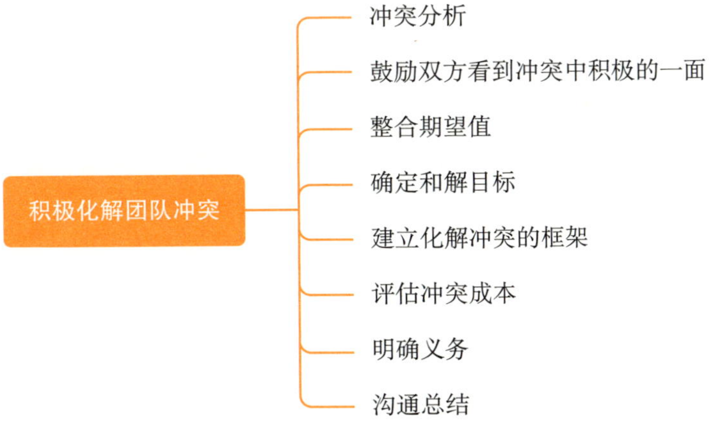

图 4-8　管理学意义上化解团队冲突

实训五　训练小组后期技巧：处理组员的离别情绪和评估小组

实训目标：能够运用一些技巧处理组员的离别情绪，对小组工作进行评估。

任务描述：

（1）处理离别情绪。

（2）评估小组。

任务 1　处理离别情绪

任务描述：

（1）重新叙事挑战。

将事先写有“自己最想告别的人、事、物或关系”的半张 A4 纸分发给每位组员（除自己的外），引导组员对“他人告别故事”进行思考并从自己的视角进行重新编排诠释，并给予故事主人公一个关键词。通过感受其他组员的告别故事，回顾自己的人生经历，对“故事”进行重新编排和诠释，赋予该“故事”新的视角，带给故事主人公新的启发和思考。

（2）重走人生路。

事先在地上画标有很多时间点的人生路。给每个组员发放三张便利贴，给五分钟准备时间，让组员写下某时间点自己需要的能力，走到相应的时间点，说出自己需要这些能力的原因，然后贴在地上人生路的该时间点上。其他各组员也按照这样的方式依次进行讲述，并把它们贴在地上人生路的各个时间点上。完成后所有组员环绕人生路走一圈。帮助组员反思过去自己面临这些困难时的看法和态度，以及现在的心态的变化，每个组员都能结合上一环节发现能力的习得并进行分享。

（3）与告别对话。

将两张椅子放置在场地中间，用道具设定安全线和安全区，每名组员坐在“自己”的椅子上，将手机打开手电筒放置在“告别”的椅子上，开始尝试对“告别”进行告别的对话。引导词示例如：“今天是 20×× 年 12 月 × 日，我今天要跟你说再见了……感谢你陪伴我的时间，再见。”鼓励组员进行告别的表达，赋予告别仪式感，促进组员关注此时此地的感受和情绪，聚焦于告别处理上组员未完成的事。

知识拓展

格式塔疗法

该疗法采用许多具体技术，如对话演习、双椅技术、责任心训练、梦的分析等以强化当事人的直接经验，即“此时此地”经验，促进情感释放，面对冲突和矛盾，提高当事人的意识性，使他们了解自己所运用的心理防御机制。在小组活动上立足组员“此时此地”

的感觉，聚焦于组员未完成的事，强调充分学习、认识、感受当前这一刻，强调留恋过去就是在逃避体验现在。这些情感在知觉领域里并没有被充分体验，因此在潜意识中徘徊，而在不知不觉中被带入现实生活里，从而妨碍了自己与他人间的有效接触。运用空椅子技术、感觉留置等方法，可帮助组员获得更敏锐的察觉力，体验内在的冲突，解决不一致性和两极化的问题，突破构成阻碍的僵局，以解决未完成事件。

任务 2　评估小组

任务目标：会制作评估量表和满意度问卷进行结果评估。

任务描述：

（1）自我评估：每次活动结束后，主持人填写小组主持人自我评估表；活动全部结束后，所有工作者都要填写工作者对小组活动的评估表（见表 4-16）。

表 4-16　自我评估表

自我评估项目	评估
活动前是否了解组员的需求和问题？	
是否做好了场地、时间安排？	
是否有知识准备？	
是否能很好地引导小组？	
是否观察到组员的进步和成长？	
是否能够关注到小组的目标？	
自我状态如何？	

（2）小组成员评估：每次活动结束前，都鼓励组员对本次活动谈谈自己的看法；活动全部结束后，所有组员填写对整个小组的评估表（见表 4-17）。

表 4-17　组员评估表

组员评估项目	评估
是否积极地参与小组活动？	
存在哪些方面的问题？	
对小组还有哪些方面的需求？	
在小组中获得哪些成长？	
与其他组员关系如何？	
自我状态如何？	

（3）督导或助理工作者评估：每次活动结束后，由督导或助理工作者填写一份对本次活动的评估表（督导评估表见表 4-18）。

表 4-18　督导评估表

督导评估项目	评估
小组动力如何？	
小组氛围如何？	
小组活动的资源如何？	
社工的技巧如何？	
小组的目标是否达到？	

（4）设计小组活动满意度评估表或问卷。

知识拓展

李克特量表

量表是一种测量工具，通常用来测量人们的主观态度、意见或价值观念等。我们经常会在问卷中使用量表对调查对象进行测量，最常见到的就是李克特量表。

李克特量表由美国社会心理学家李克特于 1932 年在原有的总加量表基础上改进而成。这种量表由一组与某个主题相关的问题或陈述构成，通过计算量表中各题的总分，可以了解人们对该调查主题的综合态度或看法。

李克特量表的尺度形式有多种，我们常见的是五级量表，即五个答项，另外还有七级量表、九级量表或者四级量表等。

例：请你对下列看法发表意见（选择一个答案打钩）

	非常同意	同意	无所谓	不同意	很不同意
1. 爱情比工作重要	（　）	（　）	（　）	（　）	（　）
2. 工作比爱情重要	（　）	（　）	（　）	（　）	（　）

他山之石

小组活动满意度问卷

（1）你对这次活动的满意度如何？（请在与你情况相符的文字下打钩）（见表 4-19）

表 4-19　小组活动满意度评估表

内容	非常满意	满意	不满意	非常不满意	难说
活动内容的安排					
活动时间的安排					
活动的场地					
主持人					
小组带领者					
活动整体					

（2）请在问题后面的括号里写下与你情况相符的数字。

（极不符合） 1 2 3 4 5 6 7 8 9 10 （极符合）

这次活动促进了你与其他小组成员的认识与交流。( )

在这次活动中，你乐于与他人分享自己的想法。( )

在这次活动中，你能与组员很好地合作。( )

在这次活动中，你觉得大家相互信任而且坦诚。( )

在这次活动中，你更好地理解了自己的困惑。( )

参加了这次活动，你觉得自己更懂得如何与朋友相处。( )

你在这次活动中找到了归属感。( )

你觉得这次的活动经验很有意义。( )

（3）你参加了这次活动后有什么新的收获？

（4）你认为我们的活动有哪些可以改进的地方？

（5）你期望下一次的活动有哪些内容？

实训项目评价

请填写以下表格（见表 4-20 ～表 4-24）。

表 4-20 实训一

实训一		小组前期：奠定小组的基调				
		分值				
		5	4	3	2	1
过程评估	组员出勤率					
	小组合作					
	小组氛围					
	小组沟通					
结果评估	任务完成情况					
	小组动力					
	小组提升					

表 4-21 实训二

实训二	小组早期：温暖、真诚、破冰			
	微笑	倾听	沟通	破冰
过程评估	每组是否按要求练习？	每组是否按要求练习？	每组是否按要求练习？	小组是否讨论？
	是否记录练习过程？	是否记录练习过程？	是否有演练过程？	是否有活动方案？

续表

实训二	小组早期：温暖、真诚、破冰			
	微笑	倾听	沟通	破冰
结果评估	每个组员学会了向别人微笑	每个组员掌握了倾听的技巧	每个组员掌握了有效沟通的技巧	加强了组员的沟通和了解，小组气氛活跃，形成了小组契约

表 4-22 实训三

实训三		小组中期：引导互动、融合和面质				
		5	4	3	2	1
过程评估	小组准备					
	小组合作					
	小组动力					
结果评估	组员技巧					

表 4-23 实训四

实训四		小组中后期：小组冲突的处理				
		5	4	3	2	1
过程评估	小组准备					
	小组合作					
	小组动力					
结果评估	组员技巧					

表 4-24 实训五

实训五		小组后期：处理组员的离别情绪和评估小组				
		5	4	3	2	1
过程评估	小组出勤率					
	情绪处理					
	演练情况					
	组员合作情况					
	小组氛围					
结果评估	小组目标达成情况					
	组员的问题和需求分析					
	组员的满意度情况					
	跟进情况的说明					

课后提升

活动 1：人际冲突解决能力测试

测试导语：生活工作中不免会与人发生冲突。当冲突发生时，你会怎么办呢？你是否具备平息人际冲突的能力呢？下面的问卷将测试你的人际冲突解决能力，共有十道试题，每道题有四个备选答案，请选择最适合自己的一个答案。

（1）如果你和某个同事或同学产生了冲突，造成双方关系紧张，你将怎样做？（　　）

A. 他若不理我，我也不理他；他若主动来找我，我就跟他和好

B. 请别人帮忙，调解我们之间紧张的关系

C. 从此不再搭理他，并设法报复

D. 我将主动去接近对方，尽力化解冲突

（2）如果你被误解做了某件不好的事情，你将怎样做？（　　）

A. 找这些乱说话的人对质，指责他们

B. 同样捏造一些莫须有的事加在对方身上

C. 置之一笑，不去理睬，让时间来证明自己是清白的

D. 要求调查，以弄清真相

（3）如果你的同事之间的关系紧张，你将怎么做？（　　）

A. 谁厉害就支持谁

B. 采取不介入的态度，不得罪任何人

C. 谁正确就支持谁，态度明朗

D. 努力调解两人之间的关系

（4）如果你的父母经常为了一些小事而争吵不休，你准备怎样做？（　　）

A. 根据自己的判断，支持其中正确的一方

B. 尽量少回家，眼不见为净

C. 设法阻止他们争吵

D. 威胁他们说："如果再吵，就与你们断绝关系。"

（5）如果你的好朋友和你发生了严重意见分歧，你将怎样做？（　　）

A. 暂时避开这个问题，求同存异

B. 请和我们都亲近的第三方裁决谁是谁非

C. 为了友谊迁就对方，放弃自己的观点

D. 下定决心中断我们之间的关系

（6）当别人嫉妒你取得的成就时，你将怎样做？（　　）

A. 以后再不努力表现，免得被人嫉妒

B. 不理会他们的态度，依然积极努力

C. 和这些嫉妒者争吵，保护自己的名誉

D. 一如既往地工作，但同时检讨自己是否有何不妥之处

（7）甲和乙都是你的同事，当你需要处理的某件事（不是坏事）将得罪其中一方时，你将怎样做？（　　）

A. 向甲和乙讲明这件事的性质，想法取得他们的谅解，再处理这件事

B. 瞒住甲和乙，悄悄把这件事情做完

C. 事先不告诉甲和乙，事后再告诉被得罪的一方

D. 为了不得罪甲和乙，宁可不顾当时的需要而不去做这件事

（8）如果你的朋友虚荣心太强，你会怎样做？（　　）

A. 了解他虚荣心太强的原因

B. 利用各种机会劝导他

C. 任他去做，以保持良好关系

D. 只要他有追求虚荣的表现，就去指责他

（9）如果你对某一问题的正确看法被老师否定，你将怎样做？（　　）

A. 向老师反映，争取老师的支持

B. 不再认真学习，以发泄自己的不满

C. 一如既往地认真学习，在适当的时候再向老师陈述自己的看法

D. 和老师争吵

（10）如果你和组员对小组的活动安排意见不一致，你准备怎样做？（　　）

A. 尽量商量出双方都不反对的安排

B. 放弃自己的观点，接受组员的主张

C. 与组员争论，迫使组员接受自己的主张

D. 从此不再和这个组员讨论活动的安排

活动 2：人际冲突解决能力练习

（1）每两个学生为一队。

（2）学生课前查阅标准的微笑应该是怎样的，在课堂上进行分享。

（3）练习之前给自己上传一张脸部微笑自拍照。

（4）每天早上起床面对镜子练习微笑，对着镜子大声说“咦……”。

（5）以两周为一个阶段。参照代币管制法，每队学生互相评价。

（6）以两个月为期限，学生再上传一张脸部微笑自拍照，自我评价。

知识拓展

代币管制法

代币管制法是行为疗法的一种，根据操作条件作用的原理，利用个体自发活动，配合外部强化控制，使个体循序渐进地以正当行为取代不当行为。通常通过奖励有一定价值的“标记”或“代币”来强化所期望的行为，以矫正问题行为。

“标记”是指符号，如计分、打钩、盖章等。

“代币”是指货币代用物品，如有“价”纸券、筹码等。

具体方法：

（1）确定具体目标行为。

（2）确定代币。

（3）选定支持强化物（奖励）。

（4）制定代币交换系统（表格规定）。

（5）适当规定兑换的次数。

（6）逐步泛化，逐渐取消代币制度。

应用案例：

东东今年10岁，读小学三年级，跟爷爷奶奶居住，父母常年在外打工。

东东班主任反映：东东字写得非常潦草，行与行之间不整齐，每个字的结构也东倒西歪；还不喜欢收拾自己的东西，书包里面乱七八糟，书有缺角、掉页。

爷爷奶奶也反映，东东在家里就很懒散，回家鞋子踢得东一只西一只，每天都要帮忙找他的东西，如衣服、鞋子、书包等。

爷爷奶奶苦口婆心说过很多次，爸爸妈妈也打骂过，始终不见他改变自己的行为。

应用代币管制法具体操作如下：

（1）确定具体的目标行为：字要写得端正（字与字要对整齐，每个字大小均匀、不东倒西歪）；会收拾自己的东西（鞋子、衣服要放到固定的位置，不乱扔，书包里的书要包好，叠放整齐）。

（2）确定代币：跟东东商量，用一些他喜欢的卡片或者图贴来表示，东东选择了苹果图贴。

（3）选定支持强化物：跟东东了解他想得到的奖励，包括物质上的和精神上的。根据难易程度进行排序：想玩一把手机的游戏；想要一个变形金刚玩具；想去同学豆豆家吃零食，一起玩；想和爷爷奶奶逛街；想要爸爸妈妈打电话；想要爸爸妈妈的拥抱。

（4）制定代币交换系统：制定代币交换的规则，用表格的方式进行记录（见表4-25，也可以用其他更有趣的方式）。时间的确定很重要。

表4-25 代币交换记录

时间	字对齐，笔画清楚	鞋子、衣服没有乱扔	书包里的书叠放整齐
5月1日			
5月2日			
…			

每天记录，每天统计一次，持续三个月。

每天得到3个苹果图贴，将获得1次15分钟的手机游戏或爸爸妈妈打电话；

每周得到21个苹果图贴，将获得去豆豆家玩一次；

每月得到80个苹果图贴，将获得和爷爷奶奶逛街一次；

三个月得到210个图贴，爸爸或者妈妈将会回家拥抱。

（5）适当规定兑换的次数。

刚开始的时候兑换可以频繁，每天兑换。后面可以每周兑换。三个月时间如果有所好转，可以根据孩子的需求，继续坚持或者调整新的目标。

（6）逐渐泛化，逐步取消代币制度。

当孩子的行为得到修正，形成较好的行为习惯时，奖励的时间间隔可以变长，不需要每天记录了。

可以针对一些大的进步，给予大的奖励。

提高他的行为目标，增强强化物的强化效果。

项目五 小组工作领域应用

教学目标

知识目标

1. 了解儿童青少年小组的特点及其工作原则、功能和应用领域
2. 了解妇女的特殊需要以及妇女小组工作的原则和应用领域
3. 了解老年人的特征以及老年人小组工作的功能、原则和类型

能力目标

1. 能够根据不同群体进行小组需求分析
2. 能够根据不同群体的需求进行小组活动的设计
3. 能够在开展不同小组活动时根据群体特征带领小组活动

素质目标

1. 能够具备团队合作精神，小组协调分工，共同完成任务
2. 能够具备较强的文字表达能力，高质量完成小组计划书
3. 能够具备较好的沟通表达能力，带领不同群体小组活动
4. 能够具备较好的随机应变能力和控场能力，处理小组活动中的突发事件

价值观目标

1. 具备以人为本服务理念，全心全意为服务对象服务
2. 树立对职业的认可和认同感，具备爱岗敬业的精神
3. 具备关注社会、关注民情的家国情怀

思维导图

- 小组工作领域应用
  - 解析儿童青少年小组工作
    - 什么是儿童青少年小组工作
    - 儿童青少年小组特点
    - 儿童青少年小组工作原则
      - 以儿童青少年为本的原则
      - 强调组内民主与组员参与的原则
      - 关注个体差异的原则
      - 重视儿童青少年能力的原则
      - 符合儿童青少年特点的原则
      - 兼顾身心健康的原则
    - 儿童青少年小组工作功能
      - 社会交往功能
      - 教育功能
      - 成长功能
      - 行为矫正功能
    - 儿童青少年小组工作应用领域
  - 解析妇女小组工作
    - 什么是妇女小组工作
    - 妇女的需要
    - 妇女小组工作原则
    - 妇女小组工作应用领域
      - 针对特殊困难妇女提供的小组工作服务
      - 针对全体妇女提供的小组工作服务
  - 解析老年人小组工作
    - 什么是老年人小组工作
    - 老年人的群体特征
    - 老年人小组工作功能
      - 建立社会支持网络
      - 疏导不良情绪
      - 获得自信心，消除自卑感
      - 体验归属感
      - 促使行为改变
    - 老年人小组工作原则
      - 激发兴趣和创造力原则
      - 建立成就感和自豪感原则
      - 信任老年人的能力，遵循自决原则
      - 弹性改变人格原则
      - 建立相互信赖的良好专业关系原则
    - 老年人小组工作类型
      - 老年人社交康乐小组
      - 老年人支持小组
      - 老年人治疗小组
      - 老年人服务小组
      - 护老者小组

课前自学

任务一 解析儿童青少年小组工作

（一）什么是儿童青少年小组工作

所谓儿童青少年小组工作，是以儿童青少年为对象，在社会工作者的协助下，运用小组动力程序与小组活动过程，使小组中的儿童青少年达到社会性的发展、行为的改变，实现儿童青少年个人与社会的和谐发展的专业社会工作方法。

> **小组**通常由两个或两个以上的人组成，小组中的组员大多具有共同的目标，利益相关。

其中，“小组”通常由两个或两个以上的人组成，小组中的组员大多具有共同的目标，利益相关。本章中“儿童青少年”主要是指22周岁以下的人，处在这个年龄段的大部分人，其共同特点是还未踏入或完全踏入社会，在生活、心理、经济等某一方面或多方面还需依靠他人。“行为的改变”主要是指不良行为的改变。

（二）儿童青少年小组特点

想一想

根据儿童青少年身心特征，你认为儿童青少年小组工作会有些什么特点？

____

____

____

____

（1）由于大部分儿童青少年属于未成年人，身心均在发育过程中，因此，小组工作的过程需要社会工作者更多的介入。

（2）儿童青少年在小组工作中目标的实现，有赖于他与其他组员的互动所形成的小组动力，而这种动力主要由小组的文化和气氛决定。社会工作者在儿童青少年小组工作中，需要运用自己的社会工作专业知识和技能，引导组员积极参与小组活动，积极互动，形成良好的小组动力，促使组员在互动过程中实现潜能发掘、自我帮助的目标。

（3）儿童青少年小组工作是一种专业的社会工作方法，因此，需要遵循社会工作的价值观，使用其理念、理论和方法。

（三）儿童青少年小组工作原则

在带领儿童青少年小组工作的过程中，除了遵循一般的小组工作原则以外，还需要特别遵守以下原则。

1. 以儿童青少年为本的原则

以儿童青少年为本是儿童青少年小组工作开展的首要原则。联合国《儿童权利公约》第 3 条明确指出："关于儿童的一切行动，不论是由公私社会福利机构、法院、行政当局或立法机构执行，均应以儿童的最大利益为一种首要考虑。"在儿童青少年小组工作中，儿童青少年是我们一切行动的"本"与"目标"，儿童青少年有属于他们自己的权利、利益。所有儿童青少年小组工作中的环节，其目的都在于帮助、服务儿童青少年本身。换言之，最大程度地保护儿童青少年的生存权、发展权和参与权，是儿童青少年小组工作开展的根本理念。涉及儿童青少年的一切行为，必须首先考虑儿童青少年的最大利益，并充分尊重儿童青少年表达自己利益诉求的能力与权利。

2. 强调组内民主与组员参与的原则

儿童青少年多以个人本位为主，他们大多群体意识不强。进入学龄期，儿童青少年的群体生活经验逐渐增加，儿童青少年小组活动过程的协助、培养和强化，能够使他们逐渐形成小组和集体的观念。好的小组过程，有赖于小组动力的形成和持续作用。小组动力的形成和持续作用，则有赖于组员的积极参与。社工要创造有利于组员参与和投入其中的良好的民主的氛围，鼓励组员发挥自己的积极性和能力参与小组过程，协助组员成为小组的主人，着力引导组员互动，这种交互作用、交互影响有利于组员心理和行为的改变。

3. 关注个体差异的原则

组员虽有共同的目标与需要，但是，不同组员的价值观念、家庭背景、生活经验与行为模式都有所不同。一个理想的儿童青少年小组，必须能够满足组员个别需求。社会工作者必须向所有组员提供表达自己想法、感受的机会。让每一位儿童青少年组员在小组中表达自己的意见，协助组员在小组中获得相当的地位，肯定或称赞组员等，都会使组员产生成就感。在小组开展的过程中，社工要关注每一位组员的状态和表现，关注他们的特殊需要，并有针对性地帮助每一位组员积极参与、融入小组过程，并从中受益，同时也为他人的积极改变贡献力量。

4. 重视儿童青少年能力的原则

在专业社会工作服务过程中，作为案主的服务对象都被看作是有潜能的，他们有权利获得帮助。在具体的小组过程中，社会工作者要始终相信包括儿童青少年在内的各类案主都有改变自己心理、行为与生存现状的潜能。社工的重要职责就是通过小组过程，促使这种潜能得到发展。换言之，社工要注重小组组员的个人成长，使其能够在小组中改变自己，发展自己，改善自己与环境之间的关系，进而提升自己的社会功能，提升自己的福利。

5. 符合儿童青少年特点的原则

一方面，注重培养儿童青少年的正确的竞争意识。在儿童青少年小组工作中，社会工作者可以通过专门设计的小组活动，激发和培养儿童青少年的竞争意识，这样，能够使小组活动更加有效。同时，有效的小组活动能够进一步激发和培养儿童青少年的竞争意识，使其得到一定的增强。但是，社会工作者对组员竞争意识的激发和培养应该是正向的，要符合儿童青少年的身心特点，如果引导或利用不当，会产生不良的后果。另一方面，社会工作者要根据儿童青少年的特点设计公平的奖惩规则。要特别注意小组对儿童青少年的惩罚方式，以免对儿童青少年产生伤害。如果工作者奖惩不公正，也会给小组活动带来许多问题，使儿童青少年受到不良的影响。

我思我想

青年的价值取向决定了未来整个社会的价值取向，而青年又处在价值观形成和确立的时期，抓好这一时期的价值观养成十分重要。这就像穿衣服扣扣子一样，如果第一粒扣子扣错了，剩余的扣子都会扣错。人生的扣子从一开始就要扣好。

资料来源：习近平．青年要自觉践行社会主义核心价值观——在北京大学师生座谈会上的讲话（2014 年 5 月 4 日）[EB/OL].（2014-05-04）[2024-03-28].http://politics.people.com.cn/n/2014/0505/c1001-24973097.html.

6. 兼顾身心健康的原则

社会工作者要确保小组活动内容的科学与健康，也要使其符合组员身心发展的规律。儿童青少年的身体还处于发育阶段，心智水平也较低，所以，工作者既要考虑组员参与活动所要消耗的体能，也要考虑活动内容的难易程度。另外，对于儿童青少年来说，在小组活动期间安排适当的休息也是十分必要的。

想一想

在设计儿童青少年小组活动时，需要注意哪些方面？

____

____

____

（四）儿童青少年小组工作功能

由于服务对象不同，小组类型不同，各种儿童青少年小组工作所发挥的功能也不同。但总体来说，儿童青少年小组主要可以发挥以下功能，以满足儿童青少年的不同需求。

1. 社会交往功能

在儿童青少年小组工作中，儿童青少年需要与其他组员、社工进行互动，在这个过程中，儿童青少年学习适应社会规范，学习人际交往的技巧，解决在社会交往过程中遇到的种种问题。

2. 教育功能

在一些小组中，儿童青少年可以学习到新知识、新方法。比如儿童青少年社交技能训练小组、儿童青少年学业辅导小组等，在小组过程中，儿童青少年小组工作满足了儿童青少年的教育需求，发挥了教育儿童青少年的功能。

3. 成长功能

儿童青少年小组工作还有帮助儿童青少年成长的功能。比如儿童青少年成长小组、儿童青少年野外拓展训练小组等，旨在帮助儿童青少年了解、认识和探索自己，学会运用自身资源和外在资源，充分发挥自己的潜能，学会解决遇到的问题，获得成长。

4. 行为矫正功能

一些儿童青少年的偏差行为，也可以通过儿童青少年小组工作加以改进。比如青少年戒除烟瘾小组等，具有专业知识的社会工作者通过小组工作的活动过程，帮组员了解自己的问题及其背后的社会原因，利用小组的经验交流和分享，辅以一定的专业治疗，来帮助儿童青少年进行行为矫正。

练一练

请结合儿童青少年小组工作的功能，简要设计一项小组活动，使之至少能够发挥其中一项功能。

活动名称：______________________________

活动形式：______________________________

____

____

发挥的功能：______________________________

（五）儿童青少年小组工作应用领域

（1）通过救助、保护、矫治等方式，维护儿童青少年合法权益。通过对流浪儿童青少年、孤儿、弃儿的救助，对辍学失学儿童青少年的助学，对受到暴力伤害的儿童青少年的救助和保护，对发展偏差儿童青少年的矫治，对残疾儿童青少年做康复等方式，保护儿童青少年的合法权益。比如丧亲儿童小组、残障儿童手足小组、单亲家庭儿童成长小组等。

（2）在儿童青少年教育、人际交往等方面给予支持和指导。比如进行学业辅导、亲子关系辅导、人际交往辅导、儿童青少年道德发展辅导，教会孩子自我保护等。

（3）为儿童青少年发展自我，适应社会提供帮助。帮助儿童青少年在以下方面得到发展：形成良好的行为习惯；学会情绪的体验和控制，并形成良好的自我认识能力；学习并遵守社会公德；培养责任感、对他人和社会的兴趣，并学会尊重他人。比如自我认知和自我成长小组、生命教育小组、社交技巧训练小组等。

知识拓展

流浪儿童小组工作案例①

中国青年政治学院社会工作学院②在北京市未成年人救助保护中心开展了不同主题的

① 本文改编自：吴婷，张莹莹 . 一个流浪儿童小组工作实践 [J]. 中国社会导刊 . 2007（12x）.

② 现为中国青年政治学院社会工作系，同时为中央团校党的群众工作教研部。

小组系列活动。

这些小组基本上是按照标准的小组程序来展开的，主要包括以下9个步骤：

（1）根据社工所了解和掌握的情况，初步确定所要开展小组活动的主题；

（2）针对要开展的主题，进行初步评估，可采用调查问卷和访谈等形式；

（3）确定小组主题，查阅相关资料，为撰写计划书做准备；

（4）撰写小组计划书，提交机构领导进行审批；

（5）经领导批准后，准备所需材料，进行前期宣传并招募组员；

（6）按照小组计划开展小组活动；

（7）根据小组进度和组员状况，适时修改小组计划；

（8）在小组过程中收集资料，为评估做准备；

（9）小组结束后，对小组进行过程评估和效果评估。

由于自身的种种坎坷经历，流浪儿童往往表现出自卑自负、社会信任感差以及合作意识缺乏等负面心理特征，同时他们内心又十分渴望被关心，渴望稳定的归属感。而作为社会工作方法之一的小组工作，主要由社会工作者通过有目的的小组活动和组员间的互动，来处理个人、人与人之间、人与环境之间的问题，进而开发组员个人潜能，提升其解决问题的能力，从而使其获得个人成长。因此，小组工作的方法是处理流浪儿童问题，提升其社会交往能力的一种理想的社会工作技巧。但是，流浪儿童是一个非常特殊的人群，他们表达和倾听的能力都很弱，自我封闭性强，社会支持的意识非常有限，即小组工作所必需的基本条件——共享，很可能达不到。在流浪儿童群体中开展小组工作是否可行？效果如何？

经过实践，这些小组取得了一些积极的成果。比如，受助儿童兴趣方面发生了一些变化。在小组中，工作者经常引导长期滞留儿童对未来进行思考。如，关于体育兴趣，让孩子们知道体育可作为兴趣，而很难作为一种谋生的职业。在小组的前后测评对比中发现，对体育类兴趣的喜欢程度，有不同幅度的下降。再比如，在思考未来方面，准备学门手艺、自力更生的长期滞留儿童明显增多了，所占比例由54.5%上升到83.3%，这是工作者引导组员对未来职业进行思考的效果之一。

练一练

分析流浪儿童的特点有哪些、流浪儿童青少年小组工作具备哪些功能。

任务二

解析妇女小组工作

（一）什么是妇女小组工作

所谓妇女小组工作，是以妇女为对象，在社会工作者的协助下，运用小组动力程序与小组活动过程，使小组中的妇女能够增强个人能力，形成互助体系，有效地提升生活质量的专业社会工作方法。

> **注意** 不同阶段的妇女身心特点不同，小组工作关注重点也不同。

妇女小组工作的服务对象一般是 22 岁至 65 岁的女性。随着年龄的增长，妇女在生理和心理方面会呈现不一样的特点，为了更好针对妇女身心特点开展工作，我们可以将其划分为两个年龄阶段：

第一阶段：一般指的是 22 岁至 45 岁的女性。这一时期，女性通常会结婚生子，并承担起家庭管理和育婴教子的责任，精力大多投放在家庭中。同时，女性在职场上也逐步从新手成为稳定和熟练的骨干。因此，在这一时期，妇女小组应该满足她们现实的需要，重点放在家庭需要方面，同时也要兼顾女性职场以及成长发展的需要。

第二阶段：一般指的是 45 岁至 65 岁的女性。这一时期，随着子女独立，女性的家庭负担已经减轻，职业技能较为稳定，社会地位和经济地位已经确立，女性有了很多的时间和精力投入个人成长发展中。但是，这一时期，一些妇女也会遇到家庭纷争、中年离异、与子女产生矛盾、职业更换、更年期等问题，这一时期的后端，一些女性还会遇到退休生活的适应问题。因此，在这一时期，妇女小组工作要考虑女性诸多家庭事务的需要，也要关注女性职业和退休生活的需要。

（二）妇女的需要

（1）所有妇女共同的需要。所有妇女均有与男性享有同等的社会发展环境和条件的需要。虽然我国妇女和男性在法律上已经取得了平等，妇女也在政治、经济、教育，文化等各个领域取得了成绩、做出了贡献，但是在现实生活中仍旧存在一些不利于妇女发展的情况，如重男轻女、就业歧视等。因此，维护妇女权益，改善妇女生存与发展的社会环境，在法律和现实等层面真正实现男女社会性别平等，是当前所有妇女共同的需要。

（2）妇女特殊保护的需要。由于妇女特殊的生理状况，妇女担负着人类再生产的使命，在发展过程中需要一些特殊的帮助，如妇女特有的五期（经期、孕期、产期、哺乳期、更年期）保护等问题。另外，历史上妇女长期处于不平等的社会环境中，这也使得一些妇女遭遇家庭暴力、单亲母亲、失业等问题，需要一些特殊的保护和帮助。

想一想

根据妇女身心特征，你认为妇女小组工作会有些什么特点？

____

____

____

（三）妇女小组工作原则

（1）加深对妇女问题的理论认识，掌握最新的研究成果，在充分了解妇女面临的问题基础上，根据具体情况，选择最合适的小组形式和方法，为女性组员提供量身打造的服务。

（2）从社会政策的角度，了解对妇女发展有利的政策和法律，有选择地提供有利信息，帮助妇女寻求发展。

（3）在给妇女提供服务过程中，始终牢记妇女是独立的个体，即便她们要扮演母亲、女儿和妻子等多重角色，也仍旧是独立的个体，她们有自身的需要，不能用她们的其他角色来掩盖其自身的需要和权利。在小组工作过程中，要重视女性，尊重她们的个人价值，重视女性经验的意义和价值，鼓励妇女学习和掌控自己的生活。

（4）推动妇女团结，寻找个人问题的集体解决办法，强调团体的经验和互相支持的作用，培育她们的集体意识、普遍性意识、批判性思维和反思能力，鼓励她们逐步学习掌控自己的生活，提高其自尊和自我效能感，使其在学习解决个人问题的同时，推动社会问题的解决。

（5）运用社会性别分析来指导实践。肯定女性，不批评指责女性，不使用性别歧视和压迫的语言，接纳不同的声音，接纳不幸。要信任和接纳女性，尊重差异，尊重多元性，不断反思自己的实践，避免对女性的二次伤害。

我思我想

广大妇女积极投身新时代中国特色社会主义事业，以巾帼不让须眉的豪情和努力，起到了“半边天”的重要作用。特别是在决胜全面建成小康社会、决战脱贫攻坚、抗击新冠肺炎疫情等各条战线上，广大妇女奋勇争先、顽强拼搏，充分展现了新时代女性风采。

资料来源：习近平．广大妇女以巾帼不让须眉的豪情和努力 起到了“半边天”的重要作用 [EB/OL].(2021-03-06)[2024-03-28]. https://www.chinanews.com.cn/gn/2021/ 03-06/9426200.shtml.

在妇女小组工作过程中，需要将上述原则与小组工作专业原则有机结合，真正为广大妇女群体提供她们需要的服务，以满足她们全面、健康发展的需要。

（四）妇女小组工作应用领域

1. 针对特殊困难妇女提供的小组工作服务

（1）为失业妇女提供服务。

运用小组工作方式帮助失业妇女，可以从政策性的帮助、技能的学习、就业观念的调整、心理压力的缓解以及社会支持网络的建立等方面入手。

（2）为单亲母亲提供服务。

单亲母亲往往面临经济收入偏低、生活困难、心理压力大、子女教育压力大等问题，运用小组工作提供服务，可以从帮助单亲母亲调适心态面对现实、树立信心、扩大社交网络、寻求社会支持、改善亲子关系等方面入手。

（3）为家庭暴力中受虐妇女提供服务。

在小组工作中，面对受虐妇女，可以从以下五个方面提供帮助：第一，认知层面，帮助妇女厘清自己婚姻暴力出现的原因，重新认识暴力产生的社会文化原因，消除其自责和内疚感。第二，心理层面，运用专业技巧，处理妇女的负面情绪，帮助她们学会辨别情绪、处理情绪。第三，人际沟通层面，融入自我肯定训练，利用小组内的沟通机会，提升妇女的人际表达和沟通技巧。第四，注重培育妇女的团体意识，培育互助和自助意识，在小组结束后，妇女彼此之间可以继续互助，形成稳定的社会支持网络。第五，建立安全意识，协助她们了解安全评估和安全计划的方法，对自身环境保持敏感，学会自我保护，同时了解社会资源并与之链接。

（4）为流动妇女提供服务。

流动妇女一般在婚姻家庭和子女教育方面存在一些问题，就业层次较低，或者根本没有就业，对丈夫的依赖性较强，因此，针对流动妇女开展的小组工作可以从学习技能、改善就业状况、学习一些处理夫妻关系的方法和技巧、学习子女教育的方式方法等方面入手。同时，流动妇女在享受与户籍人口同等的社区服务方面也有一定的需求。

（5）为农村妇女提供服务。

开展农村妇女小组工作服务是促进农村妇女自立自强的重要方式。通过引入专业社会工作理念，使用专业社会工作知识和方法，可帮助农村妇女建立社会支持网络，有效疏导农村妇女的情绪，发挥农村妇女作为家庭“稳定阀”的作用。小组工作可以在安全教育、技能培训、能力提升、关系调适等方面为农村妇女提供服务。

练一练

请结合特殊困难妇女的需要，简要设计一项小组活动，并指出该活动适合哪一类特殊困难妇女小组工作。

活动名称：____________________

活动形式：____________________

____

____

适合人群：____________________

2. 针对全体妇女提供的小组工作服务（见图 5–1）

（1）满足精神需求的服务。

通过小组工作，帮助妇女塑造自尊、自信、自立、自强的精神品格，成长为一个优秀独立的个体。

（2）满足教育需求的服务。

通过小组工作，开展扫盲活动，进行文化科技教育，使得妇女学习实用技术，提高文化科技素质，提升个人知识水平。

（3）满足健康需求的服务。

通过小组工作，开展健康保健、优生优育服务。

（4）满足家庭需求的服务。

通过小组工作，开展婚姻家庭服务，帮助妇女更好地经营家庭，收获幸福家庭生活。

（5）满足法律需求的服务。

通过小组工作，让妇女掌握基本法律常识，学会维护自身合法权益。

图 5-1　针对全体妇女提供的小组工作服务

知识拓展

一个农村妇女小组增能创新的案例[①]

珠海市斗门区有广阔地域处于农村地带，作为基层妇联服务妇儿的阵地，妇联设立的妇女儿童之家围绕营造儿童健康成长环境和妇女增能等内容，在斗门区走出符合农村实际的推动社区发展的道路。其中，莲洲镇莲江村的妇女儿童之家“创益工坊”项目成功入选了广东省“基层妇联社会工作创新示范点”。项目的目的是结合当地实际培养出新女农民队伍，实现互助增收，推动农村社区发展。

从 2016 年 6 月开始，市、区妇联为探索本土妇女工作与农村社会治理工作的融合，通过政府购买服务的方式，委托珠海市向日葵社会工作服务中心联合莲洲镇莲江村妇女儿童之家，根据当地实际情况，发展 12 名 45 周岁以上就业困难的农村妇女成立了传统美食小组，培养农村妇女兴趣，集结闲散能量增能成长，主动参与农村社会事务。妇女们通过讨论提出了她们自身认同的“创益工坊”产品定位——“东西要能让来周边景点旅游的人带回家”。这个以年过五旬的农村妇女为主力的妇女小组组织了好几次成品交流会。她们尝试了具有斗门特色的叶仔糍、艾糍、粉糍的制作，对比中她们也发现了自身存在的技术参差不齐的问题，并且相互交流经验，找到解决问题的方法。

回忆起项目落地前农村妇女的普遍生活方式，村妇女主任周连结用“带孩子、打牌、

① 本文改编自：邹学银，范斌，郭名倞 . 社区社会工作服务指南解读 [M]. 北京：团结出版社，2017.

做杂工”来概括。农村存在的男尊女卑思想让村里妇女普遍感觉自己“很没用”。项目负责人张凯说，对于农村妇女的“创业”队伍，关键还是改变她们固有的认知，提升她们的创新意识。不仅仅是提高对工作的认知，更重要的是要培养她们的自我认可意识，提高劳动技能，最终通过增能创新，促进社区发展。

在此案例中，社会工作者与村民委员会、村妇女主任等建立了良好关系，从农村妇女的特点入手，组建妇女小组，定期开展小组活动和交流，不仅改变了妇女固有的认知，还提升了她们的创新意识，提高了她们的劳动技能，实现了增能创新创收，促进了社区发展，达到了预期目标。

我思我想

专家观点：妇女在脱贫攻坚与乡村振兴中的作用与贡献

全国妇联妇女研究所副所长姜秀花研究员认为，实施乡村振兴战略，是党的十九大作出的重大决策部署，国家推进全面建设社会主义现代化强国的重大历史任务，是新时代“三农”工作的总抓手。“十四五”规划纲要首次明确提出要实现巩固拓展脱贫攻坚成果同乡村振兴的有效衔接，从国家宏观战略角度对脱贫攻坚和乡村振兴有效衔接进行部署，是一个非常重要的课题，妇女和妇联组织在其中发挥的重要作用值得研究思考。

南开大学旅游与服务学院徐虹教授以陕西省袁家村为例，建议：在基层党委领导下，进一步加强农村妇女自组织建设，推动妇女间的合作共赢与自我可持续发展能力；密切关注妇女就业发展需求，为妇女就业提供专业的知识技能培训，注重提升妇女的信心和自我效能感，增强脱贫致富的内生动力；注重多维扶贫之间的相互制约性，平衡各方面扶贫举措，促进女性在乡村建设中发挥更大作用。

农业农村部农村经济研究中心副处长杨丽副研究员基于深度贫困地区云南省怒江州的调研建议：在巩固拓展脱贫攻坚成果、助力乡村振兴、应对新冠疫情等过程中，应重视女性在社会保障和就业支持措施方面的需求；各地在制定实施乡村振兴战略具体制度、政策时要充分关注妇女特点，发挥妇女特长，特别要考虑农村妇女在文化传承、经济社会发展、家庭生活中的重要作用，考虑妇女对自身进步、家庭照料、务农等的特殊需要。

云南省社科院社会学研究所副所长赵群研究员指出，在脱贫攻坚与乡村振兴中，妇女赋能是一条非常重要的路径。既要重视妇女在传统领域发挥的价值作用，也要注重有效运用组织化的平台增加妇女的价值禀赋和对资源的掌控，增强妇女群体化的力量和影响力。同时要注意不能把妇女的传统角色作为唯一的资源进而固化为妇女发展的唯一方式，要进一步拓展妇女新的角色、新的技能、新的技艺，以产生新的创造和新的能量，更好促进乡村社会经济发展。

本文改编自：郑艳艳．妇女在脱贫攻坚与乡村振兴中的作用与贡献研究 [EB/OL].(2022-01-04)[2024-03-29]. https：//mp.weixin.qq.com/s/DxQibFWTwE80Huk8bkC9dA.

任务三

解析老年人小组工作

（一）什么是老年人小组工作

所谓老年人小组工作是指在社会工作者的协助和指导下，利用老年组员之间的互动和小组凝聚力，帮助老年组员学习他人的经验，改变自己的行为，正确面对困难，恢复自己的社会功能和促进自己成长的专业服务活动。①

注意

- ✧ 老年人小组工作的开展需要专业社会工作者的协助。
- ✧ 需要充分利用小组的动力和小组成员的凝聚力，这是老年人小组不断发展的基础和前提。
- ✧ 老年人小组工作的目标是促使组员改变和提升组员能力。
- ✧ 老年人小组工作是一种专业服务，有别于一般的老年活动。

想一想

根据你的生活经验以及平时的观察，你认为老年人有哪些特点？请思考后与组员进行交流，并将你们想到的特点进行分类。

____

____

____

____

（二）老年人的群体特征

随着我国老龄化程度的日益加深，老年问题已经成为全社会关注的焦点之一。根据统计局公布的第七次人口普查数据，截至 2020 年 11 月 1 日，我国 60 岁及以上老年人口达到 2.64 亿人，老年人口占比达到 18.7%；65 岁及以上老年人口 1.9 亿人，占比 13.5%。显然，老年人成为社会工作服务的主要对象之一。而开展老年人社会工作，尤其是开展老年人小组工作，必须了解老年人的群体特征。我们可以从生理、心理及社会三个方面来认识老年人的群体特征（见表 5-1）。

① 吕新萍，等．小组工作 [M]. 2 版．北京：中国人民大学出版社，2013.

表 5-1　老年人群体特征

生理特征		心理特征		社会特征	
身体形态	✧ 头发变白，有的甚至脱发、秃顶，被称为“银发一族” ✧ 皮肤褶皱加深、表皮粗糙、缺乏弹性 ✧ 出现弯腰驼背、身高下降等体征 ✧ 牙齿松动脱落、语言缓慢、听力和视力下降、行动迟缓	认知活动	✧ 与神经的生理结构和功能相关的流体智力退化，而与知识与经验有关的晶体智力却有所提高 ✧ 对年轻时发生的事记忆犹新，而对新近发生的事却记忆能力较差 ✧ 意义记忆的减退晚于机械记忆	社会角色	✧ 从职业角色进入赋闲角色，难以适应，出现失落、情绪不佳、烦躁等情况，如“退休综合征” ✧ 从主体角色变为依赖角色，比如越来越依赖子女的照顾
生理功能	✧ 血管系统出现老化，最常见的疾病有冠心病、脑血管病及高血压病 ✧ 呼吸系统出现衰退 ✧ 消化系统老化，导致容易罹患胃炎、便秘及大小便失禁等 ✧ 运动系统老化造成老年人疲劳以及骨质增生、关节炎等 ✧ 内分泌系统的各器官的机能随着年龄增长而逐渐降低，引起糖尿病等 ✧ 神经系统衰退，导致睡眠欠佳，甚至引发老年痴呆症 ✧ 感觉系统出现退行性变化，导致反应相对迟钝	情感活动	✧ 更加关注自身健康状况 ✧ 更倾向于控制自己的情绪表现和情感流露 ✧ 消极悲观的负面情绪逐渐开始占上风 ✧ 兴趣发生变化，对事物的关注面趋于狭窄，对新事物缺乏兴趣	社会地位	✧ 按规定年龄退休，依附于职业岗位的权力、社会影响随之降低 ✧ 经济收入明显减少 ✧ 老年人的合法权益容易受到侵害 ✧ 总体来说，老年群体相较于年轻群体，其社会地位呈现下降趋势
疾病特征	✧ 患病多样化，有的老年人可能同时患有 4 ～ 6 种疾病 ✧ 症状有不典型性 ✧ 发病急且快 ✧ 容易引发并发症 ✧ 对治疗反应差 ✧ 病程长、恢复慢、易复发	性格特征	✧ 性格更加成熟 ✧ 年轻时期的某些性格特征在老年期表现得更加显著 ✧ 出现了与年轻时相反的某些性格特征	家庭变化	✧ 空巢老人以及鳏寡老人普遍有着强烈的求助需求、亲和需求，甚至支配需求 ✧ 除丧偶外，老年人同样也会面临离婚以及再婚等家庭变化

练一练

老孙是国家机关的退休干部。在岗的时候，每天早出晚归。为发展某市经济，为了百姓的幸福生活，他忘我地工作，勤勤恳恳地操劳了几十年。他的辛苦得到了回报，某市的经济水平跃居全省第二，百姓的生活水平有了大幅提高，这一切都令老孙很欣慰。但他并不满意，他觉得各项工作都应该再上一个台阶，于是干劲十足，信心百倍地准备再干一场。可是他已经到了退休的年龄，上级领导考虑到他的身体状况，安排他退休了。刚退休时，他很不习惯，每天仍然很早就起床，匆匆吃完早饭，拎上公文包就往外跑。每次都是老伴提醒他：我说老头子，你已经退休了啊！他才恍然大悟地回过神来，接着便颓然坐在沙发上，一言不发，情绪一落千丈……

请根据以上材料，和组员一起讨论下列问题：

（1）老孙退休后，其社会角色发生了怎样的转变？这些转变对他有哪些影响？

（2）假如你是一名社会工作者，面对老孙的情况，你将为改变老孙的处境，设计哪些主题的小组活动？

____

____

____

____

____

____

____

（三）老年人小组工作功能

进入老年后，人在生理、心理和社会等方面都会遇到新的挑战，身体机能下降，社会角色转变，社会地位降低等，都会使得老年人产生自卑感、无用感，甚至出现焦虑和抑郁，而小组工作常被用于帮助老年人适应老年生活，主要有以下几方面的功能。

1. 建立社会支持网络

老年人小组工作很多时候会把情况相似的老年成员组成一个小组，对于老年人来说，他们能够在小组活动中发现与自己处境相似的人，这可以给他们带来安慰，协助他们摆脱疏离感和孤独感，建立自己的社会支持网络。

2. 疏导不良情绪

小组情境可以协助老人彼此之间分享感受，反思人生经历，改变看待问题的角度，处理过去没有解决的问题，疏导这些问题带来的不良情绪，收获心理健康。

3. 获得自信心，消除自卑感

组员之间互动和经验分享，有助于老年人获得希望和力量，增强自信心，找到有用感和满足感，从而消除自卑感。

4. 体验归属感

老年人较容易感到孤独，尤其是子女不在身边的老年人，情感的需求很难得到满足。而小组工作进入一定的阶段后，组员之间的关系日趋和谐，相互之间熟悉之后形成一种团体，而融入团体中可以给老年人带来归属感，满足情感依赖的需求。

5. 促使行为改变

老年人可以在小组活动中，通过向他人学习，改变自己的一些行为，比如学习他人乐观的精神，学习他人的特长，发展自己的兴趣爱好等。

想一想

根据老年人小组工作功能，你认为可以在老年人群体中开设哪些类型的小组？

____

____

____

（四）老年人小组工作原则

在开展老年人小组工作时，除了要坚持尊重、接纳、个别化等基本原则外，还需要特别坚持以下原则。

1. 激发兴趣和创造力原则

老年人相比儿童青少年，他们的兴趣较为较窄，对新事物的激情较低，导致其在生活中常感觉到无聊和“无用”，所以小组工作者一定要设计能够激发老年人兴趣的小组活动，并且协助老年人发挥所长，提出新的想法或创造新的事物，让老年人重燃对生活的热情。

2. 建立成就感和自豪感原则

由于老年人的社会角色和社会地位发生变化，过去职业岗位带给其的成就感和自豪感逐渐减退，导致其常常产生失落感。他们参与小组活动并不只是想打发自己的空闲时间，更希望能够通过小组活动充实自己、提高自己或发展自己。小组工作者要注重老年人这一需要，设计能够帮助老年人建立成就感和自豪感的小组活动。

3. 信任老年人的能力，遵循自决原则

获得其他人的信任包括小组工作者的信任，可以帮助老年人更加自信。小组工作者需从内心信任老年人的能力，而不是大包大揽帮他们做决策，替他们解决问题，这样反而会伤害其自尊心。服务老年人群体也应当遵循自决原则。

4. 弹性改变人格原则

一般情况下，小组工作者会通过协助和修正去改变组员的人格，但在老年人小组工作中，要考虑到大多数老年人的人格已经“固化”，不能过于强制老年人改变他们的人格。

5. 建立相互信赖的良好专业关系原则

在小组工作中，小组工作者必须设法取得老年人足够的信任，并辅以必要的适度的情感投入，充分理解老年人的独特感受，从而有效地协助老年人适应老年生活。但值得注意的是，在建立相互信赖的专业关系时要避免让老年人过于依赖小组工作者，避免出现移情和反移情现象。因此，为了更有效地开展助人活动，小组工作者的情感介入要有一定限度。

想一想

根据老年人的特点，你还能想出其他的开展老年人小组工作时需要遵循的原则吗？

____

____

____

我思我想

我们要在全社会大力提倡尊敬老人、关爱老人、赡养老人，大力发展老龄事业，让所有老年人都能有一个幸福美满的晚年。

资料来源：习近平 . 在 2019 年春节团拜会上的讲话 [EB/OL].(2019-02-03)[2024-03-28]. https://news.cnr.cn/native/gd/20190203/t20190203_524503256.shtml.

（五）老年人小组工作类型

老年人小组类型有不同的分类标准，最常见的是根据小组的性质和目的将老年人小组分为老年人社交康乐小组、老年人支持小组、老年人治疗小组、老年人服务小组和护老者小组。

1. 老年人社交康乐小组

社交康乐小组适合社会功能退化或丧失的老年人，它将有共同兴趣的老年人组织在一起，根据他们的兴趣爱好设计小组活动，帮助他们积极参与有益于身心健康活动，让老年人找到新的生活乐趣，建立新的社交网络，以达到提高老年生活质量的目的。

2. 老年人支持小组

支持小组主要是运用支持性的干预策略培养老年人互助精神，帮助老年人应付压力性生活事件，例如丧偶、慢性病、家庭关系矛盾等，激活和强化老年人面对问题时的应对能力，学习应对压力事件的经验，帮助他们有效地适应和应对老年生活带来的各方面压力。

3. 老年人治疗小组

治疗小组的目的是帮助成员改变行为，应对和解决个人问题，或者是在经历了身心和社会生活的创伤后得以康复。治疗小组和支持小组有一定的相似性，因为支持是治疗中必不可少的元素，但是治疗小组的侧重点是帮助老年人重新调整自己和康复。

4. 老年人服务小组

通过小组为老年人开展义务服务工作，比如发动青年志愿者或者低龄老年人志愿者为高龄老年人提供生活服务等，一方面为高龄且生活不便的老年人带来便利，另一方面有助于培养和发掘公民的服务意识和潜能。

5. 护老者小组

护老者小组的服务对象是老年人的家庭成员或其他照顾者。社会工作者将他们组织在一起，帮助其学习护老的知识和技巧，以便更好地照顾老年人，帮助其缓解护老过程带来的压力，缓解不良情绪。①

想一想

根据上面的老年人小组工作类型，你能为每个小组想一些活动主题吗？与你的组员进行交流，看看哪些活动主题是你没有想到的。

____

____

① 赵学慧 . 老年社会工作理论与实务 [M]. 北京：北京大学出版社，2013.

知识拓展

两种专门适用于老年人的小组①

1. 现实辨识小组

现实辨识小组（reality orientation group）的成员一般是有轻度到中度认知混乱的老年人，社会工作者通过环境中的一些提示，帮助他们确认时间、方位或者人，这实质上是一种治疗小组。现实辨识小组一般在护理院、医院中开办。在理想的情况下，现实辨识小组是这些服务机构中常规工作的组成部分。小组工作是机构让思维混乱的老年人与现实环境“接轨”的整体工作的一部分。

现实辨识小组一般每天活动1～2次，每次30分钟。理想的情况下小组由5～7人组成，另有一名小组带领者。如果小组中的老年人功能状况不太好，那么可能就需要两名带领者。以下是开办现实辨识小组活动的一些建议：

✧ 用应季水果和蔬菜。
✧ 讨论时事新闻，如重要的本地新闻、重要的历史事件纪念活动等。
✧ 玩简单的互动游戏，如跳棋或者是需要和另一个人搭档的游戏。
✧ 听现在的音乐和老人过去熟悉的音乐。
✧ 用摄像机或数码相机拍照，让老人马上能看到结果。
✧ 为节日开办主题晚会。
✧ 在不同的季节到花园里散步或者是找寻大自然留下的痕迹。
✧ 放映现在的电影和老人钟爱的老电影。
✧ 在节庆的时候观看焰火。
✧ 坐车在本地社区游览，观看节日装饰。
✧ 由健康护理人员或本地其他专家做教育性讲座。
✧ 邀请本地学校的乐队演出流行音乐。

现实辨识小组对于处在认知症早期阶段，想要保持时间感、方位感和辨识人的能力的老年人最有裨益；对于进入认知症晚期阶段，觉得对退回到早年的某个时期或其他地方不那么害怕的老年人来说，它的效果就不太大。

2. 动机激发小组

老年社会工作者面临的最困难的任务之一，就是让老年人参加个人和群体的活动。长期缺少社会接触会让老年人的交往能力受损，变得淡漠和了无生气，强化退缩倾向。动机激发小组的目的就是激发那些不再对眼前或将来感兴趣的人的动机。小组活动用来帮助老年人重新与他人建立联结，摆脱满脑子装的一直都是自己和自己的麻烦的状况。

动机激发小组一般由15个以内老年人组成，成员没有患认知症或抑郁症，有一定的听力和语言表达能力，能积极参与小组活动。小组活动通常有6～12节，每周举办一节。

挑选相互了解的人或有共同兴趣的人做组员，通常会减少一些老年人对加入小组的犹豫。社会工作者需要非常了解每位老人，能拟定有感召力的小组活动，然后运用掌握的老

① 本文改编自：全国社会工作者职业水平考试教材编委会．社会工作实务（中级）[M]. 北京：中国社会出版社，2020.

人情况去激发每个人的兴趣。

动机激发小组应该聚焦在让人愉悦的活动上，避免开展让老年人感到烦恼的关于关系、健康的问题或令个人感到无望的活动，因为这些负面问题让老年人脱离了与眼前生活的对接。以下是关于开办动机激发小组的一些建议：

- ✧ 园艺。
- ✧ 准备过节。
- ✧ 准备做 1 ～ 2 人的饭菜的小建议。
- ✧ 艺术和手工制作。
- ✧ 演示目前的计算机技术。
- ✧ 化妆和时装表演（用于妇女小组）。
- ✧ 简单的、花费不多的装饰家的点子。
- ✧ 宠物见面会。
- ✧ 按章节大声朗读一部小说。
- ✧ 教育性的电视节目。
- ✧ 充当志愿者的机会。

自学自测

一、单选题

1. 社会工作者小王近期要开设一个自闭症儿童家长照顾技能提升小组，帮助家长了解照顾知识、掌握自我解压技巧，这个小组的类型是（　　）。

A. 教育小组　　B. 支持小组　　C. 成长小组　　D. 治疗小组

2. 社会工作者小王为社区志愿者开设一个为老服务技能训练小组。在一次主题为“老年人特点”的小组讨论会上，志愿者老赵说：“老年人的行为就像小孩，要哄着点儿，有时候不承认自己老了，偏干自己干不了的事。我老伴经常和儿媳妇争吵。有一次儿媳妇买了一件高档羊绒衫，老伴说儿媳妇不会节约；还有一次……”其他组员也纷纷附和。这时，小王最适宜的回应是（　　）。

A.“家里的事就不要说了，现在轮到老张发言了。”

B.“老赵您先别说了，我们也请其他组员谈谈想法。”

C.“刚才老赵谈了老年人的一些特点，还有谁愿意说说其他特点。”

D.“刚才老赵有点跑题了，现在我们请老张说说你的想法。”

3. 社会工作者小张采用互动模式开展了一个“睦邻屋”小组，旨在增加流动儿童与本地儿童的交流，促进流动儿童的社区适应与融合。关于该小组的说法，最准确的是（　　）。

A. 该小组虽然是个互动小组，但仍应考虑服务流动儿童的补救性目标

B. 鉴于儿童的性格和行为特征，小张在带领小组时应做好控制者角色

C. 小组主要围绕社区适应问题，小张应将其目标主要聚焦于流动儿童

D. 小张可以运用激励和示范等技巧，提高组员之间互动的频率和质量

4. 社会工作者小李设计了一个旨在提升无业青年自信心的小组，小组工作第四节开始，小李引导组员共同完成“挑战北斗星”的游戏。

小李：“完成游戏那一刻，大家感觉如何？”

组员：“哇，太激动了，感觉像是心里一块大石头落地了。”

小李：“与最初相比，大家的想法有什么变化？”

组员：“刚开始我觉得不可能完成任务，担心椅子会受不了，等大家成功走完最后一张椅子，我才发现有些事情并不像想象的那么难，需要多去尝试。”

以上对话，一般出现在小组活动经验分享环节，其主要目的是（　　）。

A. 引导组员讨论参加活动的收获，交流给自己的启发

B. 引导组员彼此交流与合作，协助小组互助网络形成

C. 引导组员形成稳定关系，促使小组进程有规律可循

D. 引导组员间形成相互信任的氛围，增加小组凝聚力

5.“通过前几次的小组活动，我们大家达成了共识：尽管父母的教育方式可能不当，

但他们始终是爱我们的，他们是我们最应信任的人。大家也都认为，一时冲动，向自己父母说狠话、说重话是不对的。那么今天，我们就要想想办法，来克制自己的冲动，改善与父母的沟通。”社会工作者的这段话最有可能出现在小组的（　　）。

A. 开始阶段　　B. 中期转折阶段　　C. 后期成熟阶段　　D. 结束阶段

6. 徐女士在第一次小组活动开始时有些拘谨，怀疑地打量着周围，也不与他人交谈。此时，社会工作者应该（　　）。

A. 了解徐女士对小组的期望

B. 邀请徐女士与其他组员一起进行自我介绍

C. 评估徐女士是否适合参加本小组

D. 转介徐女士给其他社会工作者进行个案辅导

7. 某学校的“从毛毛虫到蝴蝶”提升青少年耐挫力小组，在小组聚会的后期，小组中原本已经解决的问题这时又出现了，组员们在活动中不同程度地表现出不自信、退缩的行为。此时，社会工作者应该（　　）。

A. 处理组员的离别情绪和感受

B. 马上结束小组

C. 转介组员们给其他社会工作者进行小组辅导

D. 不予关注

8. 某社会福利院社会工作者小万为住院老人举办“生命教育”主题小组，小组进行到第二节，社会工作者播放“生命树”成长过程，协助组员建立对死亡的正常认识。现场部分组员由于直面“死亡”，产生恐惧、哀伤等情绪，并出现防卫和抗拒讨论的行为。针对这种情况，小万最适宜的做法是（　　）。

A. 运用限制的技巧，通过及时打岔的方式转移“死亡”话题讨论

B. 运用沉默的技巧，鼓励组员进行情绪宣泄，维持小组的自然发声

C. 运用摘述的技巧，帮助大家澄清讨论的话题并重新聚焦主题

D. 运用引导的技巧，组织组员针对死亡议题开展头脑风暴讨论

9. 在某个青少年网瘾治疗小组的结束阶段，组员小王不愿意接受小组即将结束的事实，在活动中对其他组员不理不睬，并出现因通宵上网而迟到的现象。为了让小王巩固已经改变的行为，社会工作者应当（　　）。

A. 与小王一起制定小组规范

B. 协助小王寻求家人和朋友的支持

C. 协助小王将认知转变成行为

D. 与小王成为好朋友

10. 为帮助失独母亲走出家门，接触社会，开始新生活，社会工作者老李着手建立失独母亲的互助支持网络，并邀请社区 9 名失独母亲参加“暖心之家”小组。小组工作进入第五节，目标是协助组员关注当下，了解并学习运用身边的资源，以缓解困境。下列活动中最适宜本节的是（　　）。

A. 凤凰涅槃——展望未来，我的生活我做主

B. 暖心社区——设计自己想要的社区服务

C. 美丽人生——梳妆打扮，原来自己也很美

D. 我的五样——互相介绍自己的五个爱好

二、多选题

1. 在开展老人康乐小组活动的开始阶段，组员之间没有太多的交流和沟通。为此，社会工作者可以利用（　　）沟通技巧来促进各位组员之间的相互交流。

A. 鼓励组员相互介绍自己的兴趣爱好

B. 及时进行小结

C. 帮助组员相互理解

D. 让其他组员与发言的老人进行相互反馈

E. 工作者示范引导

2. 社会工作者小曹最近刚刚完成一个老人情绪管理小组。他在督导老张的指导下，对小组进行了评估。下列小组评估方法中，属于效果评估的有（　　）。

A. 着重观察组员在小组中的表现

B. 听取现场观察人员的反馈意见

C. 用目标达成量表评估小组目标

D. 对组员进行小组的满意度调查

E. 查看小组记录，调整活动计划

3. 社会工作者老李在地震灾区为受灾的羌族农村妇女举办了“羌绣伴我行——妇女能力建设小组”，小组顺利进入成熟阶段，组员开始讨论未来羌绣的销售以及销售收入的管理。此时，老李要做的工作有（　　）。

A. 协助部分组员处理因小组即将结束产生的离别情绪

B. 协助组员维持小组中形成的行为模式和互助关系

C. 引导组员共同努力解决羌绣销售市场开拓的难题

D. 鼓励组员积极尝试去寻找和获取销售市场的信息

E. 关注部分组员可能出现的异常行为和特殊的变化

4. 社会工作者小江为残疾儿童家长开设了一个“同路人”支持小组，经过几节小组活动后，家长从不愿表达自己到能与其他组员深入地分享自己的艰辛、困惑和经验，并在相互交流中获得育儿的新知识和新方法。小江准备在下一节小组活动中，采取一些措施帮助家长将新的认知转变为行动。小江采取的下列措施中，有助于该目标实现的有（　　）。

A. 协助家长为自己的改变负责，鼓励他们不断尝试新的行动

B. 及时发现家长刚开始出现的正向行为，并加以肯定和支持

C. 帮助家长获得社会支持，将小组习得的行动运用在小组外

D. 适当控制小组的进程，等待家长行为慢慢地发生改变

E. 强化家长对小组的期待，提高他们对小组目标的认识

5. 在一次为老年焦虑障碍患者开展的减压小组中，组员老李和老王在如何减压更有效的问题上发生了争论。老李认为，焦虑时应去人多的地方，或通过运动等方式来缓解。老王则认为，焦虑时需要安静地待着，通过冥想的方式来缓解。组员们也因为支持老李或老

王的观点而产生分歧，发生争执。面对这样的情形，社会工作者适宜的做法有（　　）。

A. 劝阻争执，开展“停下来，谈感受”的交流分享

B. 借助冲突话题，开展预先准备好的减压训练活动

C. 指出老李和老王因为坚持个人观点，引发小组混乱

D. 为了终止争执，对老李和老王的观点逐一进行点评

E. 带领组员回顾小组契约，再次明确本次小组的目标

三、案例分析题

1. 社会工作者在某职业学校开展服务时发现：有些学生在课堂上表现不佳，动辄与任课老师发生冲突，甚至擅自离开课堂；有些学生流连于网吧，经常夜不归宿。社会工作者经过进一步评估，发现大多数学生流露出对未来的迷茫，觉得读职业学校没有前途，既懊悔过去读书不认真，又不愿面对现实，更没有为改变现实而采取行动。社会工作者决定依据现实治疗法中的“责任”“现实”“正确”三个基本要点，开展以提升青少年自我管理能力为总目标的小组活动。在小组活动过程中，社会工作者通过破冰游戏等方式促进组员间的相互交流，建立积极、正向的伙伴关系；与组员共同制定契约，形成小组规范，使组员逐步认识到遵守规范的重要性。社会工作者通过“自画像”“生命环”等活动，协助每位组员开展自我探索，使其了解自己的行为并进行合理评估，学会对自己的行为负责。社会工作者借助良好的小组互动氛围，通过角色扮演、示范、鼓励等技巧，协助组员学会真实表达，并履行自己的决定和承诺。

问题：

（1）围绕提升青少年自我管理能力的总目标，列出本案例中小组工作的具体目标。

（2）分析小组工作在本案例中发挥的功能。

2. 淑华是普通的农村妇女，丈夫没有固定工作，有酗酒的习惯，而且酒后经常对淑华施虐，甚至毒打。淑华是家庭的经济支柱，有一个女儿。淑华生下的是女儿，她的丈夫和婆婆都认为是她的错。淑华经常向同村的好姐妹们诉苦，但是她们都认为要顾及面子，家丑不可外扬，大都劝她忍气吞声。淑华曾在无奈之下向妇联和派出所民警求助，但是却拒绝了他们的实质帮助。有段时间，淑华因为不堪苦恼，几乎想自杀，她自己也越来越觉得这就是她的命，天生注定，不可改变，生女儿也是她的错。

问题：

（1）在优势视角看来，淑华的资源主要有哪些？

（2）从小组层面，分析解决淑华问题的简要策略。

课中实训

实训一　开展儿童青少年小组工作

实训准备

实训目标

本次实训为儿童青少年小组工作实训，以儿童青少年为服务对象开展小组工作，通过需求评估与目标设定、招募组员、筹备小组资源、撰写小组计划书、制定小组契约、带领小组活动、结束小组等步骤的操作，学生能够熟练掌握一次完整的小组工作流程和各个环节所需的技巧，学会根据儿童青少年的特点开展满足服务对象需求的具有专业性的小组活动。

实训项目

为巩固儿童青少年小组工作的相关知识，本次实训项目以儿童或青少年为主要服务对象，展开儿童青少年的需求分析，并围绕儿童青少年群体设计和开展小组活动。

实训方式

学生组成实训小组，每组学生人数根据实际情况确定，设组长 1 名，负责该组成员的考勤、纪律、安全与分工安排。

实训步骤

（1）完成课前自学部分知识的学习，理解知识内涵，并画出思维导图。

（2）复习项目三小组工作过程的内容，巩固开展小组工作的相关知识。

（3）实训过程中以小组为单位协同合作，通过头脑风暴集思广益，共同完成实训任务。

（4）本次实训包含 8 项实训任务，每项任务均有实训成果，最终将所有任务的成果整合成一份完整的实训总结报告。

（5）实训过程中，注意留存过程性佐证资料，如照片、视频、宣传海报等，作为过程评估的依据之一。

（6）最后，根据实训项目评价表中的内容对实训成果进行结果评估。

实训成果

（1）个人实训学习契约（见本项目后附件）。

（2）各项任务成果。

（3）小组实训总结报告。

（4）小组实训过程性资料：照片、视频等任何能够反映小组工作过程的资料。

（5）实训项目评价表。

实训资料

流动儿童与随迁儿童的社会融合

20世纪90年代以来，随着我国改革开放的不断深入，时代的发展与变化，许多外来人口涌入大城市谋求发展，随之出现了大批流动儿童以及随迁儿童。

流动儿童一般指的是随父母或其他监护人在流入地（与户籍所在地相对）暂时居住半年以上的，年龄在18周岁以下的人员。与此相似的概念还有流动人员子女、进城务工就业的农民子女、城市流动人员的子女和打工人员子女等。[①]流动儿童可以分为城市户籍流动儿童和农村户籍流动儿童。在以往的实际工作中，遇到的农村户籍流动儿童较多，但是随着社会经济的发展、户籍制度的改革，城市户籍流动儿童日益增多。

近些年，与流动儿童有很大的相关性的另一个概念随迁儿童也逐渐进入人们视野。随迁儿童是指户籍登记在外省（区、市）、本省外县（区），随务工父母到输入地的城区、镇区共同生活半年以上的儿童。相似的概念还有随迁子女、进城务工人员子女等。[②]

无论是流动儿童还是随迁儿童，为了更好地生活和学习，他们都需要适应并且融入一个新的陌生环境。他们可能需要了解新环境的文化，结交新的朋友，入读新的学校，甚至需要学习新方言。但是由于各种主客观原因的限制，他们在新环境中是相对比较弱势的一方，比如在入学要求方面普遍比户籍儿童要求更高、选择更少，人际交往方面由于方言不同、成长背景不同等较难融入当地儿童的社交圈，甚至可能会出现教师不公、同伴歧视等现象，给他们的心理健康造成不良影响。而这种现象可以通过小组工作的方法加以改善。通过开展一系列小组活动，可帮助流动儿童和随迁儿童扩大交往、增强认同、赢得接纳等，实现社会融合，促进身心健康发展。

青少年人际交往问题

每个人都希望自己善于与他人交往，希望通过人际交往建立良好的关系，从而在轻松、愉快的环境中工作、学习和生活。对于青少年来说，人际交往除了有以上作用以外，更是他们提前适应社会生活，担当社会责任，塑造健康人格的重要途径。当代青少年由于受应试教育和智能手机等因素的影响，社交环境相对比较封闭，社交能力普遍较弱。由于缺乏现实活动参与，对自己的认识和评价不够客观，对自己在社会中的角色和地位不够明确，因此产生了多种人际交往的困扰，严重者甚至影响心理健康。通过观察和研究，可以将有人际交往困扰的青少年分为以下三类。

1. 缺乏人际交往意愿的类型

这类青少年喜欢独处，不喜欢与他人交往，也不愿意参加集体活动，经常独来独往，沉默寡言，往往感受不到人际交往带来的乐趣，缺乏合作意识，集体意识淡薄，属于主观上自我封闭的类型。

---

① 邝宏达，徐礼平．流动儿童、留守儿童和随迁儿童的界定及其关系 [J]. 青少年研究与实践，2017，32(02).

② 孙亚文，贺雯，罗俊龙．随迁儿童元刻板印象威胁对工作记忆的影响：群际焦虑的中介作用 [J]. 心理学报，2015，47(11).

2. 害怕人际交往的类型

这类青少年内心是渴望与他人有良好的人际关系的，但是内心比较敏感，不敢主动与人交往，交往中会有紧张、恐惧、面红耳赤、心跳加速等不适的现象，害怕他人不喜欢自己，比较容易自卑，严重者甚至可能患上“社交恐惧症”。

社交恐惧症（social phobia）表现为对在公开场合进行社交的无理性的焦虑，属于一种精神疾病。患有社交恐惧症的人在他人面前或一些正式、公共的场合有一种很明显而又持续性的害怕，恐惧自身的行为表现会带来难堪的状况。

社交恐惧症原本为一种医学定义上的疾病，现在已经逐渐转化为一个网络热词，可见，生活中有人际交往障碍的人是比较多的。

资料来源：蔡静. 社会工作介入大学生社交恐惧症的个案研究：基于认知行为理论的视角 [J]. 大众文艺，2020(6).

3. 欠缺人际交往技巧的类型

这类青少年主观上愿意与他人互动交往，甚至会主动去他人互动交往。但是由于缺乏人际交往技巧和能力，与他人难以建立良好的关系，甚至会无意中“得罪”他人，与他人发生矛盾时无法掌握有效处理问题的手段，无法站在他人角度去思考和理解他人，欠缺同理心等，经常会出现与人沟通不畅、交流失败的现象。久而久之，会让青少年产生挫败感，甚至引发焦虑、抑郁等心理问题。

小组工作在解决青少年人际交往问题，增强青少年人际交往意愿，提升其人际交往技能方面可以发挥较大的作用。通过一系列有针对性的活动，能够一定程度上改善青少年的人际交往障碍，促进他们的身心健康发展。

任务 1　确定儿童青少年小组需求与目标

子任务 1　确定儿童青少年的需求

案例：青少年的压力

某社区社工于近日针对辖区内儿童青少年群体开展年度需求调研，通过调研报告了解到，在“你在生活和学习中遇到过哪些困难”这一问题中，50.67% 的儿童青少年有学习压力的困难，60% 以上的儿童青少年对人际交往感到有困惑，有些青少年认为自己心理压力较大，性格内向，不擅长与人交往，严重者甚至认为自己有心理问题。对于诸如此类的压力，如果未及时进行梳理和调整，会影响儿童青少年的正常生活。

任务描述：

（1）阅读案例与实训资料，以小组为单位，讨论：你认为儿童青少年有哪些身心特点，他们有哪些常见的需求？完成表 5-2。

（2）各组派代表进行分享，实训指导老师进行总结和点评。

表 5-2　儿童青少年身心特点与需求分析

序号	生理特点	心理特点	需求
1			
2			
3			
4			
5			
…			

知识拓展

青少年的身心特点与需求

一、青少年的特点

（1）青少年的生理特点。

第一，体型变化，表现为青少年身高和体重的突增。

第二，机能的健全，表现为青少年心血管系统和呼吸系统的进一步发育。

第三，神经系统的发达，表现在脑和其他神经系统的进一步发展。

第四，性成熟，表现在个体生殖器官的形态发育、功能发育的成熟以及第二性征发育的成熟。

（2）青少年的心理特点。

第一，自我意识发展迅速。在此期间，青少年通过与父母或老师“抗争”获取独立感和自由感，通过勤奋学习和广交朋友获取自信心和自尊心。

第二，认知力旺盛。青少年不仅拥有儿童期“传承”下来的直观形象思维，而且随着年龄的增长，其观察力、想象力、记忆力也不断增强，使得青少年接受新鲜事物速度极快。

第三，情感、情绪丰富且不稳定，在身体迅速变化带来的生理压力、社会性别角色定型、人际冲突、亲子冲突及学业成绩等压力的影响下，青少年情绪具有爆发快、强度大、紧张程度高、稳定程度低等特点。

二、青少年的需求

（1）依附性需求。青少年处于社会性发展的关键期。一方面，青少年需要通过各种努力获得相应的社会资格和必备的能力；另一方面，青少年尚未完全独立，无论是在物质上还是精神上都对成人有一定的依赖，因此青少年也通常被划分为弱势群体。

（2）集群性需求。青少年大多对独立和自主有着强烈的愿望，而处于权威地位的家长往往不愿或不敢放手，这样就造成了“越想独立，越被管束”的尴尬局面。于是，青少年开始“逃离”家庭，逐渐地把注意力转向同辈群体，渴望自己能被同辈群体接纳、认同和支持。青少年与同辈群体在一起可以交流思想、增进感情和获取理解。美国心理学者哈里斯认为，对青少年个性有更重要而深远影响的环境因素不是家庭，而是同辈群体。

（3）学习性需求。青少年从懵懂幼稚的童年走向成熟稳重的成年期间，对未知世界有着强烈的好奇心。在大众传媒高度发达的当下，丰富的网络媒体资源给青少年的学习、娱乐和生活开辟了新的信息渠道，也促进了青少年人格独立和思想成熟，还提升了青少年主体意识和自我价值感。然而，青少年缺乏对未知世界的深刻认识，再加上自控力低下和是非观念薄弱，极其容易被媒体左右，导致青少年的学习具有明显的现代传媒导向特征。

（4）自我同一性的需求。自我同一性是一种关于我是谁、我想干什么、我能干什么、我会成为什么样的人等一系列问题的感觉。若青少年“同一性胜利”，他们就会找到自己的定位，逐步稳固人生观、价值观和生活观，从而顺利过渡到成年期；若青少年“同一性失败”，他们就会对自己缺乏清晰的、稳定的同一感，就会深陷迷茫、混乱和自卑的深渊，极有可能出现逃避社会或反社会的行为。

他山之石

重点青少年群体需求调研的方法及技巧①

很多社工在服务过程中，对于如何开展服务对象需求调研深感困惑，不知从何下手，得出来的需求结论也容易受到质疑或者不够精准，以下介绍一下青年地带项目中的重点青少年群体的需求调研方法和技巧。

一、厘清“重点青少年”的概念以及类别

青年地带项目的定位是预防青少年违法犯罪，因此需要清晰界定“重点青少年”的概念。在青年地带项目的相关指导性文件中明确规定了8类重点青少年群体：不良行为青少年、严重不良行为青少年、两需青少年、来穗家庭未成年人子女、困境未成年人、留守儿童、服刑人员未成年子女以及工读学校学生。对重点青少年的概念进行清晰的界定，是开展精准调研的前提。

二、结合辖区内青少年实际情况及潜在违法犯罪危机风险，聚焦目标对象群体

我们可以从接触到的青少年群体中选取违法犯罪危机风险较大的对象作为目标群体进行需求调研，如辖区内的学校、社区以及相关职能部门转介的服务对象。

如青年地带项目与某学校达成了服务合作共识，为校内学生提供支援服务。社工在服务过程中，发现该学校学生旷课行为普遍存在，甚至形成了一种“旷课文化”，社工察觉到学生旷课行为背后可能潜在较大的违法犯罪危机风险。因此，针对该学校的逃学旷课学生群体开展需求调研工作。

再如，社工在外展过程中，发现社区内存在一部分闲散青少年（既不就学也不就业）。针对社区内的闲散青少年，社工希望进一步了解他们的生活现状、感受以及未来规划等情况，因此可以针对社区内闲散青少年进行需求调研。

总而言之，社工可根据青少年行为表现背后潜在的违法犯罪风险进行预估，从而确定调研的目标群体。

三、常用的调研方法和技巧

社会调查研究主要分为定量研究以及定性研究，社工在开展服务需求调研过程中，一

① 本文改编自：军临 . 重点青少年需求调研工作指引（附流程图）[EB/OL].（2019-09-05）[2024-03-29]. https://mp.weixin.qq.com/s/rivQdQ6frHnrJMCvgMcmpA.

般会将定性研究和定量研究结合使用，以更好地评估服务对象的需求。以下介绍重点青少年群体中可以使用的几种需求调研方法，以及相应的技巧。

1. 观察法

观察法是定性研究的一种常用调查方法，亦是开展儿童青少年需求调查的常用方法。观察法对社工的专业敏感度要求较高。因此，社工能否在日常服务中察觉到高危服务对象群体，取决于社工对项目定位的认识以及预防违法犯罪的专业敏感度。观察法是发掘服务对象需求的第一步，亦是明确研究假设的重要一步。

2. 问卷法

问卷法是定量研究的一种常用调查方法，能够大量、快速地收集目标对象群体的相关信息资料，并运用统计学的科学方法进行数据分析，得出来的结论在统计学上具有推论意义。

简单来说，就是可以通过概率抽样的方式从总体对象中选取一部分样本，对从样本中采集的数据进行统计分析，所得出来的结论同样适用于总体其他对象。根据过往服务经验，某类重点青少年群体总数一般不会超过 100 名，因此，我们在做样本基数的估算时，可以结合项目人手情况及项目实施时间，进行调查基数的确定。

以某学校逃学旷课学生需求调研为例，明确服务对象总体人数在 30 名左右，因此，可以进行全覆盖的问卷调查，并且所得结论适用于所有被调查对象。

在调研实施过程中，常见困难主要是很难找到符合标准的调查对象，或者调查对象不配合。这种情况下社工可以从自己的案主入手，通过案主运用“滚雪球”的方法不断寻找符合标准的目标对象，并且匿名调查可以减少被访对象的顾虑，保证信息的真实性。

3. 访谈法

访谈法是定性研究的一种常用调查方法，主要分为结构性访谈、半结构性访谈以及无结构访谈三种类型，社工一般选择结构性访谈或者半结构性访谈。

访谈法一般用于对定量研究的补充。如针对学生逃学旷课的现象以及成因，除了从学生层面进行调查以外，还可以从学校老师、家长等相关层面进行了解，因此，可以通过访谈法弥补问卷调查的局限性。

访谈对象及数量的确定主要考虑涉及的相关方数量即可，尽量对所有相关层面进行覆盖。

4. 其他常用方法

其他常用的调研方法有文献回顾法、资料分析法。例如针对某类重点青少年的问题或需求研究，过往已经有很多前人研究成果值得借鉴，可以用文献回顾法进行服务需求的梳理以及服务假设的设立。

资料分析法主要是一个归纳与总结的过程，将过往服务对象的信息、特点进行归纳整理，从而得出共性的需求与问题。

子任务 2　探讨儿童青少年小组主题

任务描述：

对社会适应不良的儿童和青少年，小组活动能够帮助他们矫正缺点，改变不良行为，培养他们健康正向的习惯，同时，儿童和青少年还能在小组中发挥自己的特殊能力，逐步建立自信心，培养独立、有责任心等良好品质。想要达到以上目的，必须根据儿童青少年的问题和需求，设计符合儿童青少年特点的小组主题。

（1）请各组结合子任务 1 中的儿童青少年身心特点和需求分析，围绕案例资料挑选感兴趣的一些问题或需求并进行深入探讨，进行小组头脑风暴，将结果填入表 5-3 中，看看哪一组列得多、列得有创意。

（2）各小组进行分享，教师进行点评和修改，最终各组确定一个小组主题。

表 5-3 儿童青少年小组主题头脑风暴汇总表

小组：

组员姓名	想到的主题	想法来源或依据

他山之石

如何筛选合适的儿童青少年小组主题？①

儿童青少年阶段是一个时间跨度较大的阶段，在思考小组主题时，要注意，并非每个主题都适用于全年龄段的儿童青少年，因此要根据以下三方面要素进行合适主题的筛选。

第一方面，实际需求。

儿童青少年的小组开展什么，如何开展，都需要立足于“儿童青少年”的真实需求。因此，在正式开小组前还是要进行需求评估，这一点老生常谈，却常常容易被忽略。

对于年龄较小的儿童来说，应注意避免家长做主的“假需求”，切勿将调研对象直接默认为孩子家长。

应真实地与孩子沟通交流，进入孩子的场域，抓住每次与孩子面对面沟通的机会，或在广场上，或在家庭中，或在每场社工服务中。

同时，应结合儿童青少年的特性，在游戏互动、玩乐中，用儿童青少年可以听懂的“语言”引导孩子表达自己的需求。

第二方面，阶段特征。

儿童青少年在不同的阶段有不同的成长任务，小组活动应当引导儿童青少年正视每阶段面临的挑战，获得成长所需的品质和素质。

① 本文改编自：瑶瑶爱土豆.[社工干货]收藏！新手社工开展暑期儿童青少年服务指南！视觉笔记版[EB/OL].（2022-03-25）[2024-03-29]. https://mp.weixin.qq.com/s/A7YWksoqUN2Ktn9vokOpRQ.

根据埃里克森八阶段发展理论可知：3～6岁儿童处于主动对内疚的冲突矛盾期，需要更多的鼓励，同时需要接触新的事物，强化其学习的主动性，这样可以为他将来成为一个有责任感、有创造力的人奠定基础。6～12岁的儿童青少年则处于勤奋对自卑的冲突矛盾期，有勤奋学习的需求，同时也需要引导其树立良好的品质，建立综合的价值感，培养勤劳、竞争、合作、团队等意识。12～18岁青少年则处于自我同一性和角色混乱的冲突矛盾期。一方面这个阶段的青少年身体迅速发育成熟，本能冲动的高涨会带来一系列问题；另一方面，他们面对新的社会要求和冲突，要经历各种选择的混乱状态，容易感到困扰。这时，他们需要自我价值被周围人、被社会认可，形成自我同一性，需要与他人的互动，与社会接触，进行社会实践。

社工在设计儿童青少年小组主题时，一定要以儿童成长发展特点（快速性、阶段性、顺序性、不均衡性、个体差异、分化与互补性等）及发展需要（生存、发展、受保护、社会化等）为立足点。

第三方面，资源梳理。

俗话说，巧妇难为无米之炊。儿童青少年多样化的需求需要多方资源给予支持，社工应梳理出可使用的内外部资源、正式与非正式资源。同时，甄别哪些是需要社工去做的，哪些可以交给资源方去做，并签订合作协议，达成合作意向，为服务的开展提供保障。

子任务 3　确定儿童青少年小组目标

任务描述：

（1）各小组回顾项目三任务二中的科学的小组目标的要素，填写表 5-4。

（2）结合子任务 1、2 的成果，小组讨论你们开设的儿童青少年小组可以设置哪些小组目标。至少确定 3 个，填写表 5-4。

（3）各组进行分享，并进行小组互评，填写表 5-4。

（4）教师进行点评与修改，最终确定各组小组目标。

表 5-4　儿童青少年小组目标

序号	科学的小组目标要素	我们的小组目标	组间评分（10 分制）
1			
2			
3			
…			

任务 2　宣传与招募

通过前面课程的学习，同学们已经掌握了招募组员的方式和筛选组员的条件，但是在招募和筛选儿童青少年组员时，应该特别注意些什么呢？有哪些适合儿童青少年群体的特有的宣传和招募方式呢？

子任务 1　宣传与招募

任务描述：

（1）请结合自身经验，进行小组讨论，谈谈你们平时都是通过哪些渠道接触到新资讯以及活动信息的，填入表 5-5 中。

表 5-5　宣传与招募方法

序号	我平时接触新资讯与活动信息的渠道	优点	缺点	需要什么工具
1				
2				
3				
…				

（2）从你们小组探讨出来的渠道中，选择一项进行具体的设计，如招募海报、宣传视频、小组招募书等。

（3）各组展示小组设计成果，进行小组互评和教师评价。

知识拓展

一些儿童青少年小组宣传招募方法实例

1. 小组名称："守护安全　幸福童年"青少年安全教育小组

招募方式：

通过外展宣传招募

通过 QQ、微信群及公众号等网络方式宣传招募

通过村委会工作人员招募

在以往服务参加者中招募

2. 小组名称："爱自己　爱他人　爱生活"儿童成长小组（含残障儿童）

招募方式：

通过特殊教育学校招募

通过社区居委会工作人员招募

通过"滚雪球"的方式招募，先找到一名残障儿童

3. 小组名称："涅槃重生"青少年生命教育小组（含涉毒青少年）

招募方式：通过司法所招募

由此可见，不同类型的儿童青少年，招募方法也有所区别，比如面向困境儿童青少年、涉毒青少年等重点群体和面向一般儿童青少年的宣传招募方式有较大区别。

子任务 2　筛选儿童青少年组员

在招募到一定数量的儿童青少年服务对象后，还需要根据一些条件进行筛选。回顾项目三实训二中学习的筛选组员需考虑的因素，并展开小组讨论，探讨出小组组员筛选条件，完成表 5-6，并思考是否还有其他因素需要考虑。

表 5-6　小组组员筛选条件

序号	因素	儿童青少年小组组员条件
1		
2		
3		
4		
5		
6		
7		
8		
9		
10		
11		
补充因素		

任务 3　筹备小组活动资源

任务描述：

（1）请和你的组员探讨，你们的小组活动需要哪些资源，填入表 5-7 中。

（2）每位组员对自己的技能、知识和拥有的资源进行检视，看看依靠小组内部力量能够直接获得的活动资源，并选取能够在小组活动中使用的部分，填入表 5-7 中。

（3）针对小组内部力量无法直接获得的活动资源进行探讨，有哪些获取资源的外部途径，完成表 5-7。

表 5-7　小组活动资源检视表

序号	所需资源	组员技能、知识和资源检视	获取资源外部途径
例	场地	无法直接获得	寻求居委会帮助
1			
2			
3			
4			
…			

任务 4 撰写小组计划书

子任务 1 确定儿童青少年小组名称

任务描述：

一个合适的小组名称可以让参与者清楚小组的类型以及参与小组能够达到的效果，回顾项目三实训三的内容，我们知道，一个小组名称的命名格式一般是“描述词 + 服务群体 + 主题”。请根据相关知识和本次服务对象“儿童青少年”的特点，为你们的小组确定一个名称，填入表 5-8 中，并对其他组的小组名称进行排序投票，给出排序原因。

温馨提示

撰写计划书之前，别忘了回顾项目三实训三“撰写小组计划书”中的内容，以及本项目中关于儿童青少年小组的特点、原则和功能等的知识哦！

表 5-8 确定儿童青少年小组名称

组别	我们的小组名称	排序投票
第一组		
第二组		
第三组		
第四组		
第五组		
…		

一些儿童青少年小组名称：

“社交小能手”青少年社交能力提升小组

“青春新起航”青少年行为偏差治疗小组

“跟社工说再见”青少年自信心提升小组

“很高兴认识你”特殊儿童融合支持小组

想一想：以上儿童青少年小组名称有什么特点？

子任务 2 选择合适的儿童青少年小组工作理论

任务描述：

（1）请根据你们小组的主题、服务对象等，分析可以选择哪些理论用以支撑小组开展并说明原因，完成表 5-9。

（2）教师组织各小组进行分享。

表 5-9 选择合适的儿童青少年小组工作理论

序号	选择的理论	原因
1		
2		
3		
…		

知识拓展

儿童青少年小组工作常用的理论

小组工作中，需要借用大量不同学科的知识和理论，以此作为小组开展的理论基础。除了社会学习理论、心理分析理论和系统理论等通用的理论基础以外，儿童青少年小组工作还常常用到以下理论。

一、优势视角

优势视角是指社会工作者所应该做的一切，在某种程度上要立足于发现、寻求、探索及利用服务对象的优势和资源，协助他们达到自己的目标，实现自己的梦想，并面对自己生命中的挫折和不幸。

优势视角是着眼于个人的优势，以开发和利用人的潜能为出发点，协助其从挫折和不幸的逆境中挣脱出来，最终达到其目标、实现其理想的一种思维方式和工作方法。

优势视角的基本信念包括：（1）赋权。（2）成员身份。优势视角承认服务对象如同其他所有人一样，是一个群体的成员，并享有与成员身份随之而来的自尊、尊严和责任。（3）抗逆力。面对逆境时能理性地做出建设性、正向选择和处理的协调与适应能力。它是一种面对磨难而抗争的能力。（4）对话与合作。在对话中，确认别人的重要并弥合个人、他人和制度之间的裂缝。

优势视角的原则主要有：（1）每个个人、团体、家庭和社区都有优势；（2）创伤和虐待、疾病和抗争具有伤害性，但它们也可能是挑战和机遇；（3）与服务对象合作，社工可以更好地服务于服务对象；（4）所有的环境都充满资源；（5）注重关怀、照顾和脉络。

二、经验学习理论

大卫·库伯（David Kolb）在总结了约翰·杜威（John Dewey）、库尔特·勒温（Kurt Lewin）和让·皮亚杰（Jean Piaget）经验学习模式的基础之上提出自己的经验学习理论。他认为经验学习过程是由四个适应性学习阶段构成的环形结构，包括具体经验、反思性观察、抽象概念化、主动实践。

经验学习理论的核心理念主要有：

（1）以学习者为主体，激发学习者的体验尝试、反思总结以及行动实践。

（2）注重“当事人”的行为、感受、启发、收获。

（3）从实践中来，到实践中去。

一直以来，我们接受知识的来源主要是老师、课本，灌输式的学习方式容易让我们的学习认知固化，即使成为社工后，亦容易将儿童青少年从一个课堂带入另一个课堂，服务设计乏善可陈。

经验学习理论的提出，为突破传统教学提供了一个学习框架，将此理论引入儿童青少年服务当中，配合优势视角的使用，必然能设计出很多有趣且有灵魂的服务作品。

子任务 3　儿童青少年小组活动设计

任务描述：

（1）各组围绕确定的主题，设计 6 节小组活动，确定每节小组活动的小主题，思考设计的逻辑，完成表 5-10。

（2）各组根据确定好的小组活动主题，设计第一节具体内容，要求每节小组时间为 80 ～ 90 分钟，完成表 5-11。

（3）各组分享，教师点评并修改。

表 5-10　6 节小组活动小主题

节号	小主题	设计逻辑
第一节		
第二节		
第三节		
第四节		
第五节		
第六节		

表 5-11　第一节小组活动

第一节______________（填写活动小主题）				
日期				
地点				
负责人				
活动时间	活动名称	目标	内容	所需物资

知识拓展

儿童小组工作基本技巧[①]

儿童小组工作的过程中都会使用一些技巧，这些技巧有些是共通的，有些是独有的，可以为我们设计儿童小组活动提供一定的思路。

1. 示范顺序技巧

示范顺序技巧旨在教导儿童某项特定的正向的互动行为，它包括公开示范、行为演练、教导以及团体回馈。示范是指给正在观察的儿童提供学习的榜样以改变其行为，做榜样者可以是成人、同辈甚至是木偶。通过示范，小组中一个或多个儿童可以了解如何有效地掌握他们感到困难的情境。行为演练是一种角色扮演的技巧，从中儿童练习新的有效的方法来处理情境问题。教导是指当儿童在安排的情境下，模仿或演练一系列行为时，小组工作者给予儿童指导或口语上的暗示。团体回馈是指别的小组成员以口语评价某个儿童角色扮演或模仿的效果的过程。

2. 认知改变技巧

认知改变技巧旨在促使儿童学会以更有效的方法去评价他自己或有问题的情境，尤其是改变自己对某一个问题的看法进而改变自己的行为。它包括认知重组、自我指导训练等。

认知重组是改变儿童自我贬抑或思考上的非逻辑模式，使之转变成具有社会功能的自我鼓励或思考上的逻辑模式。在小组工作中，小组工作者首先可以列举案例或练习来训练儿童正确地界定出自我鼓励和自我贬抑的想法；其次，小组工作者再让儿童尝试界定他们自己及他们同辈间自我贬抑的想法，并将它们改正为自我鼓励的想法。

自我指导训练是指小组工作者首先教儿童如何去界定某种看法，然后在面对一个有问题或有压力的情境时，不要讲自我贬抑的陈述，而是讲更正向、更有功能的自我陈述。这个过程的步骤是：

问题的定义（我对这件事的想法有什么不对）。

问题的重点（我能做什么）。

集中注意力（我要想一想我是怎样惹上麻烦的）。

因应陈述（如果放松一点，我就不会把事情搞砸了）。

自我增强（噢！我做到了！你瞧，我可以做到的）。

上述过程实施的具体方法是：先由小组工作者或另一个儿童说明（暗中示范）；再由有困难的儿童做练习（或暗中练习）——先大声说，然后小声说，最后静静地跟自己说。

3. 小团体技巧

它是利用小组中组员的互动来达到小组的目标或是解决小组沟通问题的一种技巧，包括团体讨论、次小组和团体练习，等等。

团体讨论是指小组中儿童之间口语的互动，或是儿童和小组工作者之间的口语互动。经过这个过程，小组才能把问题摊开来让全体组员分享、评价及决定解决方法，如此组员间也会产生友谊。团体讨论对形成小组高度凝聚力和促成有效的小组治疗十分有用。

---

① 吕新萍，等. 小组工作 [M]. 2 版. 北京：中国人民大学出版社，2013. 节选引用时做了一定调整改动。

次小组就是让小组中的儿童两人成对、三人一组或以其他相应形式开展活动的过程。次小组可以增加组员间的互动，提供儿童不受成人监督而能在一起工作的机会；它也能提供儿童掌握领导技巧的练习机会。此外，次小组还能协助儿童把在小组中所学到的东西运用到小组之外的情境。

团体练习是一种结构性互动的活动。例如，在练习"介绍"的活动中，每一个儿童至少约见小组中的两个小朋友，并把他们介绍给其他人。在另一个练习"讨论"的活动中，儿童们研究一个案例，讨论他们每个人与案例中所说的人有何不同。其他的练习包括教儿童如何接受和给予称赞与批评，等等。

4. 游戏治疗技巧

这种技巧有两种取向：一种是问题和治疗取向，另一种是辅导和发展取向。

（1）问题和治疗取向的游戏技巧。

由于儿童年龄较小，许多困惑或遭受的伤害难以用语言表达出来和表达清楚，所以，过于理性或复杂的治疗模式有时候并不能获得理想的效果。针对儿童的身心特点，可以运用游戏治疗进行儿童小组工作。问题和游戏治疗取向有多种技巧，其中，想象互动游戏治疗是常见技巧之一。

在运用想象互动游戏治疗的技巧进行儿童小组工作时，工作者可以用很多不同的方式介入游戏世界。首先，工作者的态度应该表现出有兴趣而且融入。其次，工作者可以成为一个更积极的玩伴。最后，工作者应该以口语参与。

（2）辅导和发展取向的游戏技巧。

这种取向技巧的活动类型包括手工艺、绘画、演剧、旅游，等等。

子任务 4　撰写儿童青少年小组计划书

任务描述：

（1）各组根据前面的任务成果，设计 6 节小组活动内容。

（2）回顾项目三实训三的内容，按照小组计划书模板，撰写完整的小组计划书。

（3）各组分享、教师点评。

（4）最终每组提交一份完整小组计划书，示例见表 5-12（有些具体内容省略）。

参考范例：

表 5-12　"守护安全　幸福童年"儿童安全教育小组计划书

一、基本资料			
小组名称	"守护安全　幸福童年"儿童安全教育小组		
主办单位	幸福社会工作服务中心		
小组性质	☑封闭性　□半开放性　□开放性		
	□成长性　☑支持性　☑教育性　□治疗性		
负责社工	刘社工、李社工	小组总节数	6 节

<table>
<tr><td>日期/时间/频率</td><td>每周1次</td><td>地　点</td><td>社区一楼多功能活动室</td></tr>
<tr><td>出席群体</td><td>9～12岁的农民工子弟小学学生</td><td>预计人数</td><td>6～10人</td></tr>
<tr><td>组员筛选方法</td><td colspan="3">根据年龄、意愿、身体状况等因素进行筛选</td></tr>
<tr><td>背　景</td><td colspan="3">（从需求调查、问题分析、政策依据、服务方向几个角度阐述）
近年来，儿童青少年安全事故屡有发生，而其中农民工子弟群体占了很大比例。由于农民工家庭生活负担重，家长整天忙于生计，对照顾孩子的基本生活已经疲于应付，更疏忽了对孩子的安全教育。即使有些家长想对孩子进行安全教育，由于其本身的文化程度低，也很难对孩子进行正确的安全教育。随着外来农民工不断涌进大城市，城市中农民工子弟数量势必将大大增加。对这些儿童青少年的安全教育是非常必要而且是刻不容缓的。我们组织这个小组就是希望教授组员一些基本安全知识及紧急救助方法，用图片解说、现场演习、组员讨论等方法，使组员能更好地记住安全知识和紧急救助方法，并鼓励其向身边的同学传授、宣传，使组员本身从一个学习者转变为一个教授者。</td></tr>
<tr><td>需求分析</td><td colspan="3">社工以儿童青少年需求调查问卷的方式对幸福社区阳光小学的25位四到六年级的学生进行安全评估，从中了解到社区儿童青少年普遍存在交通安全、消防安全、玩耍安全等安全问题及对解决这些问题的需求。为做到防患于未然，减少安全隐患，拟在社区中开展“守护安全　幸福童年”儿童安全教育小组，引导他们提高安全防患意识，营造良好安全的氛围。</td></tr>
<tr><td>理论基础</td><td colspan="3">以班杜拉为代表的社会学习理论。该理论认为人的行为同时受环境和个人的认知与需要的影响。
小组组员均为同质性服务对象。在小组活动过程中，一是通过小组的活动内容，学习有关急救安全知识，加强对安全知识的认识；二是通过与其他组员的互动，相互学习处理突发事件的技巧，取得组员间的相互支持。
组员不仅可以通过社工讲授中的榜样示范进行学习，还可以通过积极参与进行学习。每个组员既是行为观察者，也是被观察学习者，可增强个人的社会适应性，促进个人成长。</td></tr>
<tr><td>目标</td><td colspan="3">（一）总目标：通过小组对社区的儿童青少年进行安全知识教育，提高儿童青少年的安全意识及应对突发事件的处理能力。
（二）具体目标：
1. 80%的儿童青少年深刻认识三种以上的安全隐患；
2. 80%的儿童青少年学会不同的紧急事故处理方法；
3. 80%的儿童青少年提高应对安全事故的处理能力。</td></tr>
<tr><td>宣传招募方法（可多选）</td><td colspan="3">□外展宣传招募　□在社区/小区张贴宣传单　□在以往服务参加者中招募
□邀请服务对象协助宣传招募　☑通过合作单位/企业/学校宣传招募
□通过QQ、博客等宣传招募　□其他（请填写）：</td></tr>
<tr><td colspan="4">二、前期筹备</td></tr>
</table>

序号	事项	完成时间	负责社工
1	招募组员	2023年6月15日前	刘社工
2	场地、物资等准备	2023年6月25日前	李社工
…			

三、流程安排					
序号	节号＋日期	单节名称	单节目标	内容设计简介	所需物资
1	第一节 7月1日	第一节：我对安全知多少	了解小组的目的；了解组员对小组的期望；了解组员的安全知识基础；组员相互认识。	1. 工作人员自我介绍以及组员自我介绍； 2. 热身游戏：找镜子； 3. 分享曾遇到过的事故； 4. 谈谈已知的安全知识； 5. 介绍小组目的、内容以及制定小组契约。	小板凳
2	第二节 7月8日	第二节：交通消防安全	增进组员之间的了解；让组员了解基本的交通法规和知识；使组员学会使用灭火器以及进行紧急逃生等。	1. 讨论：利用交通安全图片，讨论组员所知道的交通安全知识； 2. 场景设计：过马路（找错误）； 3. 讨论：消防小常识； 4. 灭火器的使用； 5. 场景游戏：紧急逃生； 6. 总结。	交通信号灯示意图、不干胶、报纸、桌椅、视频、干粉灭火器、泡沫灭火器、手帕等
3	第三节 7月 15日	第三节：居家安全我知道	进一步增进组员的相互认识，提高组员自信心；使组员了解基本的居家安全常识。	1. 回顾上一次聚会，并鼓励肯定组员； 2. 热身游戏：看谁有“火眼金睛”； 3. 角色扮演：独自在家，有人来访应该如何应对？ 4. 场景游戏：用电安全； 5. 讨论：居家安全注意事项； 6. 总结。	音乐、角色扮演道具、安全用电标志等
4	第四节 7月 22日	第四节：玩耍安全	让组员明白放学或放假外出游玩的安全隐患，并学会寻找正确的玩耍地点。	1. 回顾上一次聚会，并认可组员的坚持； 2. 讨论：放学后去哪里？ 3. 看图讲故事：工地、小池塘边、公路边； 4. 道具演示：小池塘到底有多深？木堆底下到底有什么？ 5. 讨论：放学后应该去哪里？ 6. 总结。	笔和纸、演示道具
5	第五节 7月 29日	第五节：自我保护我在行	让组员增强自我保护的意识，提升自我保护的能力。	1. 总结前面四次活动； 2. 游戏：我来做“裁判”，哪些食物可以吃，哪些不可以吃； 3. 角色扮演：防拐小妙招； 4. 场景游戏：防盗我在行； 5. 讨论：外出受伤怎么办？ 6. 总结。	卡纸、彩笔、食品图片、视频
6	第六节 8月5日	第六节：我来做安全小使者	增强组员自信心和能力，使组员在小组结束后将知识传播给其他同学。	1. 总结前面五次聚会内容； 2. 讨论：如何做安全小使者？ 3. 场景模拟：我是安全小使者； 4. 设计方案：分组以文字或画图的方式设计传播安全知识的方案； 5. 总结； 6. 道别。	小礼品、麦克风、大白纸、彩笔、卡纸等

四、评估方式与评估工具		
序号	评估方式	评估工具
1	基线测量法	问卷（自制）
2	服务对象自我评价	服务对象评价记录表，服务对象口头反馈、自我总结表等
3	社工评价	活动过程记录表

五、预计困难及解决方法		
序号	预计困难	解决方法
1	游戏过程组员过于活跃，不遵守规则。	提前与组员制定好契约，同时每次游戏前对规则进行说明与提示。
2	参加人数不足。	寻求学校和社区居委会的帮助，广泛深入社区，进行动员。
…		

六、财务预算表						
序号	名称	单位	单价（元）	数量	金额（元）	经费来源
1						
2						
…						
合计						

七、申请 / 审批签署			
社工签名		日　期	
项目主管签名		日　期	
督导意见			
督导签名		日　期	

任务 5　制定儿童青少年小组契约

任务描述：

（1）各组根据儿童青少年的身心特点和小组活动的需要，探讨小组契约的内容，设计一份小组契约初稿，完成表 5-13。

（2）各组分享，教师点评。

表 5-13 小组契约

我们的小组契约
1. 2. 3. … 组员签名： 时间：

任务 6 带领一次儿童青少年小组聚会

任务描述：

经过前期辛苦的筹备，终于进入了小组计划书的执行部分了，请和你的组员一起，找 8～10 名同学扮演服务对象，模拟带领某一次小组聚会。

（1）各组分别选取计划书中的某一次聚会进行模拟，完成表 5-14。

（2）听取服务对象意见，反思和总结带领过程中遇到的问题与改进方法，填入表 5-14。

（3）教师与其他组学生观察与点评，完成表 5-15。

表 5-14 儿童青少年小组带领记录表

活动名称	活动过程	遇到的问题	改进的方法

表 5-15 儿童青少年小组带领评分

序号	评分标准	得分
1	内容安排符合儿童青少年特点（满分 20 分）	
2	带领者语言表达规范、流畅（满分 15 分）	
3	带领者控场能力强（满分 15 分）	
4	带领者随机应变能力强（满分 15 分）	

续表

序号	评分标准	得分
5	小组氛围好（满分 15 分）	
6	小组目标完成（满分 20 分）	
总分（满分 100 分）		

他山之石

开展儿童小组工作的注意事项①

✧ 活动安排要新颖有趣，符合儿童好动活泼的性格，游戏的环节相比其他年龄段的小组来说要更多一些，但要注意安全以及安排符合儿童身心发展特点的活动。

✧ 多利用示范来讲述活动的安排和小组规则，避免儿童因理解不到位达不到活动效果。

✧ 避免空泛的道理和讲述过于复杂与抽象的问题。

✧ 工作者的态度是亲切和蔼的，工作者应该具有很强的亲和力和善于与儿童交往。

✧ 工作者无论是在空间位置还是在心理距离方面，都应该带给小组中的儿童一种平起平坐的感觉。

任务 7 如何应对小组冲突

任务描述：

（1）以小组为单位设想：在儿童青少年小组中，组员之间可能会遇到哪些冲突？对设想的冲突进行角色扮演，组员分别扮演发生冲突者、社工和其他组员。可在组内轮流进行扮演，尽量让每位组员三种角色都体验到。

（2）组员分享扮演不同角色的感受。

（3）小组讨论并思考：遇到这些冲突场景，你们小组不同组员的处理方法是什么？这种处理方法有什么优缺点？完成表 5-16。

（4）小组分享、教师点评。

表 5-16 我们的处理方法

序号	冲突场景描述	处理方法	优点	缺点
1				
2				
3				
…				

① 吕新萍，等．小组工作 [M]. 2 版．北京：中国人民大学出版社，2013. 有改动。

他山之石

4F 分享法助你处理小组冲突[①]

遇到小组冲突你内心会想什么？

任务完成型：组员冲突了，小组环节完成不了了怎么办！？

关注情绪型：天啊，组员发生冲突了，是不是我做错了什么？

成长型：我要怎样处理才能让我的组员通过这次冲突得到成长？

遇到小组冲突你会怎样做？

还是说，你是这样做的？

任务完成型：忽略不管，装不知道，继续下一个环节。

迷惘型：好尴尬，完全不知道怎么处理。

老师型：继续开展小组，事后找相关组员谈话。

成长型：停下小组，与组员一起去谈冲突事件。

其实，当一个小组发展到中期，小组会发生冲突是正常的，所有的团队都需要经历磨合的阶段才会最终成为一个优秀的团队。如果小组冲突能够处理好，那么可以有助于小组动力的发挥，并且协助组员得到成长。

处理小组冲突的秘密：帮助小组组员达成联结。而让小组组员达成联结，4F 分享法可以帮到你。

以下是用 4F 分享法处理一个青少年小组冲突事件的例子。

在一个青少年领袖培训小组中，成员为学校学生会、团委等的干部，他们希望通过小组学习团队带领、合作沟通的技巧。小组开展到第四节，社工设计了一个团队解难的游戏，来使组员学习恰当的沟通方式。在让组员讨论如何团队合作做这个游戏的时候，小组领袖开始引领整个讨论。他用比较长的句子和命令式的语气告知组员要如何做，而组员过程中未能听清楚又没有提出这一点。在执行的过程中出现了很多的问题，小组领袖开始不耐烦，说组员没有按照他的要求去做，而组员就说他没有说清楚。大家你一句我一句，游戏根本无法进行。

于是社工暂停了游戏，让组员坐回圈内。开始用 4F 分享法带领他们进行分享：（以下用 A 君代替小组领袖）

事实（FACT）：刚刚我们发生了什么？ A 君提出了什么方案？ A 君提出方案后，其他组员是如何反馈和回应的？其他组员如何执行？在执行的过程中遇到什么困难？

（在说事实的时候，组员会叙述一些过程，这个时候组员会带有责备的语气。例如组员说“提出方案”的人太急了，根本没有听清楚，而且执行的过程中，“提出方案”的人在未等组员做好的时候就急着打断等等。）

感受（FEELING）：我们无法完成这次任务，大家的感受是怎样的？ A 君在叫大家停止的时候，大家去想象一下：他当时的感受是怎样的？ A 君，你觉得谁的说法更加说中了你的感受？当大家听你说方案的时候，你觉得大家的感受是怎样的？当你叫停的时候，

① 湛佩莹 . 如何处理小组冲突？：4F 分享法可以帮到你 [EB/OL]. (2020-06-03)[2024-03-21]. https://mp.weixin.qq.com/s/HICaXpfbOQ24uu2J6Bj8lQ. 节选引用时做了一定调整改动。

你猜大家在想什么？

（在说感受的时候，可能需要我们多做一步的是，除了说自己的感受外，多引导组员之间的联结，说说对方的感受，并且让对方反馈："你觉得大家说了你的感受，你受到同理后的感受又是如何的？"组员在这个过程中慢慢发现，"小组领袖"着急，是因为他很希望团队能够达成任务和目的，他很在乎这个团队。小组开始化危为机，然后可以抓住这个机会，进一步帮助组员达致成长及达致小组目标。）

发现（FINDING）：在 A 君提出方案，大家又没有听明白的时候，是什么让我们没有提出来？ A 君在经历了这次事件之后，对自己有没有新的发现？大家对团队有没有新的发现？这种情况的出现跟我们日常生活的沟通场景是否有相同的地方？在哪些地方相同？同样的处境，你是怎样处理的？你认为怎样的沟通才是好的沟通方式？

（在引导组员说发现的时候，其实慢慢开始将讨论"小组冲突"这件事，转到讨论"团队沟通"的技巧上，将对"小组沟通"的讨论转化成对"日常沟通"的讨论，将焦点逐渐从"A 君"身上移开，转到整个团队都需要学习的地方上。而 A 君通过这次分享，发现自己表达能力还是不够足，而且自己会一下子说一大段话，以至无法将重点传达给团队。而团队通过分享，也觉得整个团队还是相互不够信任，目标未一致，也会影响到沟通。）

未来（FUTURE）：如果再给你们一次机会开展这个游戏，大家会怎样做？怎样跟"提出方案"的人沟通，才是"更信任的沟通"？当带领的人比较急的时候，怎样才能帮助他"讲慢点"或者能"提醒他"？对于 A 君来说，如何才能更好地锻炼自己的表达能力？这些沟通的技巧在日常生活中应如何运用？

（这部分的分享，显得特别有意义，因为我们既能在互相的帮助支持下解决小组的冲突，又可以将分享进一步升华成"沟通方式的学习与运用"，以至通过分享也能达成本节小组目的。而且对于组员来说这是特别深刻的体验。）

其实，小组冲突并不是那么可怕，当小组工作者进行了适当的处理后，我们便能化危为机，让小组凝聚力更强。在小组冲突事件中，我们要多关注需求，包括组员个人成长和团队成长的需求，才能从小组冲突处理升华到"满足需求"之中。小组工作者遇到小组冲突不要感到担忧或害怕，保持平和的心境。口袋中时常装着"4F 分享法"，能够帮助社工更好地处理小组冲突，帮助组员达成联结。

任务 8　结束儿童青少年小组

任务描述：

请和你的组员一起，找 8 ～ 10 名同学扮演儿童或青少年，模拟带领最后一次儿童青少年小组聚会。

（1）各组分别选取计划书中的最后一次聚会进行模拟，完成表 5-17。

（2）听取服务对象意见，反思和总结带领过程中遇到的问题与改进方法，填入表 5-17。

（3）教师与其他组学生观察与点评，完成表 5-18。

表 5-17　儿童青少年小组最后一节带领记录表

活动名称	活动过程	遇到的问题	改进的方法

表 5-18　儿童青少年小组最后一节带领评分

序号	评分标准	得分
1	有效处理离别情绪（满分 20 分）	
2	带领者语言表达规范、流畅（满分 15 分）	
3	带领者控场能力强（满分 15 分）	
4	带领者随机应变能力强（满分 15 分）	
5	小组氛围好（满分 15 分）	
6	组员积极参与评估（满分 20 分）	
总分（满分 100 分）		

知识拓展

小组结束组员分离的技巧[①]

一些处理分离的技巧：

✧ 如果有足够的结束时间，通常需要至少三次聚会，三周前就应清楚地申明结束将发生于三周后，倒数第二周到最后一周则处理组员的感受、一些未完成的事务，以及办理结束的仪式。

✧ 结束阶段的沟通与互动结构、人际关系与凝聚力都与之前阶段有明显的差异。结束必须是离散性、个别化和低凝结性的。工作者有时可以采取拖延会期、缩短聚会时间，以及不解决冲突或不注意共同性等方法来刻意消除凝聚力。

✧ 由于小组结束的最后仪式主要用于发挥表现社会地位的转变、表达分离的感受、强调悲伤中的积极力量等功能，因此，对于最后的仪式，小组工作者不可轻视。通常最后仪式可以用赠送礼物、颁奖、赠书、拍照留念、临别感言、分别聚餐，或其他足以流露自然感情的方式来处理。

① 本文改编自：吕新萍，等. 小组工作 [M]. 2 版. 北京：中国人民大学出版社，2013.

实训项目评价

请填写以下表格（表 5-19 ～表 5-22）。

表 5-19　学生自评表 1

序号	技能点自评	佐证	达标	未达标
1	小组需求评估	能够掌握需求评估方法，针对儿童青少年群体进行需求评估，确定小组选题		
2	小组目标确定	能够对照科学的小组目标要素，确定适合儿童青少年的小组目标		
3	小组宣传资料设计	能够根据小组选题，设计儿童青少年喜闻乐见的宣传招募形式		
4	小组名称确定	能够根据小组名称三要素，确定小组名称		
5	小组计划书撰写	能够根据小组计划书框架，撰写完整的小组计划书		
6	小组契约制定	能够掌握小组契约的意义，并协助组员制定小组契约		
7	小组游戏带领	能够挑选适合儿童青少年的小组游戏，并带领游戏		
8	小组第一次聚会带领	能够掌握小组第一次聚会的重要任务，并能够完成带领		
9	小组冲突处理	能够掌握遇到“特别”的儿童青少年组员时正确处理的方法		
10	小组最后一次聚会带领	能够掌握小组结束阶段的重要任务，并能够较好地结束小组		

表 5-20　学生自评表 2

序号	素质点自评	佐证	达标	未达标
1	协作精神	能够与小组成员协商，共同完成实训任务		
2	创新意识	能够在确定小组主题和撰写小组计划书阶段，策划具有新意的小组主题、游戏和小组活动		
3	策划能力	能够根据不同小组阶段策划整节小组活动		
4	信息技术运用能力	能够运用信息技术，设计小组海报、微信招募推文，并对小组过程进行拍摄		
5	带领能力	能够流畅带领整节小组活动		
6	自我学习能力	能够运用各类资源，自我学习小组工作过程相关知识与技能		

表 5-21 教师评价表 1

序号	技能点评价	佐证	达标	未达标
1	小组需求评估	能够掌握需求评估方法，针对儿童青少年群体进行需求评估，确定小组选题		
2	小组目标确定	能够对照科学的小组目标要素，确定适合儿童青少年的小组目标		
3	小组宣传资料设计	能够根据小组选题，设计儿童青少年喜闻乐见的宣传招募形式		
4	小组名称确定	能够根据小组名称三要素，确定小组名称		
5	小组计划书撰写	能够根据小组计划书框架，撰写完整的小组计划书		
6	小组契约制定	能够掌握小组契约的意义，并协助组员制定小组契约		
7	小组游戏带领	能够挑选适合儿童青少年的小组游戏，并带领游戏		
8	小组第一次聚会带领	能够掌握小组第一次聚会的重要任务，并能够完成带领		
9	小组冲突处理	能够掌握遇到“特别”的儿童青少年组员时正确处理的方法		
10	小组最后一次聚会带领	能够掌握小组结束阶段的重要任务，并能够较好地结束小组		

表 5-22 教师评价表 2

序号	素质点评价	佐证	达标	未达标
1	协作精神	能够与小组成员协商，共同完成实训任务		
2	创新意识	能够在确定小组主题和撰写小组计划书阶段，策划具有新意的小组主题、游戏和小组活动		
3	策划能力	能够根据不同小组阶段策划整节小组活动		
4	信息技术运用能力	能够运用信息技术，设计小组海报、微信招募推文，并对小组过程进行拍摄		
5	带领能力	能够流畅带领整节小组活动		
6	自我学习能力	能够运用各类资源，自我学习小组工作过程相关知识与技能		

实训二　开展妇女小组工作

实训准备

实训目标

本次实训为妇女小组工作实训，以妇女为服务对象开展小组工作，通过需求评估与目标设定、招募组员、筹备小组资源、撰写小组计划书、制定小组契约、带领小组活动、结束小组等步骤的操作，学生能够熟练掌握一次完整的小组工作流程和各个环节所需的技巧，学会根据妇女的特点开展满足服务对象需求的具有专业性的小组活动。

实训项目

为巩固妇女小组工作的知识，本次实训项目以妇女为主要服务对象，展开妇女的需求分析，并围绕妇女群体设计和开展小组活动。

实训方式

学生组成实训小组，每组学生人数根据实际情况确定，设组长 1 名，负责该组成员的考勤、纪律、安全与分工安排。

实训步骤

（1）完成课前自学部分知识的学习，理解知识内涵，并画出思维导图。

（2）复习项目三小组工作过程的内容，巩固开展小组工作的相关知识。

（3）实训过程中以小组为单位协同合作，通过头脑风暴集思广益，共同完成实训任务。

（4）本次实训包含 7 项实训任务，每项任务均有实训成果，最终将所有任务的成果整合成一份完整的实训总结报告。

（5）实训过程中，注意留存过程性佐证资料，如照片、视频、宣传海报等，作为过程评估的依据之一。

（6）最后，根据实训项目评价表中的内容对实训成果进行结果评估。

实训成果

（1）个人实训学习契约（见本项目后附件）。

（2）各项任务成果。

（3）小组实训总结报告。

（4）小组实训过程性资料：照片、视频等任何能够反映小组工作过程的资料。

（5）实训项目评价表。

实训资料

重庆开州在家农村妇女劳动力情况调研报告出炉[①]

历时大半年，重庆市开州区妇联对全区在家农村妇女劳动力情况进行摸底调研的报告日前发布。报告显示，农村妇女已成为经济建设发展的主力军、乡风文明建设的推动者和基层社会治理的实践者。

从调研情况来看，该区 18～60 岁目前常年在家并具有劳动能力的农村妇女共 47 160 人。广大妇女群众以主人翁姿态在助力经济社会发展、乡风文明建设、基层社会治理等方面努力奋斗、积极作为，撑起了脱贫攻坚和乡村振兴的“半边天”（见图 5–2）。

调研指出，目前农村妇女成为经济建设发展的主力军，全区共有女性家庭农场 207 个，具有一定规模的女性实体企业 65 个，各类巾帼示范基地 54 个，累计带动 2000 余名妇女就业。农村妇女成为乡风文明建设的推动者，406 户家庭荣获区级最美家庭，15 户家庭荣获市级最美家庭，6 户家庭荣获全国最美家庭，上万名巾帼志愿者参加了各类志愿服务活动。农村妇女成为基层社会治理的实践者，以家庭“小平安”有效促进社会“大平安”。同时，越来越多女性开始参与村级事务管理，据统计，全区共有女性村干部 838 人，占比 29.5%。

调研同时显示，该区在家农村妇女劳动力存在整体文化程度较低，年龄结构老化，思想观念有偏差，内生动力不足，实用职业技能缺乏，就业选择面窄等问题。

图 5–2　开州区农村在家妇女“双学双比”采茶技能竞赛活动现场（开州区妇联供图）

任务 1　确定妇女小组需求与目标

子任务 1　确定妇女的需求

案例：21 岁送外卖单亲妈妈

安徽安庆 21 岁单亲妈妈独自带娃送外卖的采访视频最近引发全网广泛关注。视频中，

① 任然，乐丁．重庆开州在家农村妇女劳动力情况调研报告出炉 [N]. 中国妇女报，2023-02-10. 有改动。

女子自称姓陈，21 岁，丈夫在孩子五六个月时去世，婆婆拿到赔偿金后将她和孩子赶出家门，她独自在安庆带娃送外卖为生。

短短 3 分钟的视频，展现了一个女孩身上的责任、乐观、坚韧、豁达。分明还是一个小孩儿，却扛起了与她年龄不相符的苦。

在引发了全网热议后，当事人陈女士通过微博公开回应称，感谢网友们的关注和关心，“21 岁正是吃苦的时候，我只有初中文化也写不出什么，我只知道出什么事情不逃避不放弃，我很爱我的孩子，也不会放弃我的孩子……我会拼尽全力让她过得好，保护她”。

当地妇联工作人员称，妇联及相关部门已与陈女士进行过对接，“我们告诉她如果她有什么困难及时与妇联沟通，我们会尽最大努力去帮助她。她第一个是表示感恩，第二个不希望外界过多去打扰”。

任务描述：

（1）阅读案例与实训资料，进行小组头脑风暴，讨论：你认为妇女有哪些需求？将这些需求进行分类，哪些是妇女的一般需求，哪些是妇女的特殊需求？完成表 5-23。

（2）各组派代表进行分享，实训指导老师进行总结和点评。

表 5-23　妇女的需求分析

妇女一般需求	妇女特殊需求

他山之石

瞄准妇女需求　强化精准服务①

大连市妇联瞄准妇女需求，整合社会资源，强化精准服务，切实增强政治性先进性群众性，落实联系和服务妇女群众的工作生命线，扎实做好党领导下的妇女群众工作。主要从以下方面的妇女需求入手，提供妇女所需的服务。

一是强化技能服务。例如举办职业女经纪人创业技能暨电子商务培训班，开展家政服务技能培训，组织巾帼农业专家团送科技下乡，让妇女在家门口学到新技术，开展新型女

① 本文改编自：王玲杰 . 瞄准妇女需求　强化精准服务 [J]. 中国妇运，2016(10).

农民科技培训等。

二是强化创业服务。树立妇女创业创新典型，面向社会开展“寻找身边的女性榜样”公益推选活动。在高校、科研院所、国有大中型和民营企业等领域开展“创新、创优、发明”典型推选。通过职业女性联谊会女企业家分会凝聚优秀女企业家，主动为企业合作发展牵线搭桥，指导女企业家积极应对经济下行压力，在老工业基地振兴中建新功。创建全市第一家高校女大学生创业之家，为有创业意愿的在校女大学生提供场地支持等。

三是强化普法服务。联合市综治办、市公安局、市民政局、市法院举办《反家庭暴力法》主题宣传活动，在市公安局指挥中心110接警管理处和市救助管理站挂牌成立家庭暴力投诉中心和避救中心，成立反家庭暴力联盟，利用大连电视台、《大连日报》等传统主流媒体，地铁列车、公交车等立体交通工具，中国文明网、大连新闻网等网络媒体，以及“回娘家”“平安大连”官方微信公众平台等新媒体，开展集中宣传，营造了预防制止家庭暴力，共建平安美好家园的良好氛围。

四是强化维权服务。联合市农委进行实地检查，提出相关建议，保障农村妇女的土地权益；通过购买社会服务，签约专业律师事务所，通过每周1天由执业律师到市妇联信访窗口以定时预约的方式面对面为来访妇女免费提供专业法律咨询服务；在律所开设12338法律咨询端口，建立在线咨询服务的常态机制；在市妇联网站开通网上法律咨询专栏，限期给予答复；协助处理侵害妇女儿童合法权益的重特大案件等，提升了妇女维权工作的专业化水平，满足了妇女维权的个性化需求。

五是强化家庭服务。改革创新家庭文明建设工作，推进家庭建设的社会参与，以幸福家庭俱乐部为牵动，开展幸福家庭学院、亲子体验活动、共同成长读书会等六大类别服务，使家庭建设工作更加接地气、有生气。围绕生活美学和家庭安全等主题，举办公益讲座，使幸福女性课堂的培训内容更加系统化，服务妇女、服务大局更加精准化。推进家庭教育“一对一”指导服务行动，开展丰富多彩的指导体验活动，建立了精准化的家庭教育指导服务模式等。

六是强化项目服务。落实国务院关于加强农村留守儿童关爱保护和困境儿童保障工作的意见，实施儿童阳光工程系列子项目，深化“特困母亲救助项目”，协调市妇女儿童发展基金会实施公益项目。

七是强化组织服务。发挥妇女代表和妇联执（常）委在联系服务妇女、推进妇联工作中的重要作用，深入开展调查研究，反映妇情民意，提交意见建议，畅通了妇女利益诉求表达渠道等。

八是强化信息服务。推进妇联系统网络和新媒体建设，形成了以市妇联“两网两微一屏两平台”为龙头，网站、官方微博、微信工作群、微信公众平台和妇女网评网宣员组成的妇联新媒体传播矩阵。开展网上组织、宣传、教育、引导妇女群众的工作，把党的政治主张、国家的大政方针和妇联组织的工作送到了妇女身边。

子任务2 探讨妇女小组主题

任务描述：

妇女是社会工作实务中非常重要的群体。妇女群体有独特的身心特征，有相应的发展要求。开展妇女小组活动，可以有效提高妇女的地位和生活质量。根据妇女的身心特征和需求，设计符合妇女特点的小组主题，是实现这一目的的基本要求。

（1）请各组结合子任务 1 的成果，并围绕案例资料，挑选感兴趣的一些问题或需求进行小组讨论，将想到的妇女小组主题填入表 5-24 中，看看哪一组列得多、列得有创意。

（2）各小组进行分享，教师进行点评和修改，最终各组确定一个小组主题。

表 5-24　妇女小组主题汇总表

小组：

组员姓名	想到的主题	想法来源或依据

子任务 3　确定妇女小组目标

任务描述：

（1）各小组回顾项目三任务二中的科学的小组目标的要素，填写表 5-25。

（2）结合子任务 1、2 的成果，小组讨论你们开设的妇女小组可以设置哪些小组目标，至少确定 3 个，填写表 5-25。

（3）各组进行分享，并进行小组互评，填写表 5-25。

（4）教师进行点评与修改，最终确定各组小组目标。

表 5-25　妇女小组目标

序号	科学的小组目标要素	我们的小组目标	组间评分（10 分制）
1			
2			
3			
…			

他山之石

一些妇女小组目标的例子

一、小区妇女骨干成长小组的目标

1. 总目标

培养各街道小区妇女骨干，发展小区妇女领袖资源，推动小区妇女队伍主动参与社区治理，打造参与社区治理及服务的先行者。

2. 具体目标

（1）60% 的组员进一步认识自我领导能力。

（2）60% 的组员清楚小区妇女的角色定位。

（3）40% 的组员掌握有效沟通的技巧。

（4）所有组员参与设计一场活动，40% 的组员能够执行设计的方案。

（5）40% 的组员能够发现存在的冲突，增加沟通，提升团队协作能力。

二、妇女非遗文化“巧手钩编”能力提升小组

1. 总目标

通过小组工作方法，满足妇女自身需求的同时，增强辖区妇女之间的互动，提升彼此间的联结感，提高她们对自己的自我认同，为自己的个人成长需求获得支持与资源，鼓励组员通过钩编作品参与民政服务活动，倡导组员进行作品义卖，进一步完善钩编特色项目。

2. 具体目标

（1）满足社区中爱好钩编的妇女的需要，90% 的组员学会钩编的基础针法，学会看图解，掌握这项手工技能。

（2）丰富妇女的个人生活，提高其生活质量。

（3）提高组员对自己的自我认同，60% 的组员愿意参与民政服务工作。

（4）倡导组员作品义卖，促成钩编特色项目形成闭环，实现内部循环。

任务 2 宣传与招募

子任务 1 宣传与招募

任务描述：

（1）请结合任务 1 中的小组主题和小组目标进行讨论，探讨宣传方法与招募妇女组员的方法，填入表 5-26 中。

（2）从你们小组探讨的招募妇女组员的方法中，选择一项进行具体的设计，如招募海报、宣传视频、小组招募书等。

（3）各组展示小组设计成果，进行小组互评和教师评价，填写表 5-27。

表 5-26 宣传与招募方法

序号	适合妇女的宣传与招募方法	优点	辅助工具
1			
2			
3			
…			

表 5-27　宣传与招募作品评价表

被评价小组		
指标	教师评价	小组互评
宣传方式能够吸引较多妇女注意（20 分）		
作品符合妇女审美（20 分）		
作品重要信息完整（20 分）		
作品与主题相吻合（20 分）		
作品有利于广泛传播（20 分）		
总分		

子任务 2　筛选妇女组员

通过宣传，招募到一定数量的妇女服务对象后，我们还需要根据一些条件进行筛选。回顾项目三实训二中学习的筛选组员需考虑的因素，并展开小组讨论，探讨你们的小组组员应该具备的具体条件，完成表 5-28，并思考是否还有其他因素需要考虑。

表 5-28　小组组员筛选条件

序号	因素	妇女小组组员条件
1		
2		
3		
4		
5		
6		
7		
8		
9		
10		
11		
补充因素		

任务 3 筹备小组活动资源

任务描述：

（1）请和你的组员探讨，围绕你们的主题，开展妇女小组活动需要哪些资源，填入表 5-29 中。

（2）每位组员对自己的技能、知识和拥有的资源进行检视，看看依靠小组内部力量能够直接获得的活动资源，选取能够在小组活动中使用的部分，填入表 5-29 中。

（3）针对小组内部力量无法直接获得的活动资源进行探讨，有哪些获取资源的外部途径，完成表 5-29。

表 5-29 小组活动资源检视表

序号	所需资源	组员技能、知识和资源检视	获取资源外部途径
例	场地	无法直接获得	寻求居委会帮助
1			
2			
3			
4			
…			

知识拓展

妇女小组活动场地选择

一般来说，开展妇女小组活动的场地并无特殊要求，只要是能够容纳组员数量的安全、舒适的环境就可以，室内和室外场地均可。

但是一些特别的妇女小组，比如家暴受害妇女小组、单亲妈妈妇女小组、特殊职业妇女小组等，则需要选择一些较为隐蔽，让妇女感受到安全感的场地环境，并且需要结合小组主题对场地进行一些布置，比如营造温馨的氛围、体现包容接纳的氛围等。

任务 4 撰写妇女小组计划书

子任务 1 确定妇女小组名称

任务描述：

请回顾项目三实训三的内容，结合本实训项目任务 1 到任务 3 的成果，为你们的小组确定一个名称，并给出你们小组名称的构思思路以及优点，填入表 5-30 中。

表 5-30　确定妇女小组名称

组别	我们的小组名称	构思思路	优点
第一组			
第二组			
第三组			
…			

一些妇女小组名称：

“指上添花　绽放魅力”妇女创业就业能力提升小组

“心灵减压　向阳而立”妇女心理辅导互助小组

“春风如你　熠熠芳华”妇女自信心提升小组

“我爱我家　和谐家庭”妇女家庭教育小组

想一想：以上妇女小组名称有什么特点？你觉得哪些还可以改进？

子任务 2　选择妇女小组合适的理论

任务描述：

（1）请根据你们小组的主题、服务对象等，分析可以选择哪些理论用以支撑小组开展并说明原因，完成表 5-31。

（2）教师组织各小组进行分享。

表 5-31　选择合适的妇女小组工作理论

序号	选择的理论	原因
1		
2		
3		
…		

知识拓展

妇女小组理论使用案例

案例一　社会支持网络理论在女性自我成长小组的应用[①]

小组名称：开展时光记——女性快乐成长小组

案例背景：2017 年中期 ×× 小区居民陆续入住，×× 社区由原来的员工宿舍工业小区逐渐向综合性的家庭式居住社区过渡。社区人口总体呈现“五多”特点，即新迁入人口多、年轻人多、高学历人口多、育龄妇女多、流动人口多，居民对教育、医疗、卫生、文

① 改编自：大黄．社会支持网络理论在女性自我成长小组的应用 [EB/OL]. (2020-11-20)[2024-03-21].https://mp.weixin.qq.com/s/qsDgmrJUDPogEtRRC968Cg.

化等需求激增。由于社区形成时间较短，人口增加速度快，社区活动室有限等，社区女性的需求暂时得不到很好满足。同时 18～40 岁的女性占据社区女性的 70%，是主要群体。她们多已为人母，其对需求的考虑也是建立在孩子的需求、家庭的需求之上。社区女性虽对自我有成长的要求，却往往忽略了自己的需求。

问题分析：（1）能力层面。社区的年轻女性多学历较高，有自己的想法。但是因为公租房是新入伙的，她们对于参与社区服务有意愿，但是缺乏平台。（2）关系层面。公租房这块是新入伙的，大家都是从不同的地方搬到这里，共同生活。社区活动暂时也没有深入开展，邻里间的互动比较少，关系比较弱。（3）个人心理层面。个人长期忽视自己的需求，其价值感会被削弱。

服务目标：（1）提升组员对自我的认知，促进其自信心的提升，以及发掘组员的优点，协助其展示出来，满足其兴趣成长的需求。（2）拓展组员的社会交往网络。

选择的理论基础——社会支持网络：社会支持网络指的是一组个人之间的接触，通过这些接触，个人得以维持社会身份并且获得情绪支持、物质援助和服务、信息与新的社会接触。依据社会支持网络理论的观点，一个人所拥有的社会支持网络越强大，就能够越好地应对各种来自环境的挑战。Cohen 和 Wills（1985）根据社会支持网络所提供资源的不同性质将社会支持分为四类：情感支持、信息支持、友谊支持、工具性支持。组员通过互动、分享，收获他人的接纳、信任、关心，能够收获情感支持。组员通过小组建立的安全氛围，与人交往，受人接纳，在小组中找到自己的位置，获得归属感和友谊支持，可以很好地满足情感交流的需求。同时小组服务还能够协助组员界定、理解和应对问题，帮助组员获得信息支持。这些支持在小组结束后依然能够促进组员之间的情感交流，使其继续相互支持、协助。

案例二　优势视角下社区妇女志愿者小组培育实践[①]

案例背景：茂名市茂南区站前街道社工站是广东社工“双百计划”第一批成立的社会工作服务站，于 2017 年 7 月 1 日入驻朝阳社区。社工在“三同”、“用脚丈量”、走街串巷、入户探访的过程中发现社区内常常有不少的社区妇女聚集在不同的地方打牌、打麻将或闲聊八卦。她们对公共事务关心甚少，面对社区内的环境脏乱差等问题视而不见或抱怨不已，片面责备政府、他人的不作为；对社区困难群体的困难常常事不关己，高高挂起。如何引导这些时间相对充裕却生活单调的妇女关注社区公共问题，调动她们的积极性，参与公共服务活动？如何将这群妇女培育成为社区志愿者，发挥她们的主观能动性和能力，提升社区治理水平？

选择的理论基础——优势视角：优势视角是社会工作专业领域的一种基本理念和实践模式，由萨利贝（Saleebey）明确提出。如今，“优势视角”广泛运用于不同的人群和各种社会工作实务领域中。优势视角关注服务对象自身的优势和能力，赋权、抗逆力、成员身份、对话与合作等是其基本信念。优势视角坚信个人、团体、家庭和社区都有特定的优势（财富、能力、资源、智慧、知识等）。这些优势可能已经被发现或实现，也可能未被发掘或利用。基于优势视角，社会工作者在某种程度上要立足于发现、寻求、探索及利用案主

① 改编自：双百计划．优势视角下社区妇女志愿者培育实践探索——以茂站前街道蒲公英志愿者服务队为例[EB/OL].(2021-05-28)[2024-03-21].https://mp.weixin.qq.com/s/Yklzhasi8NiaoQN-VGSqcA.

的优势和资源以达成自己的目标。即便是最可怜的、被社会遗弃的人也具有内在的转变能力，可激发这种转变能力，推动其能力建设，使其依靠自身力量摆脱困境，实现自助。结合优势视角理论的指导，对当地社区的人、文、地、产、景的优势和资产进行分析，分别从人本、队伍以及社区这三大层面优势入手。

人本优势：优势视角理论相信每个人都有自身优势，社工应从人的优势出发去激发每个个体的潜力，促进能力建设，推动公共参与，实现自助互助。这群妇女有改变的意愿，也希望通过一些活动可以充实生活；另外她们大多数对广场舞有兴趣，希望有人组织她们跳舞健身。时间、兴趣爱好、能力、改变意愿、经验等都是朝阳社区妇女的优势所在。

队伍优势：基于前期大量地走访访谈和宣传，并和妇联取得合作，2018 年 12 月开始，社工筹备开展了“舞动自我，快乐飞扬”朝阳社区广场舞系列活动。活动每周三晚上定期开展，由妇联请舞蹈老师提供免费教学支持，站前文化站提供场地和音响，社工组织居民齐聚并维护秩序。慢慢地，“站前街道有广场舞跳”这个消息在社区传开了。广场舞队伍由几个人发展为相对固定的三十人左右的队伍；由每周三开展到居民自发扩展成每周一、三、五的常规活动；由外请的老师教学到社区内达人带队跳；由相互间没多少交流到相互指导、熟悉。人气聚集了，一个相对稳定的队伍形成了，队伍优势初现。广场舞这一群众性文化活动具备独特的生命力和组织优势，不仅可以有效回应妇女对文娱活动的需求，更重要的是可以增强妇女之间的交往与互动，将成为妇女参与及志愿服务的重要契机。

社区优势：社区中的居民大多原本由职工组成，邻里关系亲密，一直彼此照顾。小区内居民他们熟悉自己的生活环境，有着共同的生活工作经历，彼此熟悉，有着较为稳固的关系基础，部分居民还有一定的邻里互助的志愿服务意识。

子任务 3　妇女小组活动设计

任务描述：

（1）各组围绕确定的主题，设计 6 节小组活动，确定每节小组活动的小主题，思考设计的逻辑，完成表 5-32。

（2）各组根据确定好的小组活动主题，设计其中一节具体内容，要求每节小组时间为 80 ～ 90 分钟，完成表 5-33。

（3）各组分享，教师点评并修改。

表 5-32　6 节小组活动小主题

节号	小主题	设计逻辑
第一节		
第二节		
第三节		
第四节		
第五节		
第六节		

表 5-33 第 节小组活动

第 节 ______（填写活动小主题）				
日期				
地点				
负责人				
活动时间	活动名称	目标	内容	所需物资

子任务 4 撰写妇女小组计划书

任务描述：

（1）各组根据前面的任务成果，设计 6 节小组活动内容。

（2）回顾项目三实训三的内容，按照小组计划书模板，撰写完整的小组计划书（示例见表 5-34，有些具体内容省略）。

（3）各组分享、教师点评。

（4）最终每组提交一份完整小组计划书。

表 5-34 “关爱自己 勇面挑战”单亲母亲自强互助小组计划书

一、基本资料	
小组名称	“关爱自己 勇面挑战”单亲母亲自强互助小组
主办单位	幸福社会工作服务中心

小组性质	☑封闭性　□半开放性　□开放性		
	☑成长性　☑支持性　□教育性　□治疗性		
负责社工	刘社工、李社工	小组总节数	6 节
日期 / 时间 / 频率	每周 1 次	地　点	社区三楼多功能活动室
出席群体	25 ～ 40 岁的单亲母亲	预计人数	6 ～ 10 人
组员筛选方法	根据年龄、意愿、身体状况、家庭状况等因素进行筛选		
背景	（从需求调查、问题分析、政策依据、服务方向几个角度阐述） 由于离婚率的上升和男女寿命差距，一些家庭成为单亲家庭。又由于社会文化因素的影响以及男女寿命的差距，大部分单亲家庭是以女性为家长的。社会学家李银河曾发现，在离婚案件中，有 90% 的妇女得到了子女的抚养权，这些妇女将和子女一起建立起单亲母亲家庭。根据这个比例推断，中国的单亲母亲家庭数量将是非常惊人的。 经济困难是单亲母亲遇到的最大的问题，此外，她们还会遇到子女教育、住房、家务、再婚和身心健康等诸多问题。离婚的单亲母亲面临着双重负担：经济的和心理的。造成她们过重经济负担的直接原因有两个：一是她们收入少，二是法律规定由父亲给付的抚养孩子的费用太低或父亲不能按时给付抚养费。单亲母亲的心理负担也十分沉重，尤其离婚母亲大多很焦虑，她们担心自己的孩子会因为离婚而受到伤害，同时，她们自己也深受社会对母亲角色的期望的压迫。在压力之下，她们一方面愧疚会带给孩子伤害，一方面可能没办法好好照顾孩子，甚至造成儿童虐待。离婚的单亲母亲在经济上、生活上、心理上和人际交往上都遇到了困难，需要社会的支持和帮助。		
需求分析	社工通过调查问卷的方式对幸福社区的单亲母亲进行调查，从中了解到社区单亲母亲普遍存在社会支持网络薄弱问题、情绪问题、亲子及姻亲问题和自我认知不足问题等。为让单亲母亲更加独立自强，勇敢面对生活和养育孩子中的挑战，拟在社区中开展“关爱自己　勇面挑战”单亲母亲自强互助小组，鼓励她们独立自强，帮助她们改善与子女的关系，以及建立互助的社会支持网络。		
理论基础	赋权理论：通过访谈发现，虽然单亲母亲面临很多困难，但是每个人身上都具备这样或那样的优点，如：坚韧不拔、富有牺牲精神、能吃苦、愿意关心别人和照顾别人、会精打细算、计划性强等。然而，在很多时候，她们并没有注意到自己的这些优点，而是特别强调自己的弱点和命运的不公，因此，调动妇女自身的潜能，让她们发现自己的力量并用来解决自己面临的问题和困难，是非常重要的。从个人层面来看，发现自己的潜能可以帮助她们增强自信心，减少自卑感。从人际互动的层面来看，组员间的相同经验容易培养一种集体归属感，组员们可以建立一种社会支持网络。从个人和社会的关系来看，通过对社会政策的分析和理解，组员可以将个人问题与社会上的权利、资源分配问题联系起来，可以团结起来，采取共同的行动以改变现状。 社会支持网络理论：社会支持是指由社区、社会网络和亲密伙伴等所提供的感知的和实际的工具性或情感性支持。相比封闭的社交环境，在开放的社会环境中，个人更容易建立起社会支持网络。通过促进小组成员进行对话和沟通来增进组员间的了解与信任，通过分享信息及互相学习，小组成员自我得到不断提升，同时也收获了友谊，它会成为社会支持网络的一部分，在后续生活中仍然可以给小组成员带来关怀和温暖。		

目标	（一）总目标：通过小组，让单亲母亲重新认识自己，释放潜在能力，关心关爱自己，并建立起互助支持网络，提高处理生活中难题的能力。 （二）具体目标： 1. 100% 的单亲母亲通过小组活动可以学会肯定自己对家庭和社会的付出，发现并欣赏自己的优点。 2. 80% 的单亲母亲学会如何改善与孩子的关系、处理负面情绪等。 3. 90% 的单亲母亲建立维护自己权益的意识和互助支持网络，并敢于提出自己的需求。
宣传招募方法（可多选）	□外展宣传招募　☑ 在社区 / 小区张贴宣传单　☑ 在以往服务参加者中招募 □邀请服务对象协助宣传招募　☑ 通过合作单位 / 企业 / 学校宣传招募 □通过 QQ、博客等宣传招募　□其他（请填写）：

二、前期筹备

序号	事项	完成时间	负责社工
1	招募组员	2023 年 10 月 15 日前	刘社工
2	场地、物资等准备	2023 年 10 月 25 日前	李社工
…			

三、流程安排

序号	节号 + 日期	单节名称	单节目标	内容设计简介	所需物资
1	第一节 11 月 5 日	第一节：重新认识自己	通过小组活动，重新认识自己，学会欣赏自己，发现自己的潜能，并学习他人经验，找到新的面对问题的方法。	1. 小组简介。 2. 热身游戏：认识几个新朋友。 3. 制定小组契约。 4. 小组分享：我的优点，我的办法。 5. 情绪训练：深呼吸运动。 6. 放声高歌。 7. 总结。	小组契约书、笔
2	第二节 11 月 12 日	第二节：爱的释放	学会放弃执着，令自己身心全面放松。通过小组交流，建立起宽恕的信念。	1. 练习回顾分享——呼吸松弛运动。 2. 头脑风暴：烦恼的根源。 3. 小组游戏：我能放得下。 4. 小组分享：我的家庭故事。 5. 小组作品：宽恕的彩虹。 6. 情绪训练：冥想。 7. 总结。	瑜伽垫、油画棒、画纸
3	第三节 11 月 19 日	第三节：爱惜自己	学会自我接纳并快乐地生活，从失意和执着中走出来，以豁达包容的态度接纳自己，接受人生际遇，爱惜自己。	1. 回顾上一次聚会。 2. 热身游戏：我能接受这一点。 3. 小组分享：对付寂寞的技巧，包容豁达的成长。 4. 个人展示：我觉得我很棒。 5. 情绪训练：冥想松弛训练。 6. 放声高歌。 7. 总结。	音乐、瑜伽垫等

4	第四节 11 月 26 日	第四节：自我升华	学会总结自己的经验去帮助他人，从而得到成就感和自我升华。学会团结合作，互帮互助。	1. 回顾上次聚会。 2. 小组分享：我的改变。 3. 小组游戏：如果是我，我会怎么做? 4. 小组游戏：团结力量大。 5. 小组分享：我来帮帮你。 6. 情绪训练：健康情绪操。 7. 总结。	游戏道具、大白纸、笔等
5	第五节 12 月 3 日	第五节：助力孩子健康成长	学会倾听孩子心声，尊重孩子，并协助孩子处理单亲家庭所带来的情绪问题。	1. 回顾上次聚会。 2. 热身游戏：孩子的心声。 3. 角色扮演：假如我是孩子。 4. 小组分享：我的亲子沟通妙招。 5. 情绪训练：冥想。 6. 总结。 7. 家庭作业：与孩子一同完成的作品。	角色扮演道具、笔、大白纸、胸牌等
6	第六节 12 月 10 日	第六节：拥抱明天	建立一个良好的社会支持网络，在小组结束后继续发挥作用，帮助组员计划未来的美好生活。	1. 家庭作业分享。 2. 小组分享：我的成长。 3. 小组活动：制订未来计划。 4. 互赠礼物，表达祝福与感谢。 5. 齐声高歌。 6. 小组总结、填写问卷等。 7. 道别。	小礼品、麦克风、大白纸、彩笔、卡纸等

四、评估方式与工具

序号	评估方式	评估工具
1	基线测量法	问卷（自制）
2	服务对象自我评价	服务对象评价记录表、服务对象口头反馈、自我总结表等
3	社工评价	活动过程记录表

五、预计困难及解决方法

序号	预计困难	解决方法
1	组员临时退出活动。	提前与组员制定好契约，同时与有意退出的组员进行面谈，了解原因，鼓励继续参与，并改进活动。
2	小组组员存在的抗拒、防卫心理。	协助组员了解和面对由人际交往所带来的紧张感和抗拒感，通过游戏破冰，强化人际互动，消除小组成员存在的抗拒、防卫心理；营造安全、温馨的环境，消除单亲母亲的紧张情绪。
…		

六、财务预算表						
序号	名称	单位	单价（元）	数量	金额（元）	经费来源
1						
2						
…						
合计						

七、申请 / 审批签署			
社工签名		日　　期	
项目主管签名		日　　期	
督导意见			
督导签名		日　　期	

任务 5　制定妇女小组契约

任务描述：

（1）各组根据妇女的特点和小组活动的需要，探讨小组契约的内容，设计一份小组契约初稿，完成表 5-35。

（2）各组分享，教师点评。

表 5-35　小组契约

我们的小组契约 1. 2. 3. … 组员签名： 时间：

任务 6 带领妇女小组活动的注意事项

任务描述：

（1）以小组为单位设想：在带领妇女小组活动时，组员中可能会出现一些什么问题？将设想可能发生的问题填入表 5-36。

（2）小组讨论并思考：遇到这些问题，你们小组认为在处理问题时，应该注意什么？完成表 5-36。

（3）小组分享、教师点评。

表 5-36 我们的问题和注意事项

序号	问题	注意事项	教师点评
1			
2			
3			
…			

知识拓展

带领妇女小组的一些注意事项

1. 组员常有迟到或缺席现象，延误小组的开始

一些妇女家庭和工作的事务较为繁忙，可能因为加班、处理家务、临时有事等而迟到或缺席，这是常有的情形。

小组工作者必须注意，在小组一开始时就和组员讨论此事并制定明确的办法，如小组活动时间由组员共同制定，张贴出勤表，有事事先请假，制定奖励制度等等，以减少迟到或缺席。

2. 组员在小组聚会中常会窃窃私语，或者常打断别人的话语

妇女小组的组员可能会急着处理自己的问题，常希望小组能着重在她的问题上，所以当小组讨论其他组员关心的话题时无法专注，反而会与旁人私下谈论他事，甚至抢着打断别人的说话。

小组工作者需要注意观察这种现象，并运用技巧予以及时解决。比如：请该组员先听其他组员说完后再提出问题；先暂停小组活动，了解此时此刻组员共同关心及想讨论的事究竟是什么；以肢体语言制止组员窃窃私语；利用游戏重新安排座位，把喜欢私下谈话的组员隔开。

3. 组员对其他人提出的意见，常会有批评性的反应

不少妇女在家里或日常生活中，已经习惯用要求、命令或批评等方式与别人沟通，较少去感受别人的想法和情绪。此时，小组工作者除接纳组员的反应外，可进一步引导其去体会别人的想法和情绪，如：“如果你是某某，你想你此刻的心情怎样？”协助其学习同

理别人。如果可能的话，也可协助组员坦诚表达其情绪，以“我建议……”代替“你应该……”“你必须……”等话语。

4. 小组的保密性较低

妇女组员有时会无意地在小组外谈论其他组员的子女行为、管教方式和态度，或者做某些评价等。因此，小组工作者必须在小组一开始时，就和组员一起制定包括保密的契约，并在每次小组结束前再做一次守秘的提醒，以保护组员的隐私权，并让组员学习如何来尊重他人。

任务 7　带领最后一次妇女小组聚会

任务描述：

请和你的组员一起，找 8 ～ 10 名同学扮演妇女组员，模拟带领最后一次妇女小组聚会。

（1）各组分别选取计划书中的最后一次聚会进行模拟，完成表 5-37。

（2）听取服务对象意见，反思和总结带领过程中遇到的问题与改进方法，填入表 5-37。

（3）教师与其他组学生观察与点评，完成表 5-38。

表 5-37　妇女小组最后一节带领记录表

活动名称	活动过程	遇到的问题	改进的方法

表 5-38　妇女小组最后一节带领评分

序号	评分标准	得分
1	有效处理离别情绪（满分 20 分）	
2	带领者语言表达规范、流畅（满分 15 分）	
3	带领者控场能力强（满分 15 分）	
4	带领者随机应变能力强（满分 15 分）	
5	小组氛围好（满分 15 分）	
6	组员积极参与评估（满分 20 分）	
总分（满分 100 分）		

实训项目评价

请填写以下表格（表 5-39 ～表 5-42）。

表 5-39　学生自评表 1

序号	技能点自评	佐证	达标	未达标
1	小组需求评估	能够掌握需求评估方法，针对妇女群体进行需求评估，确定小组选题		
2	小组目标确定	能够对照科学的小组目标要素，确定适合妇女的小组目标		
3	小组宣传资料设计	能够根据小组选题，设计妇女喜闻乐见的宣传招募形式		
4	小组名称确定	能够根据小组名称三要素，确定小组名称		
5	小组计划书撰写	能够根据小组计划书框架，撰写完整的小组计划书		
6	小组契约制定	能够掌握小组契约的意义，并协助组员制定小组契约		
7	小组游戏带领	能够挑选适合妇女的小组游戏，并带领游戏		
8	小组第一次聚会带领	能够掌握小组第一次聚会的重要任务，并能够完成带领		
9	小组冲突处理	能够掌握遇到“特别”的妇女组员时正确处理的方法		
10	小组最后一次聚会带领	能够掌握小组结束阶段的重要任务，并能够较好地结束小组		

表 5-40　学生自评表 2

序号	素质点自评	佐证	达标	未达标
1	协作精神	能够与小组成员协商，共同完成实训任务		
2	创新意识	能够在确定小组主题和撰写小组计划书阶段，策划具有新意的小组主题、游戏和小组活动		
3	策划能力	能够根据不同小组阶段策划整节小组活动		
4	信息技术运用能力	能够运用信息技术，设计小组海报、微信招募推文，对小组过程进行拍摄		
5	带领能力	能够流畅带领整节小组活动		
6	自我学习能力	能够运用各类资源，自我学习小组工作过程相关知识与技能		

表 5-41 教师评价表 1

序号	技能点评价	佐证	达标	未达标
1	小组需求评估	能够掌握需求评估方法，针对妇女群体进行需求评估，确定小组选题		
2	小组目标确定	能够对照科学的小组目标要素，确定适合妇女的小组目标		
3	小组宣传资料设计	能够根据小组选题，设计妇女喜闻乐见的宣传招募形式		
4	小组名称确定	能够根据小组名称三要素，确定小组名称		
5	小组计划书撰写	能够根据小组计划书框架，撰写完整的小组计划书		
6	小组契约制定	能够掌握小组契约的意义，并协助组员制定小组契约		
7	小组游戏带领	能够挑选适合妇女的小组游戏，并带领游戏		
8	小组第一次聚会带领	能够掌握小组第一次聚会的重要任务，并能够完成带领		
9	小组冲突处理	能够掌握遇到“特别”的妇女组员时正确处理的方法		
10	小组最后一次聚会带领	能够掌握小组结束阶段的重要任务，并能够较好地结束小组		

表 5-42 教师评价表 2

序号	素质点评价	佐证	达标	未达标
1	协作精神	能够与小组成员协商，共同完成实训任务		
2	创新意识	能够在确定小组主题和撰写小组计划书阶段，策划具有新意的小组主题、游戏和小组活动		
3	策划能力	能够根据不同小组阶段策划整节小组活动		
4	信息技术运用能力	能够运用信息技术，设计小组海报、微信招募推文，对小组过程进行拍摄		
5	带领能力	能够流畅带领整节小组活动		
6	自我学习能力	能够运用各类资源，自我学习小组工作过程相关知识与技能		

实训三　开展老年人小组工作

实训准备

实训目标

本次实训为老年人小组工作实训，以老年人为服务对象开展小组工作，通过需求评估与目标设定、招募组员、筹备小组资源、撰写小组计划书、制定小组契约、带领小组活动、结束小组等步骤的操作，学生能够熟练掌握一次完整小组工作流程和所需的技巧，更重要的是，学会根据老年人的特点和需求开展具有针对性的小组活动，体现社会工作的专业性。

实训项目

为巩固老年人小组工作的知识，本次实训项目以老年人为主要服务群体，展开老年人需求分析，并围绕老年人群体设计和开展小组活动。

实训方式

学生组成实训小组，每组学生人数根据实际情况确定，设组长 1 名，负责该组成员的考勤、纪律、安全与分工安排。

实训步骤

（1）完成课前自学部分知识的学习，理解知识内涵，并画出思维导图。

（2）复习项目三小组工作过程的内容，巩固开展小组工作的相关知识。

（3）实训过程中以小组为单位协同合作，通过头脑风暴集思广益，共同完成实训任务。

（4）本次实训包含 9 项实训任务，每项任务均有实训成果，最终将所有任务的成果整合成一份完整的实训总结报告。

（5）实训过程中，注意留存过程性佐证资料，如照片、视频、宣传海报等，作为过程评估的依据之一。

（6）最后，根据实训项目评价表中的内容对实训成果进行结果评估。

实训成果

（1）个人实训学习契约（见本项目后附件）。

（2）各项任务成果。

（3）小组实训总结报告。

（4）小组实训过程性资料：照片、视频等任何能够反映小组工作过程的资料。

（5）实训项目评价表。

实训资料

人口老龄化正在成为我国一个日益紧迫的社会问题。国家统计局发布的第七次全国人口普查数据显示，截至2020年11月1日，我国60岁及以上老年人口达到2.64亿人，老年人口占比达到18.7%；65岁及以上老年人口1.9亿人，占比13.5%。从数据上看，中国已经步入老龄化社会，且在逐步迈入“中度老龄化”社会。因此，老年人成为社会工作者的主要服务对象之一。了解老年人的问题，关注老年人的需求，为老年人提供专业服务，是老年社会工作必须重视的方面。而老年人小组工作能够充分地运用小组动力和凝聚力，在组员的密切互动中，推动组员改善认知、改变行为等，其地位和作用十分突出。

那么，何谓老年人呢？1956年联合国在研究西方发达国家人口老龄化问题基础上出版的《人口老龄化及其社会经济后果》一书中提出，65岁为个体进入老年的标志。1982年，在维也纳召开的“老龄问题世界大会”上，考虑到广大发展中国家的具体情况，老年人的年龄标准被修订为60岁及以上。因此，我国老年人一般指的是60岁及以上的人群。随着人均预期寿命的持续提高，老年人年龄的跨度也逐渐增大，因此老年人并非一个同质群体，对老年人的需求和问题研究也不能一概而论。一般国际上将60岁及以上的老年人大致分为三个年龄段：60～69岁的为低龄老人；70～79岁的为中龄老人；80岁及以上为高龄老人。不同年龄段的老年人面对的问题不同，需求也不同，这是社会工作提供专业服务所必须考虑的前提。

总的来说，老年人主要有经济需求、健康需求、生活需求、精神需求和社会参与需求这五个方面的需求。①

1. 经济需求

在传统农业社会中，采取的是家庭集体经营的生产方式，其主要的生产资料是土地，而土地所有权是属于身为家长的老年人的，如果老年人未将土地分给子女或老年人未去世，家庭的经济大权基本上掌握在老年人手中，老年人的地位是很高的。但是在工业社会中，大多数人达到一定年龄时必须强制退休，而且退休之后，由于身体状况无法与岗位相匹配等原因，很难再就业，所以老年人退休后，收入会大幅减少。再加上健康状况日渐不佳，医疗费用日渐增加，其生活很容易陷入困境。经济需求可以说是老年人的最基本的需求。

此外，我国老年人的收入水平总体不高，而且城乡收入差距较大。城市老年人一般有退休金，而农村老年人养老金不高，需要依靠自己的劳动收入或家庭支持，由于年龄原因，他们大多从事一些收入较低的工作，而家庭提供支持情况取决于子女的经济状况，所以农村老年人相比城市老年人，其经济需求更为迫切。

2. 健康需求

进入老年阶段，个体的生物功能逐渐衰退，抵御疾病的能力也在下降，患病的概率增加，并且会出现一些老年人特有的疾病，如老年痴呆症、老年性耳聋等，而一些常见病在老年阶段比中青年阶段症状更为明显，另外，老年人还容易同时患有多种疾病。疾病不仅会给老年人加重经济负担，还会影响其生活质量，甚至影响情绪等。因此，满足健康需求对老年人而言非常重要。

---

① 库少雄 . 人类行为与社会环境 [M]. 2 版 . 武汉：华中科技大学出版社，2014. 作者引用时略有调整。

3. 生活需求

进入老年期后，老年人的活动能力下降，腿脚也不那么灵便，出现各种意外的概率大大增加，还有一些老年人因疾病或瘫痪而生活无法自理，需要他人的帮助与协助，以满足其生活需求。在传统的农业社会，年轻人与老年人大多住在一起，老年人主要依靠家庭来满足生活需求。进入现代社会，家庭模式发生变化，“养儿防老”观念正在深刻转变，家庭在满足老年人生活需求方面发挥的作用相对减弱了，而社会的作用日益凸显，这也是社会工作服务老年人的重要方面。

4. 精神需求

进入老年期后，随着社会角色的转变，老年人从职业角色进入赋闲角色，从主体角色变为依赖角色，社会地位发生变化，精神需求也随之发生变化。一方面，情绪和精神会受到影响，精神的寄托会发生转变，精神需求的满足方式也会发生变化；另一方面，闲暇时间更多了，不需要直接为生活奔波，从而更重视精神上的追求，比如个人兴趣的发展等。因此，满足老年人的精神需求，也是提高老年生活幸福感必不可少的方面，比如休闲娱乐活动，不仅可以满足老年人的精神需求，使老年人在娱乐中陶冶性情，而且可以让老年人在活动中结识更多的同伴，特别是一些集体活动可以让老年人在集体中发展出一些非正式的社会关系，获得更多的社会支持。

5. 社会参与需求

老年人虽然逐渐退休，退出了生产领域，但大部分老年人并不是真正心甘情愿地完全退出社会舞台的，他们仍然有社会参与的需求，以此来增进自己的自尊和自我价值。尤其是一些低龄的身体健康的老年人，他们年龄虽然达到老年人标准，但是心态却不老，依然非常希望参与社会事务，发挥余热，这种参与也可以为适应老年生活提供一个过渡阶段。

老年人是社会工作，尤其小组工作的重要服务对象，而小组工作者由于自己的年龄和阅历等原因，对老年人的了解并不像对儿童、青少年等群体那么深入，所以需要学习关于老年人的理论知识，这样才能有针对性地开展专业的老年人小组工作。

任务 1　确定老年人小组需求与目标

案例：刘奶奶的晚年生活

刘奶奶是某市一名 75 岁的老人，育有一儿一女，儿女都有了自己的家庭，没有和刘奶奶住在一起，并且儿女也都四五十岁了，上有老下有小，家庭负担较重，事务繁忙，较少来探望刘奶奶。

刘奶奶的老伴儿于五六年前生重病，在花光了老两口的积蓄治病以后还是去世了，刘奶奶已经独自一人生活了五年了。前几年，刘奶奶身体还不错，生活基本可以自理，但是近两年身体状况开始变差，经常感觉浑身疼痛、头晕目眩。一年前的一天，刘奶奶半夜起来上厕所的时候没有站稳，摔了一跤，无法动弹，只能躺在地上等着，直到第二天早上邻居来串门时才发现。邻居通知了她的儿子将其送到医院，医生查出刘奶奶患有高血压，心脏也不太好，这次摔跤造成了右腿骨头错位，于是建议刘奶奶住院治疗并进行手术。刘奶奶一听说又是手术又是住院的，不舍得花钱，要求回家用“土方子”自行恢复。至于高血压，刘奶奶在医生的劝说下拿了一些药回家吃，但是为了省钱，也没有坚持按时按量服药。刘奶奶没有退休金，每个月女儿给其 300 元生活费，儿子给其 500 元生活费，加上政府给 65 岁到 75 岁的老人发放的 200 元生活补贴，在身体健康的情况下，勉强能维持日常生活，但是加上看病吃药，那就有点“捉襟见肘”了。

现在因为摔跤受伤未及时妥善治疗，还留下了后遗症，走路一瘸一拐，有时去买菜都很吃力，加上家住三楼没有电梯，爬楼梯也成了十分困难的事。刘奶奶只好尽量不出门，久而久之，也没有什么朋友邻居去家里串门了。刘奶奶整天没有一个人跟她说话，生活单调且无聊，想跟儿女子孙们聊聊天，他们又不喜欢打电话，都是用“微信”，刘奶奶没有智能手机，更不知道“微信”是什么。她感觉自己活了一辈子，到头来过着这样的晚年生活——没钱、没用、孤独、疾病缠身，于是经常唉声叹气，愁容满面。

子任务 1　确定老年人的需求

任务描述：

（1）阅读案例和实训资料，以小组为单位，围绕案例“刘奶奶的晚年生活”进行讨论：案例中的刘奶奶面临着哪些问题，相应地反映了她的哪些需求？完成表 5-43。

表 5-43　刘奶奶面临的问题及对应的需求

序号	面临的问题	对应的需求
1		
2		
3		
4		
5		
…		
注意：每个问题并非只对应一项需求。		

（2）除了案例中刘奶奶面临着的问题和反映的需求以外，请小组成员进行头脑风暴，想想老年人还会面临哪些问题，还有哪些其他需求，并将想到的问题和需求分别填在表 5-44 中，各组派代表进行分享，实训指导老师进行总结和点评。

表 5-44　老年人问题和需求头脑风暴图

（3）你们小组发现某社区有多名刘奶奶这样的“空巢老人”或“独居老人”，你们想通过小组工作的方式为他们开展活动，在此之前，需要进行详细的需求评估。请谈谈你们准备用哪些方法对老年人进行需求评估，并谈谈这些方法适用于什么情况，完成表 5-45。

表 5-45　老年人需求评估的方法

序号	老年人需求评估方法	适用情况
1		
2		
3		
4		
5		
…		
注意：“适用情况”指的是该方法在什么情况下使用可以获取更全面的评估资料，可以帮助社工找出老年人的真实需求。		

知识拓展

老年人需求评估的方法与注意事项

进行需求评估的方法可谓多种多样，但是并非所有的方法都适用于老年人群体，比如时下流行的“问卷星”等线上调查的方式，对于不擅长使用智能手机的老年人来说就是不适用的。下面，介绍老年人需求评估的两种方法，以及使用其对老年人进行需求评估时的注意事项。

1. 问卷调查

问卷调查是社会工作者在评估需求时最为常用的一种方法。对老年人群体进行问卷调查时，有一些需要格外注意的方面。绝对不能随意从网上下载一个问卷的模板，然后发给老年人填写，这样极有可能无法获得老年人的真实需求。

首先，在设计问卷之前，必须明确你要获得什么信息。可以先把你已经了解了的问题、还未完全了解的问题以及完全不了解的问题进行分类，在纸上罗列下来，再去设计具体的问卷问题。“已经了解了的问题”不需要在问卷中体现，以免问卷问题过多导致老年人不愿填写。问卷问题主要围绕“还未完全了解的问题”和“完全不了解的问题”两部分进行设计。比如说我们希望通过问卷得到以下问题的答案：老年人目前的生活状态如何？老年人目前拥有的资源如何？老年人希望在什么时间参加小组？老年人的爱好有哪些？老年人喜欢的活动类型有哪些？

其次，问卷设计过程中要遵循“简单易填”的原则。一方面，问卷的问题设计不要过于复杂，问题与问题之间的逻辑性不宜过于复杂，每个问题的字数不宜过多，问卷的字号不宜过小等。要让老年人觉得简单明了，易于理解，这样可以避免出现填写出错率过高等情况。另一方面，问卷的发放方式不要过于新颖，比如扫二维码填写问卷、微信群发放问卷填写链接等常用的线上调查的方式，这些对于老年人来说有一定的困难，会造成其主观上不愿填写问卷。其实，用传统的纸质问卷进行线下面对面的问卷调查的方式对于老年人群体来说不失为一种好的调查方式，而且便于社工在调查过程中对老年人的外在特征、身心状况进行观察。

2. 访谈法

社会工作者还可以通过访谈法访谈一些潜在的服务对象，请他们谈论对一些重要问题的认识和对各方面的需求。访谈法和问卷调查法相比，其问题的设计不需要那么详细具体，但是访谈提纲的设计也是必不可少的，访谈法也需要把想要了解的问题在纸上进行罗列。在访谈老年人时按照提纲进行访谈，可以避免“跑题”或者得不到想要的信息。访谈提纲的设计需要具有层次性和逻辑性，问题应该是逐步深入的，一开始的问题是比较浅层和表面的，在访谈一段时间，取得老年人信任以后，可以再深入探讨一些问题。同时，访谈过程中一定要做好记录，在征得老年人同意的情况下，可以进行录音。

访谈的地点可以是社工的办公室，但是针对老年人群体，更多的是在老年人家中，通过家访的方式进行。这样不仅可以通过访谈获取信息，还可以通过观察老年人家庭成员情况、生活环境等获取信息。

他山之石

老年人的“六有”需求①

过去，我国对老年人需求的研究大多集中在经济赡养方面，而对于老年人的心理、医疗保障及社会需求等方面关注较少。随着我国经济的发展，特别是随着老龄化社会的到来，越来越多的专家和学者开始关注并研究老年人不同层次的需求以及需求满足过程中存在的问题。

总结学者们的研究，可以认为，“老有所养，老有所医，老有所学，老有所为，老有所乐，老有所教”这六个“老有”是目前比较全面的老年人需求的概括，为我们满足老年人需求和提供服务指明了方向。在六个“老有”中，“老有所养”是核心，是其他五个“老有”的前提和基础。“老有所养”就是满足老年人衣、食、住、行的基本需求以及生活照料和精神慰藉的特殊需求。“老有所医”是重点和保障，就是满足老年人看病治病的需求，这也是老年人生活中最关心的问题之一。“老有所学”也是许多老年人生活的组成部分，根据自己的爱好，学习掌握一些新知识和新技能，既能陶冶情操，又能丰富生活。“老有所为”是很多老年人晚年生活不可缺少的组成部分，他们用自己掌握的知识和技能，继续为我国和谐社会建设作出新的贡献。“老有所乐”内容极其丰富，可通过开展各种各样适合老年人特点的文体活动，为老年人增添欢乐，让他们幸福安度晚年。“老有所教”是通过思想政治教育，使广大老年人做到政治坚定，思想常新，理想永存。六个“老有”，提法上各有侧重，互不重复，但实质上，却是联系密切、相辅相成的统一的整体。

① 赵学慧．老年社会工作理论与实务 [M]. 北京：北京大学出版社，2013. 有改动。

子任务 2 探讨老年人小组主题

任务描述：

老年人小组活动可以增加老年人之间的沟通交流，促进他们互帮互助，丰富老年人的日常生活，传递健康老年生活的理念和知识；还可以减少空巢老人的孤独感，使得老年人获得更多社会支持，更好地适应老年生活，进而享受老年生活。当然，想要达到以上目的，必须根据老年人的特点、问题和需求，有针对性地设计老年人小组主题。

（1）请各组回顾课前自学的关于老年人的特征的知识，并围绕案例资料和需求评估资料，挑选感兴趣的一些问题或需求并进行深入探讨，作为小组主题，填入表 5-46 中，看看哪一组列得多、列得全。

（2）各小组进行分享，教师进行点评和修改，最终各组确定一个小组主题。

表 5-46 老年人小组主题

小组：

序号	小组主题	主要满足的需求或解决的问题
1		
2		
3		
4		
5		
…		

知识拓展

这些活动主题你想到了吗？

（1）缅怀过去：根据埃里克森的心理社会发展理论，人进入老年期后，主要生命活动正在接近完成，他们会喜欢回顾过去。如果他的一生是有意义的，他就会感到满足；如果是令人失望的，就会觉得绝望。我们可以通过帮助老年人重新审视过去，阐释过去所发生的事件，使老年人达到自我认知整合，重新找到人生的意义。

（2）学习现代社会知识：老年人的小组活动可以设计一些与现代社会知识相关的活动主题，比如互联网的知识、智能手机的知识。通过与组员和小组工作者交往以及与他人交换观点，老年人可以保留他们的文化与价值观点，并能够将其与现实社会生活相融合。

（3）培养自我独立性：通过教育和引导向老年人传递加强自我照顾，如何在日常生活中处理与年轻人之间的分歧的知识和技巧，以及如何获取社区资源，以更好地培养自身独立生活的能力。

（4）适应生理和心理变化：通过关于社会心理、健康知识和照顾等的教育活动，来帮助老年人互相学习自我照顾的技巧和知识，以及克服身体和精神疾病所带来的忧虑，缓解不良情绪，通过成员间的经验分享来缓解内心的抑郁，通过互相支持和鼓励给予彼此心灵以安慰，这些可让老年人更好地适应老化引起的身体和心灵的变化。

（5）开展闲暇与文化活动：开展社会性和康乐性的小组交流和活动，可以帮助老年人重新定位自己的社会角色，给老年人带来满足感和成就感；同时，娱乐活动的开展，还可以很好地激发老年人对生活的热爱，使之重新找到生活的乐趣。

（6）处理家庭的人际关系：可以组织家庭中的老、中、青共同参与小组活动，通过小组活动，鼓励家庭内成员互相了解，充分理解，加强合作，共同解决生活中所遇到的不和谐问题。

（7）学习社区资源的利用：老年人的生活离不开社区。小组活动可引导老年人认识社区中可利用的资源、服务及学习利用社区资源的方法，帮助老年人克服使用社区服务的顾虑和不安，让老年人生活中增加社区这个很好的专业“帮手”和外部支持。

（8）适应社区环境：小组活动可为老年人建立起社区支持网络。相同境遇的老年人之间的交流和经验分享，可减轻其不安感和焦虑感，并增加其对生活环境的控制感。

（9）学习坦然面对死亡：通过小组活动，开展死亡教育，让老年人认识和讨论死亡，思考如何面对死亡前后的问题，互相交流对死亡的看法，鼓励他们说出自己的忧虑和不安，并通过成员间的分享和互动，以及小组带领者的引导，帮助其摆脱对死亡的恐惧心理，从而坦然面对死亡。

子任务 3　确定老年人小组目标

任务描述：

（1）各小组回顾项目三任务二中的科学的小组目标的要素，填写表 5-47。

（2）结合子任务 1、2 中探讨的老年人的问题与需求以及小组主题，你们认为在为刘奶奶这类“空巢老人”或“独居老人”开展小组活动时，可以设置哪些小组目标？至少确定 3 个，填写表 5-47。

（3）各组进行分享，并进行小组互评，填写表 5-47。

（4）教师进行点评与修改，最终确定各组小组目标。

表 5-47　老年人小组目标

序号	科学的小组目标要素	我们的小组目标	组间评分（10 分制）
1			
2			
3			
…			

任务 2　常见的老年人小组特点探索

任务描述：

在前面的课前自学中，同学们已经了解了根据小组的性质和目的，可以将老年人小组分为老年人社交康乐小组、老年人支持小组、老年人治疗小组、老年人服务小组和护老者小组。这么多的老年人小组类型，你们知道在什么情况下选择开展什么类型的老年人小组吗？

请和你的组员讨论：这些小组在解决老年人问题和满足老年人需求方面有什么区别？还有其他方面的区别吗？将你们的讨论结果进行交流，共同完成表 5-48 的内容（答案参考表 5-49）。

表 5-48 常见的老年人小组类型

特性	社交康乐小组	支持小组	治疗小组	服务小组	护老者小组
小组目的					
重点解决的问题或需求					
维系的因素					
沟通方式					
社工的角色					
自我暴露的程度					
常见的活动主题（每种类型至少列举两项）					

表 5-49 参考答案

特性	社交康乐小组	支持小组	治疗小组	服务小组	护老者小组
小组目的	帮助组员和同辈群体参与有利于身心健康的活动	帮助组员应对压力和困难，获得各方面支持	帮助组员改变行为或进行某种功能的康复	通过组员的合作为老年人提供服务	帮助老年群体照顾者更好地照顾老年人
重点解决的问题或需求	精神需求	经济需求、精神需求	健康需求	生活需求、社会参与需求	间接满足老年人需求
维系的因素	共同的兴趣	共同的处境	组员之间的关系	相同的目的和关注	共同的护老者角色
沟通方式	运用语言或非语言沟通	密切深入互动，公开真诚沟通	大多数时候是组员和社工之间的沟通	因任务及角色不同而不同	沟通以分享经验和经历为主
社工的角色	组织者、教育者	经纪人、促进者	专家、改变者、促进者	协调者、组织者	教育者、促进者、呼吁者
自我暴露的程度	低度	中度或高度	高度	低度	中度或高度
常见的活动主题（每种类型至少列举两项）	认识微信 认识你的邻居	认知忧虑 处理孤独	缅怀往事 现实辨识	“书香入门”活动 认知高龄老人服务技巧	学习护老知识 处理护老压力

资料来源：卞国凤，陈宇鹏．老年社会工作方法与实务 [M]. 北京：北京师范大学出版社，2011. 作者引用时略有调整。

需要注意的是，不同类型的小组并非完全割裂分开的，尽管它们在实际开展时各有各的侧重点，但是它们之间也存在很多相互联系的部分，比如治疗小组不能缺少支持的力量，护老者小组也存在组员之间的相互支持，社交康乐小组对老年人来说也有一定的治疗作用，因此，我们在实际开展工作时不能将某一类型的小组和其他类型的小组完全区别开来看待。

任务 3　宣传与招募

通过前面课程的学习，同学们已经掌握了招募组员的方式和筛选组员的条件，在招募和筛选老年人组员时，需要结合老年人的身心特点和社会发展特点，设计适用于老年人的宣传招募方法。

子任务 1　宣传与招募

任务描述：

（1）请结合任务 1 中“刘奶奶的晚年生活”案例进行小组讨论，探讨宣传方法与招募空巢老人和独居老人的方法，填入表 5-50 中。

（2）从你们小组探讨的招募老年人组员的方法中，选择一项进行具体的设计，如招募海报、宣传视频、小组招募书等。

（3）各组展示小组设计成果，进行小组互评和教师评价。

表 5-50　宣传与招募方法

序号	适合老年人的宣传与招募方法	优点	辅助工具
1			
2			
3			
…			

知识拓展

如何对老年人组员进行宣传和招募?

一、直接接触

直接接触是对老年人组员进行宣传与招募最好的方式，可以发现老年人真正的需求，更好地促进他们理解小组的目标，帮助他们决定是否参与小组，还可以通过直接接触让老年人更了解小组，提高参与度与积极性。社工可以在平时活动中直接接触老年人，也可以在去老年人家中家访时接触，还可以去社区内老年人聚集的场所接触，如棋牌室、社区广场等地方。

二、非直接接触

除了直接接触以外，还有很多的非直接接触的方式适用于招募老年人组员：（1）在楼道或社区公告栏中张贴海报；（2）在社区活动中心或社区电子屏上播放活动宣传视频；（3）通过社区居委会的微信群或微信公众号等渠道进行宣传和招募；（4）请居委会工作人员或社区内其他与老年人接触较多的机构组织推荐合适的服务对象；（5）通过老年人之间口口相传进行宣传和招募。

三、宣传时需要提供的信息

无论是直接接触还是非直接接触的方式，都是为了让老年人对小组有基本的了解，然后根据自身情况权衡自己是否应该参与、是否能够参与。那么，在宣传时应该提供哪些信息供老年人了解呢？主要有以下部分内容：

✧ 小组名称、目标。

✧ 小组开展的时间、地点、频率以及持续的时长。

✧ 参加小组所需的费用。

✧ 负责机构的简介。

✧ 小组带领者的简介。

✧ 小组组员和带领者的基本权利和义务。

✧ 其他需要特别注意的事项，如老年人的身体状况、年龄要求等。

他山之石

社工如何在社区快速找到老年人服务对象？①

第一，用背景。

用背景指的是进入一个不熟悉的环境的时候首先依靠正式背景，这个背景可能是民政部门、辖区街道办、社区居委会及其工作人员甚至是网格员，这些人对社区熟悉，了解社区的地理位置，同时也掌握着社区居民的名单与基本情况，对我们来说这是非常重要的资料，用好正式背景可带来的资源这一点是非常重要的。

首先，可以从正式背景中获取服务对象的名单和服务社区的整体图，以便掌握社区大部分的信息。在这个过程中，我们还可以通过和正式背景的接触，获取活动所需的场地资源等。

其次，可以邀请正式背景中的工作人员进行社区漫步，这样可以大大提升认识社区居民的机会，尤其是社区老年人，因为大多数老年人白天会在社区户外活动，并且有陌生人出现在社区时也会引起他们的关注。在社区漫步时工作人员会与老年人打招呼，这时候就要发挥出社工“自来熟”的专长，也要和老年人打招呼，介绍下我们的职业，来社区是做什么事情的，并对老年人发出活动邀请与告知服务地点。此外，在社区漫步前要做准备，穿好工服，选好时间，与老年人的休息与就餐时间错开。

最后，是走访入户。初次入户非常需要社区工作人员的帮忙，否则难以找到老年人家门，更难以进入老年人家中。

第二，吾有长。

吾有长就是利用我们的特长打入老年人的圈子。比如老年人喜欢下象棋，而如果我们也会下象棋，就可以通过和老年人下象棋拉近关系，相互了解。

第三，选地点。

选择老年人喜欢去的地方去“偶遇”老年人，比如社区的羽毛球馆、乒乓球馆、棋牌

---

① 本文改编自：火锅．社工如何在社区快速找到老年人服务对象？[EB/OL].（2022-02-24）[2024-03-29]. https://mp.weixin.qq.com/s/xPpDOaSyDJgODm_Fg3mAMA.

室、老年活动中心，都便于认识老年服务对象，甚至是社区里的老式理发店也可以带我们认识很多老年服务对象。

第四，人找人。

通过一个人或一个群体去接近另一个人或者一个群体。一是通过社区的工作人员。很多工作人员是居住在社区的，如果家里有老年人参加服务，这样的老年人带动老年人就可以使服务对象的队伍壮大起来。二是培育社区骨干。例如之前积极参加社区活动的老年人，通过他们更容易联系和组织其他老年人。三是通过儿童连接老年人。比如在老年人带孩子参加社区活动时与老年人进行接触。

第五，做服务。

找到服务对象不难，难的是留住服务对象，得到他们的认可和信任，这就需要采用专业的服务了。比如，在康乐类的活动中教授老年人一些技能，在开展活动前教授老年人手指操等，让老年人觉得活动既好玩又有意义。大型社区服务活动和室外宣传活动，都是可以让社区居民和老年人感受到社工专业性的机会。

子任务 2 筛选老年人组员

通过宣传，招募到一定数量的老年人服务对象后，我们还需要根据一些条件进行筛选。回顾项目三实训二中学习的筛选组员需考虑的因素，并展开小组讨论，探讨“空巢老人与独居老人”小组组员的具体条件，完成表 5-51，并思考是否还有其他因素需要考虑。

表 5-51 小组组员筛选条件

序号	因素	“空巢老人与独居老人”小组组员条件
1		
2		
3		
4		
5		
6		
7		
8		
补充因素		

知识拓展

如何对老年人组员进行筛选？

筛选组员的目的是澄清申请者对小组的认识，了解其人格特质及自我概念，协助社工明确日后探讨的主题和方向，并发现不适合小组的申请者，帮助他们做更有益的选择。

可以通过观察、面谈、电话会谈、与申请者家属等相关人员见面等方法，对申请者进行深入评估，了解申请者是否认可小组的需求、目的、工作任务及目标等。具体来说，社工可以参考如下因素帮助筛选老年人组员：

✧ 老年人是否具备参与该小组活动的能力。
✧ 老年人能否在小组中真正受益。
✧ 老年人是否认同小组的工作目标。
✧ 老年人参与小组活动的动机是什么。
✧ 老年人有无特殊的身体疾患。
✧ 老年人的运动机能。
✧ 老年人的精神状况。
✧ 老年人所禁忌的事项。
✧ 老年人与他人的交往能力和关系等。

一般来说，老年人小组组员最好是同质性较强的组员。他们遇到的问题具有同质性，需求的层次相当，受教育水平最好不要相差太大，身体活动能力最好差不多，对小组的期望和兴趣也最好较为均衡，这样就可以减少小组冲突的发生，促进交流和建立联系等。

任务 4　筹备小组资源

任务描述：

（1）请和你的组员探讨：开展“空巢老人与独居老人”小组活动需要哪些资源？填入表 5-51 中。

（2）每位组员对自己的技能、知识和拥有的资源进行检视，看看依靠小组内部力量能够直接获得的活动资源，选取能够在小组活动中使用的部分，填入表 5-52 中。

（3）针对小组内部力量无法直接获得的活动资源，探讨有哪些获取资源的外部途径，完成表 5-52。

表 5-52　小组活动资源检视表

序号	所需资源	组员技能、知识和资源检视	获取资源的外部途径
例	场地	无法直接获得	寻求居委会帮助
1			
2			
3			
4			
…			

适宜老年人活动的场所特点：

- ✧ 房间最好在一楼，可避免爬楼，便于年龄较大与残疾老年人来参加活动，便于潜在服务对象看见活动场所。
- ✧ 宽敞，便于开展活动。
- ✧ 明亮，便于拍照，有温暖的氛围等。

一个好的场所会使老年人更愿意来参加活动，也更容易看到和找到服务场所。

任务 5　撰写老年人小组计划书

案例

一天，某派出所接到辖区群众求助，称其从自家窗户向外望，发现对面居民楼一楼一户人家有人倒在屋内。接到求助后，民警立即赶赴现场，经了解，倒在地上的是屋主王老先生，今年 83 岁，其老伴于 10 年前去世，两个儿子都在外地工作，是一名独居老人。民警通过厨房后窗观察到王老先生仰面倒在卫生间门口，有生命体征。民警一面联系 120，一面通过邻居联系老人的二儿子小王，小王称其在外无法返回，鉴于时间紧迫，民警征得小王的同意后决定开锁进入房间。10 分钟后，在开锁人员的帮助下，民警终于打开房门进入室内，发现王老先生嘴角抽搐，且伴有粗重的呼吸声。此时王老先生的儿媳闻讯也赶了回来，民警和家属一同找来被褥盖到其身上。最终，在民警的协助下，医护人员将老人抬到了救护车上，使老人得到了及时救治。

王老先生无疑是幸运的，被邻居及时发现，并在民警和医护人员的帮助下得到了及时的救治，但是，还有一些独居老人却没那么幸运。关于“独居老人死于家中多日无人发现”等的新闻报道时不时见于报纸和网络上。由于社会发展与个人观念转变等，我国空巢老人和独居老人的数量越来越多，调查数据显示，2016 年我国空巢老人已超过 1 亿人，独居老人已超过 2 000 万人。空巢老人与独居老人对精神慰藉的强烈需求催生了银发经济照料护理市场的诞生。老年人能在一定程度上通过购买照料护理服务，缓解孤独感，解决陪伴的需求。①

假如你们小组成员是幸福社会工作服务中心的社工，在听说了王老先生的新闻后，你们决定以小组工作的形式为社区内“空巢老人与独居老人”开展一期服务，为获得机构的批准和支持，并且让服务能够顺利开展，请撰写一份完整的小组计划书。

温馨提示

撰写计划书之前，别忘了回顾项目三实训三撰写小组计划书中的内容，以及本项目中关于老年人小组工作的特征、原则等知识哦！

① 管小红：2020 年中国各等级收入老年人口数量、空巢老人数量及独居老人数量走势预测 [图][EB/OL].（2020-01-15）[2024-03-29].https：//www.chyxx.com/industry/202001/829508.html.

子任务 1　确定老年人小组名称

任务描述：

（1）回顾项目三实训三的内容，我们知道，一个小组名称的命名格式一般是“描述词 + 服务群体 + 主题”，如“我是大玩家”长者康乐小组。

（2）请根据相关知识和本次服务对象“空巢老人与独居老人”的特点，为你们小组确定一个名称，填入表 5-53 中。

（3）对其他组的小组名称进行排序投票，给出排序原因。

表 5-53　确定老年人小组名称

组别	我们的小组名称	排序投票
第一组		
第二组		
第三组		
…		

子任务 2　选择合适的老年人小组理论

任务描述：

（1）请根据案例中王老先生的情况，以小组为单位分析可以选择哪些理论用以支撑小组开展并说明原因，完成表 5-54。

（2）教师组织各小组进行分享。

表 5-54　选择合适的老年人小组工作理论

序号	选择的理论	原因
1		
2		
3		
…		

知识拓展

老年人小组常用的工作理论①

老年人在方方面面都展现出自身的特点，如有的老年人乐观积极，也有的老年人消极悲观，有的老年人闭门不出，有的老年人则有“退休综合征”，如何去看待老年时期的独特现象，有哪些理论可以用来解释这些现象并提供解决的途径呢？面对老年人开展的小组主要可以从以下理论中寻找依据。

① 范明林 . 老年社会工作案例评析 [M]. 上海：华东理工大学出版社，2010. 有改动。

一、角色理论

主要观点：角色理论认为，每个人一生中都要扮演多种角色。角色是个人与社会相互接纳的一种形式。个体通过角色形成自我概念，获取相应的社会地位和社会回报；社会通过角色赋予个人相应的权利、义务、责任和社会期望。老年人的角色变化与中年人不同，它是一种不可逆转的角色中断或丧失，例如因退休而丧失劳动者角色，因丧偶而丧失配偶角色等。角色中断或丧失意味着从“一个人物”变成了“什么都不是”，连带着就是回报减少，地位下降，无人理睬。这种变化自然对老年人的身心健康造成损害。

理论应用：角色理论认为帮助老年人适应衰老有两条途径：一是正确认识角色变换的客观必然性；二是积极参与社会，寻求新的次一级角色。

二、活动理论

主要观点：活动理论认为，老年人应积极参与社会生活。只有参与，才能使老年人重新认识自我保持生命的活力。老年期是中年期的延长，老年人仍与中年时代一样可以从事社会上的工作，参加社会活动；活动水平高的老年人比活动水平低的老年人更容易对生活感到满意和更能够适应社会；老年人应该尽可能长久地保持中年人的生活方式以弱化老年的存在，用新的角色取代因丧偶或退休而失去的角色，从而把自身与社会的距离缩小到最低限度。

理论应用：老年人积极参与社会生活，对防止老年人大脑退化具有毋庸置疑的作用。但是随着核心家庭和双职工家庭的增多，快速的生活节奏和竞争压力使子女很难抽出更多的时间陪伴老人，所以，社工不仅要鼓励老年人在态度和价值取向上自我调适、积极投身社会生活，而且还需要为老年人的社会参与提供更多的机会和条件。

三、延续理论

主要观点：延续理论认为，不论是年轻还是年老，人们都有着不同的个性和生活方式，而个性在适应衰老时起着重要的作用。如果一个人在老年时仍能保持中年时代的个性和生活方式，那么他便会有一个幸福的晚年。因此，每个人不用去适应共同的规范，而是根据自己的个性来规定标准，这是老年人对生活感到满意的基础。对个体而言，延续又可分为内部延续（例如个性、爱好）和外部延续（例如年轻时爱踢足球，年老时踢不动了仍爱看足球）。

理论应用：社工在面对老年人服务对象时，要尊重他们的个性，考虑他们的特点，根据他们的爱好和兴趣来设计活动，鼓励他们在老年期延续中年时期好的生活方式和习惯。

四、社会建构理论

主要观点：社会建构理论认为，所有年龄的人都是按照自己赋予事物的社会含义来参与日常生活的。人们对现实的建构决定了他们会怎样行动。例如，年轻人可能把自己的生活世界看成是要对工作和家庭尽责，而当他们进入老年的时候，此时他们或已退休，孩子也成立了自己的家庭，那么他们安排活动的优先次序可能会转变，开始把自己的生活排在对工作、对子女的责任之前。如果老人把晚年生活视为赋闲休养的阶段，那么便会这么去做；但是，如果老人把这一时期看作实现年轻时没时间完成的目标的时机，那么就可能偏向更多的活动。无论是哪一种取向，社会建构理论都并不认为老年阶段的某个特定取向就一定是健康的或病态的，而是认为它只是个人对这一人生阶段认识的反映。

理论应用：社会建构理论更加关注人们怎么看待自己的经验。例如丧偶事件，它对一个老年人来说可能是自我发展的新机会，而对另一个老年人来说则可能是等待死亡的开始。社会建构理论认为，老年及随之而来的调整是一个独特的个人过程，取决于每个人自己的社会认识。在社会建构理论看来，社会上许多老年人问题的形成是老年人的生存环境及其自我概念之间的消极互动的结果，因此，社工可以通过开展服务来打破这种不良标签的恶性循环，帮助改变老年人生存的客观环境以帮助老年人重建自信心。

子任务 3　老年人小组活动设计

任务描述：

（1）各组围绕确定的主题，设计 6 节小组活动，确定每节小组活动的小主题，思考设计的逻辑，完成表 5-55。

（2）各组根据确定好的 6 节小组活动小主题，设计第六节具体内容，要求每节时间为 80 ～ 90 分钟，完成表 5-56。

（3）各组分享，教师点评并修改。

表 5-55　6 节小组活动小主题

节号	小主题	设计逻辑
第一节		
第二节		
第三节		
第四节		
第五节		
第六节		

表 5-56　第六节小组活动

第六节________（填写活动主题）				
日期				
地点				
负责人				
活动时间	活动名称	目标	内容	所需物资

知识拓展

如何设计适合老年群体的小组活动内容?

首先，结合小组内老年群体的年龄特点，进行分类别设计。低龄老人一般动手能力较强，学习热情较高，在设计活动时可以考虑一些学习类、兴趣类的小组活动，这样可以更好地激发老年组员的潜力，提升他们的精神生活质量。高龄老人一般活动能力较弱，安全、健康意识较强，可以设计一些跟健康、生命回顾相关的活动，引发老人的思考，勾起老人的回忆，帮他们学习新知识，掌握新技能，回顾过去，找寻价值，这样可以更好地让他们安度晚年生活，正视生命历程。

其次，活动内容设计要充分考虑老年人的身心特点。一方面，活动的难度不宜过大，要确保老年人活动过程的安全性。另一方面，由于老年人很多不擅长表达自己的想法和情绪，可以设计一些方式帮助老年人把想法和情绪表达出来，比如写下来、画下来等等。

最后，一次活动的时长不宜过长，控制在 90 分钟以内，因为时间过长会让老年人疲惫，影响其下次参与活动的积极性。如果由于内容丰富，时间较长，应该安排中间休息时间，方便老年人休息与上厕所等。

他山之石

老年人小组活动设计示例见表 5-57。

表 5-57　一个“空巢老人”社会支持小组活动设计示例

节号	时间	主要内容
第一节：相互认识	90 分钟	了解小组的目的。 了解组员对小组的期望。 建立小组形象：佩戴徽章或胸卡。 组员相互认识。 建立两人小组。
第二节：建立关系	80 分钟	加强两人小组关系。 发展小组的融洽关系。 建立小组的信任感。
第三节：了解成为空巢老人以后的生活经验	90 分钟	了解一个人的生活状态。 了解保持一个人生活的方法。
第四节：认知恐惧	90 分钟	了解忧虑及恐惧的感受。 讨论有关减轻恐惧感的方法。 讨论有关导致恐惧感的情况的实际解决方法。
第五节：处理失落感和孤独感	90 分钟	让组员自由表达其失落感和孤独感。 促进组员认知失落感和孤独感，以培养其情绪适应和自我调节的能力。
第六节：发掘自身的支持系统及优缺点	90 分钟	了解组员在体力及情绪上所依赖的对象。 讨论某些组员的优点和缺点。
第七节：开始认识社区资源及小组支持	90 分钟	讨论在有需要时社区有哪些资源可以利用。 显示组员间的相互了解、关注及支持。 让组员共同分享快乐时刻。 预备小组总结。

续表

节号	时间	主要内容
第八节：提供一个完整的总结	80 分钟	确定组员的价值。 为整个小组活动做总结。 为组员解释小组未来发展方向。

资料来源：刘梦．小组工作案例教程 [M]. 北京：中国人民大学出版社，2007. 作者引用时略有改动。

子任务 4　撰写老年人小组计划书

任务描述：

（1）各组根据前面的任务成果，设计 8 节小组活动内容。

（2）回顾项目三实训三的内容，按照小组计划书模板，撰写完整的小组计划书（示例参考了他山之石，见表 5-58，有些具体内容省略）。

（3）各组分享、教师点评。

（4）最终每组提交一份完整的小组计划书。

表 5-58　"快乐夕阳"空巢老人社会支持小组计划书

一、基本资料			
小组名称	"快乐夕阳"空巢老人社会支持小组		
主办单位	幸福社会工作服务中心		
小组性质	☑封闭性　□半开放性　□开放性 □教育性　□成长性　☑支持性　□治疗性		
负责社工	刘社工、李社工	小组总节数	8 节
日期 / 时间 / 频率	每周 2 次	地　点	社区一楼多功能活动室
出席群体	社区内 60 岁以上的空巢老人	预计人数	10 ～ 12 人
组员筛选方法	根据年龄、身体状况等因素进行筛选		
背景	（从需求调查、问题分析、政策依据、服务方向几个角度阐述） 某市目前有老年人 236 万，占全市总人口的 19%，其中生活半自理和不能自理的老人有 28 万，而 80 岁以上的老人更超过 22 万，其中不少是"空巢家庭"的老人。这些老人不仅生活上需要得到照顾，而且经常性的孤独令他们心情郁闷，患有不同程度的心理疾病。A 社区居委会提供的社区人口资料显示，2 400 户居民只有 5 000 人，而且老人占比较大的比例，且有不少是空巢家庭的老人。 根据对 A 社区空巢家庭老人进行社区访谈，了解到老人的物质生活非常充裕，子女都各自成家，工作繁忙，来探望的时间较少，生活在同一个小区的朋友和亲戚较少，也较少参加社区或外界的活动。因此一般待在自己的家里看电视，喝喝茶，做点家务等，比较单调。有的独居老人因为慢性病发作心情比较烦躁，而又没有人陪伴在身边，渴望与人交流。		

需求分析	访谈资料显示，A 社区的空巢老人中，90% 有人际交往需求和情感需求，80% 以上希望自己能够获得社会支持，40% 有健康医疗需求。此外，大部分老人表示想学习新经验、新技能以便更好地独居生活。
理论基础	（一）活动理论（具体内容略） （二）社会支持网络理论（具体内容略） （三）生命历程理论（具体内容略）
目标	（一）总目标：提供机会让老人彼此交往和沟通，为空巢家庭老人提供社会支持网络，缓解老人的失落和孤独感，让他们拥有一个健康的、丰富多彩的老年生活。 （二）具体目标： 1. 增加老人参加活动的兴趣。 2. 增加组员相互了解程度，指标如下：知道组员的姓名；知道组员的家庭住址；知道组员的个人资料，如年龄、学历、喜好等；与其他组员一起活动，如做游戏。 3. 参与小组，讨论有关人生体验。 4. 知道社区内提供养老服务的有关资源所在。 5. 成为自己及组员的支持系统之一。
宣传招募方法（可多选）	☐外展宣传招募 ☑在社区 / 小区张贴宣传单 ☑在以往服务参加者中招募 ☐邀请服务对象协助宣传招募 ☑通过合作单位 / 企业 / 学校宣传招募 ☐通过 QQ、博客等宣传招募 ☐其他（请填写）：

二、前期筹备

序号	事项	完成时间	负责社工
1	招募组员	2022 年 6 月 15 日前	刘社工
2	场地、物资等准备	2022 年 6 月 25 日前	李社工
…			

三、流程安排

序号	节号 + 日期	单节名称	单节目标	内容设计简介	所需物资
1	第一节 7 月 4 日	第一节： 相互认识	了解小组的目的；了解组员对小组的期望；组员相互认识。	1. 热身游戏。 2. 组成两人小组并相互熟悉。 3. 游戏：大风吹。 4. 共同制定小组契约。 5. 填写心愿卡并回收。 6. 分享感受。	游戏道具、纸和笔、卡片
2	第二节 7 月 7 日	第二节： 建立关系	发展小组的融洽关系；建立小组的信任感。	1. 回顾上一节的内容。 2. 热身游戏。 3. 反馈活动后感受。 4. 游戏：你画我猜。 5. 讨论分享。 6. 总结。	游戏道具

3	第三节 7 月 11 日	第三节： 了解成为空巢老人以后的生活经验	了解一个人的生活状态；了解保持一个人生活的方法。	1. 回顾上一次聚会，并鼓励肯定组员。 2. 热身游戏。 3. 讨论兴趣、爱好。 4. 健身操。 5. 讨论生活经验。 6. 总结。	音乐
4	第四节 7 月 14 日	第四节： 认知恐惧	了解忧虑及恐惧的感受；讨论有关减轻恐惧感的方法。	1. 回顾上一次聚会，并认可组员的坚持。 2. 热身游戏。 3. 探讨恐惧感与解决方法。 4. 游戏：想象空间。 5. 分享。 6. 总结。	笔和纸、音乐
5	第五节 7 月 18 日	第五节： 处理失落感和孤独感	让组员自由表达其失落感和孤独感；促进组员认知失落感和孤独感，以培养其情绪适应和自我调节的能力。	1. 总结前面四次活动。 2. 热身游戏。 3. 写下印象最深的组员以及想对他说的话。 4. 游戏：我们在一起。 5. 总结。	游戏道具、卡片和笔、音乐
6	第六节 7 月 21 日	第六节： 发掘自身的支持系统及优缺点	了解组员在体力及情绪上所依赖的对象；讨论某些组员的优点和缺点。	1. 回顾上一次聚会。 2. 热身游戏。 3. 解释和描述支持系统。 4. 画出你的心中的支持系统。 5. 讨论与分享。 6. 发掘身边支持系统。 7. 总结。	笔和纸、游戏道具
7	第七节 7 月 25 日	第七节： 开始认识社区资源及小组支持	讨论在有需要时社区有哪些资源可以利用；显示组员间的相互了解、关注及支持。	1. 回顾上次聚会。 2. 热身游戏。 3. 介绍社区资源。 4. 游戏：谁能帮帮我。 5. 讨论你所掌握的社区资源。 6. 预告最后一次聚会，做好准备。 7. 总结。	游戏道具、音乐
8	第八节 7 月 28 日	第八节： 提供一个完整的总结	确定组员的价值；为整个小组活动做总结以及确定未来发展方向。	1. 用照片和视频回顾整场活动。 2. 发放心愿卡。 3. 探讨活动改进建议。 4. 填写服务对象满意度问卷。 5. 发放社工写的鼓励卡以及联系方式。 6. 组员自我总结。	卡片和笔

四、评估方式与工具		
序号	评估方式	评估工具
1	基线测量法	问卷（自制）
2	服务对象自我评价	服务对象评价记录表、服务对象口头反馈、自我总结表等
3	社工评价	活动过程记录表

五、预计困难及解决方法		
序号	预计困难	解决方法
1	小组活动过于复杂和抽象的游戏或程序，对老年人造成负面效果。	设置简单的游戏，对活动程序进行精简。
2	场地空间上的困难。	寻求社区居委会的支持与帮助。若无场地可在社区会议室进行。在活动前一天再次前往社区，以确保活动如期举办。
…		

六、财务预算表						
序号	名称	单位	单价（元）	数量	金额（元）	经费来源
1						
2						
…						
合计						

七、申请 / 审批签署			
社工签名		**日　期**	
项目主管签名		**日　期**	
督导意见			
督导签名		**日　期**	

任务 6　制定老年人小组契约

任务描述：

（1）各组根据空巢老人与独居老人的特点，探讨小组契约的内容，设计一份小组契约初稿，完成表 5-59。

（2）各组分享，教师点评。

表 5-59　小组契约

我们的小组契约 1. 2. 3. … 组员签名： 时间：

任务 7　带领第一次老年人小组聚会

任务描述：

经过前期辛苦的筹备，终于进入了小组计划书的执行部分了，请和你的组员一起，找 8～12 名同学扮演老年人，模拟带领第一次老年人小组聚会。

（1）各组分别选取计划书中的第一次聚会进行模拟，完成表 5-60。

（2）听取"老年人"意见，反思和总结带领过程中遇到的问题与改进方法，填入表 5-60。

（3）教师与其他组学生观察与点评，完成表 5-61。

表 5-60　老年人小组第一节带领记录表

活动名称	活动过程	遇到的问题	改进的方法

表 5-61　老年人小组第一节带领评分

序号	评分标准	得分
1	内容安排符合老年人特点（满分 20 分）	
2	带领者语言表达规范、流畅（满分 15 分）	
3	带领者控场能力强（满分 15 分）	
4	带领者随机应变能力强（满分 15 分）	
5	小组氛围好（满分 15 分）	

续表

序号	评分标准	得分
6	小组目标完成（满分 20 分）	
总分（满分 100 分）		

知识拓展

第一次聚会组员特点

当组员被通知聚会时间、地点并且开始第一次聚会时，就意味着小组工作进入了开始阶段，这个阶段的组员的明显特征是心理和行为比较矛盾，不管什么年龄段的组员基本上都会呈现这样的状态。包括以下一些特点：

第一，对他人有既想接近又想回避的戒备心理，一方面期望拥有自主权，另一方面又渴望参与互动或被他人认同。

第二，习惯用以往经验开始与陌生组员的相识。以往在人际交往中比较主动的会表现出其主动性，以往比较被动的，可能会继续保持被动，这时社工可以注意观察，以此更加了解组员的性格特点。

第三，组员对于小组、其他组员、社工都会有不同的试探，比如对小组是否能达到预期目的持怀疑态度，也会通过一些非语言信息，如着装和长相等，来了解其他人。因此，社工的着装、语言和动作方面要注意体现其专业性、亲切感等，以取得组员的信任。

他山之石

第一次聚会主要任务①

在老年小组工作开始阶段，社会工作者应该把工作重点放到帮助老年人建立相互信任的关系上，增加他们的沟通和交流机会，发现老年人之间的相似或共同特质，澄清一些彼此之间或对社会工作者及小组活动的误解，鼓励和关怀老年人等。在此阶段，小组活动的主要任务包括：

（1）介绍小组成员。组员到齐后，社会工作者要做的第一项工作便是请组员做自我介绍。社会工作者可以告诉组员在自我介绍中主要介绍哪些内容，比如，除了介绍自己的名字外，还可以根据小组的目标来确定要介绍的内容。这样，自我介绍能够帮助组员分享各自的担心和兴趣，由此发展出彼此信任。

（2）明确小组的目标和组员的期望。在小组开始阶段，社会工作者需要对小组的目标以及工作者在小组中的作用进行简单的说明。若组员不清楚小组的目标，他们的不安情绪就会增强，活动热情则会降低。

（3）讨论保密原则。组员间的相互信任是小组凝聚力产生和小组活动顺利进行的重要基础。当组员相信小组是一个非常安全的场所时，才会讨论具有情感深度的问题。因此，在开始阶段，社会工作者需要引导组员认真地讨论保密问题，强调保密的必要性以及泄密可能带来的危害。

① 赵学慧 . 老年社会工作理论与实务 [M]. 北京：北京大学出版社，2013. 有改动。

（4）制定小组规范以及组员签署小组契约等。小组是数人甚至十几个人的集合体，组员之间存在着个体差异。为了使得小组顺利发展和达到预期目标，在开始阶段，社会工作者需要引导小组成员共同制定小组规范并签署小组契约，契约中，双方就具体的期望、责任和职责达成协议。

（5）在开始阶段社会工作者扮演的角色主要是领导者、组织者和鼓励者等。在整个过程中，社会工作者要根据老年人的特点来引导，要让老年人能够听清、明白并能够接受。

任务 8　如何应对“特别”的组员

在一个“空巢老人”社会支持小组中，有一位王大爷，退休前曾经是一名老师，文化水平较高，每次分享的时候，他都会第一个带头，但是他每次都说个不停，别的组员打断他的时候，他还说别人不礼貌。经过几次聚会后，大家都有点排斥王大爷，觉得他太强势了。

任务描述：

（1）以小组为单位进行角色扮演，一人扮演王大爷，一人扮演社工，其他人扮演其他老年组员。可在组内轮流进行扮演，尽量让每位组员都能体验三种角色。

（2）组员分享扮演不同角色的感受。

（3）小组讨论并思考：遇到这种情况，你们小组不同组员的处理方法是什么？谁的处理方法最好？完成表 5-62。

（4）小组分享、教师点评。

表 5-62　我们的处理方法

序号	组员	处理方法	优点	缺点
1				
2				
3				
…				

他山之石

面对“特别”的组员，怎么办？[①]

一个小组的顺利成功开展，需要每个组员的积极投入，但有时候小组中也会出现一些“特别”的组员，影响小组的正常推进。遇到这样的组员怎么办？以下是最常见的三种类型与应对的方法。

① 许丹丹 . 小组工作中出现这样的组员怎么办 [J]. 中国社会工作，2021（30）. 有改动。

一、讲故事型

老年人中最常遇见的特别组员就是“讲故事”型的，因为平时较少有人陪他们聊天，参加小组活动成了他们倾诉的渠道和机会。适当的自我暴露可以增进彼此之间的了解，也可以带动小组气氛，但是当组员一直用无尽的细节谈论自己或别人时，会独占小组大量时间，垄断话语权。并且，他们往往讲述了许多细节，其表达的内容却没有切中话题中心。小组中的讲故事者通常不在乎他人的感受，确切来说，是他们无法感知其他组员。他们认为自己在小组中滔滔不绝就是投入的表现。当社工碰到该类型组员时，可以尝试使用以下技巧：

第一，适时中断。讲故事者就某一话题进行绘声绘色的讲述时，社工应作适时打断处理，运用直接的反馈来提醒讲故事者回到话题中心。同时，邀请其他组员进行直接而不带批判的反馈，共同协助讲故事者进行关于感受、想法和反应的聚焦发言。

第二，转变表述的方式。通常讲故事者的话语冗杂啰唆，对一个细节可能多次重复陈述或就某一话题喋喋不休。在适时打断且讲故事者出现转变意愿时，社工可以协助其学习以持续吸引他人兴趣的方式来讲述自己的故事，但最终叙述故事的方式应有助于小组正在进行的讨论事项或实现小组目标。

二、沉默型

沉默型的组员通常较为内向，比较惧怕与人相处。值得注意的是，有时完美主义者也会成为小组中的沉默者。他们谨小慎微，每次发言前都希望做好充分的准备。沉默型在老年人组员中比较常见，他们有的是不敢发言，有的是不知道怎么发言，怕自己说不好引起他人的取笑。当社工碰到该类型组员时，可以尝试使用以下技巧：

第一，识别沉默。当发现小组组员有沉默现象时，社工首先要细心观察，区分组员只是对某些环节或话题不感兴趣还是真正的沉默者。

第二，营造小组氛围。当意识到小组中存在沉默者时，社工应尝试在活动场所布置、活动内容设计上，增加小组组员的互动交流环节，缩小人际距离，营造自由表达的小组氛围。

第三，善用小组动力。小组到了中期，小组动力渐显，社工可考虑运用小组动力，抓住自然机会，鼓励沉默者复述自身的忧虑，引导其他组员对沉默者的忧虑予以正向回应。当沉默者因此做出尝试和改变时，社工可具体说出其转变和特质。

如果尝试了多种应对技巧仍收效甚微，那么社工可考虑为该类组员提供小组之外的个案辅导，进一步探讨沉默的原因及心理活动等。

三、抗拒型

抗拒型组员往往透露出他们内心的不安全感。当然，当组员为非自愿参加到小组中时，或者小组成员对小组的内容、运作不够了解时，也会出现抗拒的行为。因此，抗拒者在小组工作中较常遇到。他们在小组中经常迟到、早退，对小组的动力进行质疑，在小组中尝试垄断话语权，把交流的焦点停留在表层等。当社工碰到该类型组员时，可以尝试使用以下技巧：

第一，提供表达机会。经观察，部分抗拒者有机会表达出自身的不满情绪或内心想法时，他们的抗拒情绪或行为是会减少的，对小组的接纳度更高。但社工在这个过程中要注意处理其他组员在抗拒者表达时可能出现的反感情绪。

第二，表达尊重与接纳。如前文所述，抗拒往往来自内心的不安全感。作为社工，应当遵循社会工作专业的价值原则——尊重和接纳。同时，也要引导组员在言语态度上尽量表达真诚和友爱，从而逐渐减少抗拒者的惶恐不安。

任务 9　结束老年人小组

任务描述：

请和你的组员一起，找 8 ～ 12 名同学扮演老年人，模拟带领最后一次老年人小组聚会。

（1）各组分别选取计划书中的最后一次聚会进行模拟，完成表 5-63。

（2）听取“老年人”意见，反思和总结带领过程中遇到的问题与改进方法，填入表 5-63。

（3）教师与其他组学生观察与点评，完成表 5-64。

表 5-63　老年人小组最后一节带领记录表

活动名称	活动过程	遇到的问题	改进的方法

表 5-64　老年人小组最后一节带领评分

序号	评分标准	得分
1	有效处理老年人离别情绪（满分 20 分）	
2	带领者语言表达规范、流畅（满分 15 分）	
3	带领者控场能力强（满分 15 分）	
4	带领者随机应变能力强（满分 15 分）	
5	小组氛围好（满分 15 分）	
6	组员积极参与评估（满分 20 分）	
总分（满分 100 分）		

知识拓展

最后一次聚会要点[1]

结束阶段对于小组来说是非常重要的阶段，在这个阶段如果设计得当，可以巩固小组工作成果，强化小组经验，较好地处理离别情绪。尤其是对老年人组员来说，他们比较念旧，经过一段时间的相处，他们已经习惯了社工和其他组员的存在，离别情绪处理不当反而可能引起他们的不适，引发不良情绪。那么，最后一次聚会要注意一些什么呢？

第一，事先预告小组工作结束时间。提前向组员通告小组工作结束的时间并督促组员尽快达成目标。社会工作者可以帮助组员回顾和梳理他们在小组中的成长历程与收获，并要求组员通过自评的方式，对自己的目标达成情况进行总结和评估。提前预告结束时间，可给老年人充分的时间做好心理准备。

第二，引导老年人进行感受表达和经验分享。社会工作者在结束阶段要引导组员分享大家一起走过的小组历程和每一个细节。正面的经验分享可以增强小组成员的信心和成长的力量。对于负面情绪，要更加重视。不是要消除负面情绪，而是协助组员认识出现负面情绪的原因并帮助其分析客观现实，建立积极的态度。

第三，提升组员今后独立解决问题的信心和能力。创造和设置虚拟条件的办法，可让组员学会如何正确地去适应现实的环境条件，有意识地培养组员理智的分析、判断和独立处理问题的能力，以及寻求资源支持的能力。要让老年人觉得，即便小组结束，他们也依然有能力有方法解决今后生活中遇到的问题，从而增强他们生活的安全感。

第四，弱化小组对组员的吸引力和影响力。通过引导组员回顾和总结他们在小组中的收获，指出他们已经得到了他们期望在小组中得到的东西；与组员讨论他们为什么不再需要小组，并鼓励组员运用已经学到的方法和技巧独立地解决问题。

第五，催化小组结束。为了缓解小组成员离别时的负面情绪，社会工作者可以发动小组成员来组织小组送别活动。活动的程序和内容可以大家一起商定，设计一些有仪式感的环节，让这个小组的“句号”在一个轻松快乐而又温暖的氛围中画上。

实训项目评价

请填写以下表格（表 5-65 ～表 5-68）。

表 5-65　学生自评表 1

序号	技能点自评	佐证	达标	未达标
1	小组需求评估	能够掌握需求评估方法，针对老年人群体进行需求评估，确定小组选题		
2	小组目标确定	能够对照科学的小组目标要素，确定适合老年人的小组目标		

① 赵学慧 . 老年社会工作理论与实务 [M]. 北京：北京大学出版社，2013. 有改动。

续表

序号	技能点自评	佐证	达标	未达标
3	小组宣传资料设计	能够根据小组选题，设计老年人喜闻乐见的宣传招募形式		
4	小组名称确定	能够根据小组名称三要素，确定小组名称		
5	小组计划书撰写	能够根据小组计划书框架，撰写完整的小组计划书		
6	小组契约制定	能够掌握小组契约的意义，并协助组员制定小组契约		
7	小组游戏带领	能够挑选适合老年人的小组游戏，并带领游戏		
8	小组第一次聚会带领	能够掌握小组第一次聚会的重要任务，并能够完成带领		
9	小组冲突处理	能够掌握遇到“特别”的老年人组员时正确处理的方法		
10	小组最后一次聚会带领	能够掌握小组结束阶段的重要任务，并能够较好地结束小组		

表 5-66　学生自评表 2

序号	素质点自评	佐证	达标	未达标
1	协作精神	能够与小组成员协商，共同完成实训任务		
2	创新意识	能够在确定小组主题和撰写小组计划书阶段，策划具有新意的小组主题、游戏和小组活动		
3	策划能力	能够根据不同小组阶段策划整节小组活动		
4	信息技术运用能力	能够运用信息技术，设计小组海报、微信招募推文，对小组过程进行拍摄		
5	带领能力	能够流畅带领整节小组活动		
6	自我学习能力	能够运用各类资源，自我学习小组工作过程相关知识与技能		

表 5-67　教师评价表 1

序号	技能点评价	佐证	达标	未达标
1	小组需求评估	能够掌握需求评估方法，针对老年人群体进行需求评估，确定小组选题		
2	小组目标确定	能够对照科学的小组目标要素，确定适合老年人的小组目标		
3	小组宣传资料设计	能够根据小组选题，设计老年人喜闻乐见的宣传招募形式		

续表

序号	技能点评价	佐证	达标	未达标
4	小组名称确定	能够根据小组名称三要素，确定小组名称		
5	小组计划书撰写	能够根据小组计划书框架，撰写完整的小组计划书		
6	小组契约制定	能够掌握小组契约的意义，并协助组员制定小组契约		
7	小组游戏带领	能够挑选适合老年人的小组游戏，并带领游戏		
8	小组第一次聚会带领	能够掌握小组第一次聚会的重要任务，并能够完成带领		
9	小组冲突处理	能够掌握遇到“特别”的老年人组员时正确处理的方法		
10	小组最后一次聚会带领	能够掌握小组结束阶段的重要任务，并能够较好地结束小组		

表 5-68　教师评价表 2

序号	素质点评价	佐证	达标	未达标
1	协作精神	能够与小组成员协商，共同完成实训任务		
2	创新意识	能够在确定小组主题和撰写小组计划书阶段，策划具有新意的小组主题、游戏和小组活动		
3	策划能力	能够根据不同小组阶段策划整节小组活动		
4	信息技术运用能力	能够运用信息技术，设计小组海报、微信招募推文，对小组过程进行拍摄		
5	带领能力	能够流畅带领整节小组活动		
6	自我学习能力	能够运用各类资源，自我学习小组工作过程相关知识与技能		

课后提升

案例：基于“小组动力学”理论的老年唱歌小组[①]

随着人口老龄化加快，老年人问题也逐渐成为一个社会问题。重庆M社区老年社会工作服务项目社工调研发现，M社区退休老年人因社会交往、尊重和自我实现等需求得不到满足，引起自我认同感和获得感低的问题。于是，为社区老年人开展了老年唱歌小组服务活动，以提高老年人的活动水平，满足老年人在社会交往、自我价值提升等方面的需求。

（一）小组背景

目前，我国人口的迅速老龄化正在成为一个日渐紧迫的社会问题。全国第七次人口普查调查数据显示，60周岁及以上老年人口占总人口的18.7%，65周岁及以上老龄人口占总人口的13.5%。在重庆市，60周岁及以上老龄人口占总人口的21.9%，65周岁及以上老龄人口占总人口的17.1%，相比第六次人口普查60周岁及以上老年人上涨了4.45个百分点。可以看出，重庆老龄化程度进一步加深。老年人口的增多对政府、社会和老年人自身以及家庭都带来不同程度的影响，如老龄化会增加政府的财政负担、养老负担，可能影响经济发展等。

而老年人，由于生理上的变化和在社会、家庭中地位的改变，逐渐脱离主流社会，活动水平大大降低，失去与社会的联系，甚至某种意义上慢慢被社会“淘汰”，进而引起孤独和失落感、衰老和无用感、恐惧和无助感、自尊心与自卑感等各种生理和心理问题。

重庆M社区老年社会工作服务项目工作人员调研发现，M社区60周岁及以上老年人4 001人，占常住人口的26.4%，其中高龄、空巢老人居多。用马斯洛需求层次理论对M社区老年人进行分析，发现生理和安全的低层次需求保障良好，社会交往和尊重方面的需求得不到满足，老年人日常交流对象主要是儿女、子孙和同辈邻里，50%以上老年人没有参与过社区活动，以及因为不受重视感到伤心并对生活失去信心。关于自我实现需求，只有3.0%的老年人继续就业，达到了再社会化。

可见，M社区老年人拥有丰富精神生活、融入社区和实现自身价值的需求无法得到满足，导致自我认同感、获得感低。

因此，社会工作者为社区老年人开展老年唱歌小组服务活动，通过分析小组在每个发展阶段的动力要素，探讨小组发展规律，同时提高老年人的活动水平，满足老年人在社会交往、自我价值提升等方面的需求。

（二）理论基础

“小组动力学”又称团体动力学或群体动力学，基于勒温的场论。勒温根据物理学中的“场”的概念，提出人就是一个“场”，人的心理和行为由“场”决定。因此，“小组动力学”认为人是个体的存在，也是团体的存在，个体不是简单、孤立的个体相加，而是在

① 本文改编自：龙明月，敖正群．“小组动力学”在小组社会工作中的应用研究：以老年唱歌小组为例[EB/OL].（2021-07-21）[2024-3-29]. https://mp.weixin.qq.com/s/vZ_zF-u87P4EKg-n85ekEQ.

生活空间里组成一个完整的系统，个体因而受到团体的影响。

（三）小组简介

本次小组秉承“生命影响生命，生命感动生命；为生命而服务，给生命以活力”的服务理念，以朗诵和歌唱红色经典歌曲为服务媒介，引导老年人回顾往昔的生活和个人成就，旨在用人性化、专业化的社工服务，提升老年人活动水平，回应老年人社会交往和社区融入需求，提升老年人自我认同感和价值感（见表 5-69）。

表 5-69　小组简介

小组总目标	增进组员之间的互动和交流，提高组员自我认同感和价值感，重塑生活自信心。
每节小组主题	第一节，小组形成，组员相识。 第二节，歌唱祖国，产生共鸣。 第三节，沟通互动，挖掘领导。 第四节，维持互动，获新认知。 第五节，回顾往昔，自我认同。 第六节，树立信心，保持经验。
服务对象招募方法	1. 社会工作者入户及电话邀请。 2. 社区微信群宣传。 3. 社区居民推荐和主动邀请人员。
服务对象及特征	参与者均为 M 社区 60 周岁及以上的老年人，共计 16 名。他们主要是 20 世纪 50、60 年代出生的人。其中：2 人因不受家人重视而对生活失去信心；4 位空巢和独居老人，他们与儿女联系较少，缺乏与他人的互动交流；1 位出现情绪低迷、生活焦虑和精神抑郁状况；2 位腿脚不便；4 位与家人交流沟通较少，但喜欢歌曲演唱。
活动评估方法	1. 小组计划评估。包括服务计划相关资料的获得：小组工作者收集有关老年小组社会工作服务的资料和信息；以及小组需求的评估：依据项目入驻调研情况，通过面对面访问、观察，了解社区老年人及其家庭的问题和需求，评估服务计划的可行性以及组员的参与意愿，选取适合老年唱歌小组的组员。 2. 小组过程评估。在小组活动开展过程中，收集相关资料，以显示小组的发展和组员的变化过程，这被称为过程评估，本次小组过程评估内容包括小组的目标和进程、组员沟通互动、小组气氛、小组突发事件处理等是否恰当等。 3. 小组结果评估。在小组结束的时候进行结果评估是必要的。小组工作者可以通过参加者意见表、访谈等方式了解组员对活动的满意度、对小组活动的看法和感受以及行为效果，如组员的成长、小组领导者的技巧和能力等。

（四）小组发展阶段

每个小组都有一个生命发展周期，小组组员从彼此陌生、不熟悉到彼此帮助、支持，经过了一系列的发展和裂变，即小组的发展阶段，而阶段是指小组在发展、成长和改变过程中，有可辨认的时间和程度的各段进程。综合不同专家、学者的诠释，本小组分为五个发展阶段，情况见表 5-70。

表 5-70 小组发展阶段

阶段	阶段特点	主要内容
小组前属期	这一阶段小组最主要的任务是让组员获得安全感。组员互相不熟悉，陌生又期待，因此小组工作者要发挥小组动力，营造轻松、舒适的小组氛围，增进组员相互的了解，澄清小组目标，订立小组契约等。	第一节活动为增进组员对小组的认识，协助组员初步相识，建立小组规范。 首先，社工进行自我介绍，拉近与组员的距离。然后，对活动目的目标、流程、内容进行介绍，并解答组员的疑问，增进组员对小组的认识。同时以破冰游戏引导组员轮流自我介绍，包括姓名、年龄、爱好和生活娱乐方式等，通过对组员共性的认识，增进组员之间的相互认识和了解。最后，鉴于老年人的理解能力和表达能力有限，社工引导组员建立小组契约，拟定小组规则，包括：准时参与小组、有事提前请假等。小组契约制定结束后，社工引导组员对本次活动进行总结并告知下次活动相关事项。
权力控制期	这一阶段最重要的是组员逐渐形成角色以及建立归属感、被尊重感。组员渐渐熟络，会在小组的权力竞争和控制过程中，找到自己的角色和定位，从而对小组和组员产生归属感和尊重。	第二节活动为学习歌曲，提升组员认同感，增进组员互动与交流。首先，社工通过回顾上节活动内容，加深小组契约记忆并鼓励组员严格执行。接下来，进行“雨点变奏曲”游戏，调动组员情绪，增进组员互动。然后，学习红色经典歌曲《东方红》，先由社工在音响中播放，唤醒组员对歌曲的记忆，再由会唱的组员带领不会的组员进行一对一学习，进而整体大合唱。多次学习和练习后，社工引导组员对歌曲相关事件进行回忆，组员表示歌曲口口相传，以感念革命年代的英雄，其中印象最深的是毛泽东的事迹。社工引导组员讨论毛泽东的闪光点，鼓励发现自身的闪光点并继续运用到生活之中，以增进组员的自我认同，提升组员自我价值感。最后，社工对本节活动进行总结，回顾本节活动内容，评估活动达成效果，并安排下次活动。
		第三节活动为协助组员重新建构小组并挖掘小组领导，加强组员之间的互动和交流。 首先，社工回顾上节活动内容后，进行游戏“击鼓传花”，增进组员间的关系。然后，由于组员中有一位退休音乐老师和一位合唱团团员，组员自发推荐两位作为小组领导的“种子老师”。得到一致同意后，两位领导者相互协商，向组员讲授歌曲唱法后，开始教《大海航行靠舵手》。退休音乐老师较温柔，主要负责歌曲教授，合唱团团员团队意识强，主要协助活动开展和规则监督、维持现场秩序和安排活动任务等。同时，社工积极关注组员，鼓励组员积极参与，并引导组员勇于表达来影响小组发展。最后，社工总结本次活动，明确组员角色，鼓励组员在相互尊重的前提下勇于表达自己的意见，由小组领导与组员协商并安排下次活动歌曲内容。
小组亲密期	这一阶段是小组产生凝聚力的最佳时期。小组和组员的吸引力、内在归属感逐渐加强，组员间关系变得更加亲密、开放，人际活动频繁和深入，小组产生团队精神。社工要支持组员分享和尝试新行为，更加深入地认识自己，协助组员营造更深的关系。	第四节活动为维持小组的良好互动，协助组员从小组中获得新的认知。 首先，社工引导组员回顾上节活动，翻唱学过的歌曲，加深组员记忆。接着，开展“大风吹”互动游戏以活跃现场气氛，增进组员互动。然后，两位小组领导相互配合教授歌曲《团结就是力量》，组员铿锵有力的歌声引来驻足观看者雷动的掌声。社工引导组员总结歌曲精神，组员表示团结的力量巨大，可以克服一切艰难险阻，面对困难我们要团结起来，共同应对。社工运用支持性技巧用口头语言及时肯定组员，鼓励组员将小组经验运用到生活之中。最后，社工引导组员总结小组，组员心态由初期的无所谓变成拥有自豪感。

续表

阶段	阶段特点	主要内容
小组分辨期	这一阶段经过了定向，小组拥有了凝聚力，组员感受到真正的安全感，敢于探索自我，表达真实的感受和想法，更加了解和接纳其他组员，更能投入小组中，愿意相互提供资源、信息，相互帮助、相互支持，尝试行为改变和解决问题，追求个人和小组目标的达成。	第五节活动为社工引导组员回顾往昔有效经验，增强组员的自我认同。 首先，社工引导组员回顾了上节活动，通过玩游戏“正话反说”，锻炼组员反应能力并调动小组氛围。接着，组员跟着领导者学习歌曲《没有共产党就没有新中国》。然后，社工引导组员就本节歌曲回忆往昔经历，开启组员深度沟通话题，请组员回忆了革命年代的幸福和痛苦，通过组员相互分享经验，引导组员看到往昔自身的可贵精神与能力，从而增加组员的自我认同感和获得感。最后，社工总结此次活动内容，引导组员以过去的力量来激励自己，并告知下节活动为最后一次活动，让组员有心理准备。
小组分离期	这一阶段最重要的是每位组员分享自己的收获、感受以及自己的改变，社工处理好小组正式结束的离别愁绪。经组员讨论和协商一致，小组正式结束，团体得到延续，并约定每周五聚会唱歌和分享近期生活，社工赋权小组领导者，并跟进服务。	第六节活动主要是结束小组，引导组员树立生活信心，保持小组经验。 首先，社工回顾整个活动过程，重温学习过的内容，巩固组员发生的改变，组员依次分享本次小组活动的收获和感受。然后，组员们表演了自己精心准备的歌曲，组员对自我的认同感增强，自我价值感提升。最后，社工肯定组员在小组中的表现，鼓励组员保持小组经验，并宣布小组活动圆满结束。经组员主动要求，歌唱团队保留下来，以后由团队领导者组织，每周五安排聚会。

（五）小组活动总结与反思

在本次小组中，“小组动力学”贯穿整个小组活动，小组动力要素在小组每一个发展阶段都起到或多或少的作用。社会工作者秉持专业服务理念，关注小组每个阶段的发展任务和目标，重视小组和组员特质，推选小组领导，鼓励组员间沟通和协商。同时，注重小组氛围的营造，小组凝聚力的产生、维持，组员的改变等。但是，由于理论运用不够成熟，社工的专业操作性还有许多欠缺的地方，需要加强对“小组动力学”理论的学习以及实践操作。

从活动成果来看，组员都达到了从消极到积极的改变的预期成果，并建立了社区组织“老年歌唱队”。小组活动结束后，老年人们定期安排聚会，由种子老师带领学习新老歌曲，而社工扮演协助者的角色，负责把唱歌设备带到指定唱歌地点，搭建了组员互动交往的平台，增进了组员之间的关系，提高了组员的活动水平。

在活动过程中，社工能以真诚、尊重、接纳、积极倾听等社会工作专业技巧，鼓励组员表达真实感受。在实际操作中，其灵活运用专业技巧的能力尚需要进一步增强。

附件：个人实训学习契约（表 5-71）

（1）基本资料。

姓名：

学号：

所在项目组名称：

（2）学习目标。

根据自己的兴趣爱好，填写你希望通过本实训项目所获得的知识，你认为有哪些获得知识的方法，用什么成果检验你的收获等，并在该实训项目结束的时候，自己评定是否达成。

表 5-71 个人实训学习契约

学习目标	学习方法	成果	达成程度
知识获得			优秀 □ 良好 □ 合格 □ 不合格 □
技巧运用			优秀 □ 良好 □ 合格 □ 不合格 □
知识拓展			优秀 □ 良好 □ 合格 □ 不合格 □

签名：____________________

日期：____________________

参考文献

卞国凤，陈宇鹏．老年社会工作方法与实务 [M]．北京：北京师范大学出版社，2011.

丁少华．小组工作 [M]．北京：社会科学文献出版社，2003.

范克新，肖萍．团体社会工作 [M]．北京：社会科学文献出版社，2001.

范明林．老年社会工作案例评析 [M]．上海：华东理工大学出版社，2010.

黄丽华．团体社会工作 [M]．上海：华东理工大学出版社，2003.

库少雄．人类行为与社会环境 [M]．2 版．武汉：华中科技大学出版社，2014.

李晓凤．社会工作：原理・方法・实务 [M]．武汉：武汉大学出版社，2008.

刘梦，张和清．小组工作 [M]．北京：高等教育出版社，2003.

刘梦．小组工作案例教程 [M]．北京：中国人民大学出版社，2007.

刘梦．小组工作 [M]．2 版．北京：高等教育出版社，2013.

吕新萍，等．小组工作 [M]．2 版．北京：中国人民大学出版社，2013.

全国社会工作者职业水平考试教材编委会．社会工作实务：中级 [M]．北京：中国社会出版社，2020.

芮洋，杨启秀．小组工作 [M]．北京：北京大学出版社，2014.

芮洋．社会工作方法 [M]．北京：机械工业出版社，2011.

万江红．小组工作 [M]．武汉：华中科技大学出版社，2006.

王思斌．社会工作概论 [M]．2 版．北京：高等教育出版社，2006.

张洪英．小组工作：理论与实践 [M]．济南：山东人民出版社，2005.

赵学慧．老年社会工作理论与实务 [M]．北京：北京大学出版社，2013.

邹学银，范斌，郭名倞．社区社会工作服务指南解读 [M]．北京：团结出版社，2017.

图书在版编目（CIP）数据

小组工作实务 / 李细香主编；刘思，李喜梅副主编 . 北京：中国人民大学出版社，2025.1. -- ISBN 978-7-300-33428-8

Ⅰ . C916.2

中国国家版本馆 CIP 数据核字第 20240YN648 号

新形态教材

小组工作实务

主　编　李细香

副主编　刘　思　李喜梅

Xiaozu Gongzuo Shiwu

出版发行	中国人民大学出版社		
社　　址	北京中关村大街 31 号	**邮政编码**	100080
电　　话	010－62511242（总编室）		010－62511770（质管部）
	010－82501766（邮购部）		010－62514148（门市部）
	010－62515195（发行公司）		010－62515275（盗版举报）
网　　址	http://www.crup.com.cn		
经　　销	新华书店		
印　　刷	中煤（北京）印务有限公司		
开　　本	787 mm × 1092 mm　1/16	**版　　次**	2025 年 1 月第 1 版
印　　张	22　插页 1	**印　　次**	2025 年 9 月第 2 次印刷
字　　数	508 000	**定　　价**	69.90 元